Rudolf Tyrolt

Chronik des Wiener Stadttheaters, 1872-1884.

Ein Beitrag zur deutschen Theatergeschichte

Rudolf Tyrolt

Chronik des Wiener Stadttheaters, 1872-1884.
Ein Beitrag zur deutschen Theatergeschichte

ISBN/EAN: 9783743327887

Hergestellt in Europa, USA, Kanada, Australien, Japan

Cover: Foto ©ninafisch / pixelio.de

Manufactured and distributed by brebook publishing software
(www.brebook.com)

Rudolf Tyrolt

Chronik des Wiener Stadttheaters, 1872-1884.

Chronik

des

Wiener Stadttheaters

1872- 1884.

Ein Beitrag zur deutschen Theatergeschichte.

Von

Dr. Rudolf Tyrolt.

Wien.

Verlag von Carl Konegen.

1889.

Vorwort.

Dem Verbande des Wiener Stadttheaters während seiner zwölfjährigen Lebensdauer ununterbrochen als Schauspieler und späterhin auch als Regisseur angehörend, war ich von 224 an diesem Kunstinstitute thätigen artistischen Kräften, nebst Fräulein Fanny Schäffel, das einzige Mitglied, welches als solches den Geburts= und Todestag dieses Schauspielhauses mit erlebt hat. Diesem Umstande der fortwährenden Angehörigkeit glaubte ich, die Berechtigung entnehmen zu dürfen, mit Zuhilfenahme gewissenhaft geführter Tagebücher, von den guten und schlimmen Tagen dieses Hauses zu erzählen.

Es konnte und durfte mir — aus naheliegenden Gründen — nicht in den Sinn kommen, mich in eine eingehende kritische Analyse der vorgeführten Stücke und Darstellungen, Personen und Ereignisse einzu=

lassen. Ein solches Verfahren würde den Rahmen dieses Buches, welches als C h r o n i k sich vorwiegend mit den Thatsachen zu befassen hat, weit überschreiten. Wenn ich nun bei einem Gegenstande wie die Schilderung der Schicksale eines Theaters, ein kritisches Raisonnement auch nicht völlig ausschließen konnte, war ich doch bemüht, mit möglichster Objektivität und sorgfältiger Prüfung des mir zu Gebote gestandenen Materials zu Werke zu gehen.

Möge dieses Buch, welches ich mit der Liebe geschrieben habe, die ich für meine künstlerische Geburtsstätte und ihren Schöpfer im Herzen trage, als ein kleiner Beitrag zur einstigen Geschichte der Wiener Bühnen bei allen Freunden und Gönnern deutschen Theaterlebens Wohlwollen und Nachsicht finden!

Wien, am 1. Januar 1888.

Dr. Rudolf Cyrolt.

Inhalt.

Abkürzungen:

A. = Akt, Aufzug; Bk. = Bauernkomödie; Chrbld. = Charakterbild; Dr. = Drama; Dr. G. = Dramatisches Gedicht; Dr. Kl. = Dramatische Kleinigkeit; Dr. Sch. = Dramatischer Scherz; Fbld. = Familienbild; Grbld. = Genrebild; K. = Komödie; L. = Lustspiel; Lb. = Lebensbild; n. d. E. = nach dem Englischen; n. d. Fr. = nach dem Französischen; n. d. It. = nach dem Italienischen; n. d. Sp. = nach dem Spanischen; P. = Posse; Sch. = Schauspiel; Schw. = Schwank; Sg. = Sittengemälde; St. = Sittenkomödie; Tr. = Trauerspiel; Trg. = Tragödie; Vlksst. = Volksstück; Zb. = Zeitbild; z. 1. M. = zum ersten Male; Zm. = Zaubermärchen.

Der bedeutende Aufschwung Wien's in socialer und wirthschaftlicher Beziehung zu Beginn der Siebziger Jahre, die räumliche Ausdehnung, welche die österreichische Kaiserstadt durch ihre Erweiterung und Vergrößerung gewonnen, die wachsende Wohlhabenheit der Bevölkerung, welche auf allen Gebieten des öffentlichen Lebens ihre Wirkungen übte, mögen wohl die äußeren Gründe gewesen sein, welche den damaligen Chef und Redakteur der „Neuen freien Presse" Max Friedländer bewogen, mit der Idee der Gründung eines neuen Schauspielhauses aufzutreten und den Plan einer Gründergesellschaft für das zu stiftende Theater zu entwerfen. Friedländer's Energie und Kenntniß der materiellen Hilfs= quellen war es in erster Linie zu danken, daß in verhältniß= mäßig kurzer Zeit 140 der besten und angesehensten Namen aus allen Kreisen der Wiener Gesellschaft sich zur Durch= führung des neuen Theaterunternehmens bereit erklärten. Das nöthige Kapital ward durch Verkauf erblicher Logen und Parquetsitze beschafft.*) Die Zeichnungen gingen anfangs flott von Statten; als sie aber schließlich etwas in's Stocken

---

*) Eine Loge kostete 25000 Gulden, ein Parquetsitz 5000 Gulden.

1

geriethen, nahm man die noch fehlende Summe auf. So wurde dem Unternehmen schon von vornherein eine schwere Fessel in Gestalt einer ziemlich hohen Hypothekarschuld ange= legt, mit der stets gerechnet werden mußte, und deren Zinsen alljährlich eine Summe in Anspruch nahmen, welche als Reservefond das Theater in späteren Jahren vor manchem financiellen Übelstande hätte bewahren können.

Wenn es Friedländer rasch und glücklich gelang, die financielle Hilfe theaterfreundlicher Kreise zu gewinnen, so hat dabei in erster Linie wohl der Umstand mitgeholfen, daß er der Gründergesellschaft für das neue Theater eine altbewährte artistische Firma namhaft machen konnte, welche im Wiener Publikum sich einer berechtigten Popularität erfreute: Heinrich Laube. Der ehemalige Burgtheaterdirektor war, einer kurzen Direktionsführung in Leipzig überdrüssig, nach Wien zurück= gekehrt und stellte sich mit Rath und That dem neuen Unternehmen zur Verfügung.

Es war ein unbestreitbares Glück des neuen Hauses, in Laube seinen ersten Direktor zu finden, und doch muß als Uebel constatirt werden, daß gerade durch ihn und seine ersten Rathgeber jene für die Existenz des jungen Theaters unheilvoll gewordene Parole: „Rivalität mit dem Burgtheater" ausge= geben wurde, zu der sich, wie Gottschall in einem literari= schen Essay sehr richtig bemerkt, auch eine Rivalität mit einem feindlich gesinnten Direktor gesellte. Und damit gelangen wir zu einer kurzen Besprechung der Beweggründe, welche Männer wie Friedländer und Laube unter den damaligen

Theaterverhältnissen bestimmt haben mögen, Propaganda für ein neues Schauspielhaus zu machen.

Wien sollte also ein neues Theater erhalten! Die Stadt, welche das berühmteste deutsche dramatische Kunstinstitut in ihrem Burgtheater besitzt, ein zweites Schauspielhaus! Ist ein solches wirklich Bedürfniß? Ist es für das Wiener Theater= leben zweckdienlich und nothwendig? Kann und wird es sich auf die Dauer erhalten? Derlei Fragen schwirrten lange vor der Eröffnung des neuen Musentempels in der Luft und fanden eine so verschiedene Beantwortung, daß die laut gewordenen Ansichten den maßgebenden Persönlichkeiten des neuen Theaters bei Feststellung des artistischen Programms wohl hätten als Richtschnur dienen sollen.

Laube spricht sich in seiner dramaturgischen Schrift „Das Wiener Stadttheater" anläßlich der Aufzählung der Gründe für die Errichtung des neuen Schauspielhauses unter Anderem folgendermaßen aus: „.... Es ist ferner keines= wegs eine bloße Phrase, wenn für ein zweites erstes Schauspiel in Wien angeführt wurde, daß ein frei gestelltes Repertoire ein erwünschter Vortheil sein werde. Ein intimes Hoftheater, wie das in der Burg, im Hause des Kaisers, ist wirklich zahlreichen Rücksichten unterworfen, welche das Repertoire beschränken, oft schmerzlich beschränken. So manches Stück sieht aus wie eine Demonstration gegen einen andern Hof oder Staat, weil es im Hause des Kaisers aufgeführt wird, und muß deshalb vermieden werden. Man vergleiche nur wie spät unsere wichtigsten klassischen Stücke in's Burgtheater gelangt sind! Nicht blos wegen der gewöhnlichen Censur, der Staatscensur, sondern weil Dies oder Jenes darin eben in der Burg des Kaisers anstößig erschien. Wie lange waren zum Beispiele Schiller's „Räuber" im Theater an der Wien auf dem Repertoire, ehe ich sie mühsam durchsetzen konnte für's Burgtheater! . . . . Ferner der äußerliche Raum. Der enge, heiße Schachtelraum des Burgtheaters war seit Eröffnung des prachtvollen Opernhauses den Leuten erst recht deutlich geworden. Man sehnte sich nach einem schöneren Schauplatze für das Schauspiel. Und jener enge Schachtelraum reichte in der That als bloßer Raum nicht mehr zu für die groß gewordene Stadt. Eine Loge war und ist nicht zu haben; denn sie sind alle abonnirt. Für den wohlhabenden Wiener ist aber eine Loge das Ein und Alles im Theater. Da kann er mit den Seinigen wie zu Hause sein und genießen. Und gerade an wohlhabenden und gebildeten Leuten hatte das vergrößerte Wien den zahlreichsten Zufluß genommen. All' diese Leute waren ausgeschlossen vom Genusse einer Schauspiel= vorstellung, da auch die kleine Zahl von Sitzen im Burgtheater immer schon vor Ankündigung der Vorstellung vergriffen war, und die Vorstadttheater das höhere Schauspiel gar nicht geben. Waren dies nicht Gründe genug für die Errichtung eines neuen Schauspielhauses? . . . ."

Gewiß. Die Richtigkeit der eben angeführten Gründe kann kaum bestritten werden, wohl aber hingegen die Stich= haltigkeit derjenigen Argumente, welche die Gründung eines zweiten e r s t e n Schauspielhauses, das heißt, die Übertragung des Burgtheater-Repertoires in das Stadttheater rechtfertigen sollten. Ein neues, im vollen Sinne des Wortes z w e i t e s Schauspielhaus konnte und kann auch heute — troß Krach und Umschlag der wirthschaftlichen und politischen Verhältnisse — neben dem Burgtheater bestehen, ein Theater, welches zielbewußt jedweder Konkurrenz mit dem hundertjährigen berühmten Schauspielhause aus dem Wege gehend, nicht das zwecklose Wagniß unternehmen will, das erste deutsche Theater mit seiner ruhmreichen Vergangenheit, seiner kunsttüchtigen Gegenwart und seiner gesicherten Zukunft zu bekämpfen.

Wien besaß im Jahre 1872 außer den bei den Hof= bühnen drei in Rechnung zu ziehende Vorstadttheater, welche ohne besonders scharfer Abgrenzung ihrer Darstellungs= gebiete vorwiegend das Volks= und Lokalstück, die Operette, die Ausstattungskomödie, und, namentlich das Carltheater, ab und zu auch das deutsche sowie das französische Effekt= schauspiel und Lustspiel kultivirten. Für das neue Theater auf der Seilerstätte lag daher die zu pflegende Schauspiel= gattung klar zu Tage. Es hatte sich zum Interpreten der= jenigen Schauspiele, denen in Folge ihrer Tendenz oder ihres minderen literarischen Werthes die rigorose Hofbühne verschlossen war, des bürgerlichen Lustspieles und seiner derberen Unter= arten, des Schwankes und der Posse sowie des besseren Volksstückes zu machen.

Laube, der seinerzeit mit zornerfülltem Herzen aus dem Burgtheater geschieden war, hielt diese Beschränkung des Repertoires des neuen Schauspielhauses für unrichtig und wurde in diesem Gedanken auf das Lebhafteste bestärkt durch einen seit Leipzig an seiner Seite wirkenden Mann, den Vortragsmeister Alexander Strakosch, welcher, gewiß von den allerbesten Intentionen geleitet, doch zu sehr einem theatralischen Fanatismus huldigte, der sich mit theaterprak= tischen Anschauungen und einer die Lebensfähigkeit des neuen Hauses gewährleistenden vernünftigen Sparsamkeit in artistischer und administrativer Beziehung schwer vertrug.

Die materiellen Schöpfer des neuen Kunstinstitutes, vom Gelingen ihres Werkes überzeugt, waren einerseits vielleicht in Theatersachen doch zu neu und unerfahren, als daß sie das Gefährliche dieser rivalisirenden Richtung erkannt hätten; anderseits mochte den Gründern der Gedanke schmeicheln, ein dem Burgtheater ebenbürtiges Schauspielhaus zu schaffen. Das Programm vom „ersten vornehm geführten Theater" wurde veröffentlicht, Laube rührte die Werbetrommel, und sein Vortragsmeister bereiste alle deutschen Hof= und Privat= bühnen, um zu engagiren, was gut und theuer war. Geld spielte, wie damals auch außer der Bühne, keine Rolle.

Schauspieler und Schauspielerinnen verließen gesicherte Stellungen an Hof= und Stadttheatern und folgten den verlockenden Anträgen und Versprechungen. In kürzester Zeit, wenn auch mit nicht geringen Geldopfern, waren eine stattliche Schaar erster in Deutschland bereits anerkannter Kunstkräfte und mehrere talentirte Anfänger für das neue Unternehmen gewonnen. Die Magnete, welche eine solche Anziehungskraft ausübten, hießen: Laube und Wien.

Auch an hervorragende Kräfte des Burgtheaters richtete man glänzende Anträge, jedoch ohne Erfolg.

Die gesammte Einrichtung und Ausrüstung des neuen Schauspielhauses mit Dekorationen, Kostümen, Möbeln, Waffen und sonstigen tausenderlei Geräthschaften fand statt in splendider Weise, im Style subventionirter Hoftheater, und dementsprechend wurde auch ein zahlreiches technisches Unterpersonal angestellt.*) Selbst Theaterwagen fehlten nicht im Etat — allerdings nur kurze Zeit.

So ausgerüstet erwarteten Laube, der Direktionsrath und die Gründergesellschaft den 15. September 1872, den Eröffnungsabend des

Wiener Stadttheaters!

---

*) Um nur ein kleines Beispiel der überreichen Ausstattung dieses Theaters anzuführen, sei erwähnt, daß in den Garderobe-Magazinen nach zehn Spieljahren gelegentlich einer Inventur viele Kostümegarnituren bemerkt wurden, welche nach Aussage der seit 1872 angestellten Aufseher nicht ein einziges Mal gebraucht worden waren.

Laube's erste Direktion.

15. September 1872 — 15. September 1874.

In den ersten Augusttagen 1872 rückten die von Laube und Strakosch engagirten neuen Mitglieder zu den Lese- und Bühnenproben ein, welche einige Wochen hindurch im ehemaligen Harmonietheater und schließlich auf der Bühne des Wiener Stadttheaters Tag für Tag, Früh und Abends, abgehalten wurden. Laube hatte sich gleich zu Anfang mit einem zahlreichen, übergroßen artistischen Personal versehen, wohl in der Absicht, mit demselben nach stattgehabter eingehender Prüfung eine Sichtung vorzunehmen und nur die „Auserwählten" seinem Theater dauernd einzuverleiben. Dabei ward jedoch übersehen, daß die Prüfung und Auswahl eines derartigen großen Personals nicht in Monatsfrist stattfinden konnte, und daß somit, selbst bei den Repräsentanten zweiter und dritter Fächer, die Kündigungstermine mindestens auf ein Jahr hinausgeschoben werden mußten. Die ersteren Mitglieder hinwiederum besaßen zumeist auf mehrere Jahre bindende, unkündbare Verträge. So ward der Etat der ersten Stadttheaterperiode ein sehr hoher und erforderte zu seiner Deckung völlig die stattlichen Einnahmen der ersten Zeit.

Bei der Eröffnung des Wiener Stadttheaters bestand das Schauspielerpersonal aus den Herren: Arnau, Be-

nary, Brook, Feld, Findeisen, Friedmann,
Fiala, Glitz, Hauser, Hasemann, Heinemann,
Herbert, Klang, Lobe, Meixner, Otter, Reusche,
Robert, Rosen, Reinau, Salomon, Schönfeld,
Saar, Tewele, Tyrolt, Urban, Vaillant, Wolff,
und den Damen: Charles, Frank, Frauenthal
Jenny, Frauenthal Rosa, Framot, Friedmann,
Hasemann-Kläger, Hiller, Lindner, Mariot,
Schäffel, Schönfeld, Scholz, Schuberth, Sigur,
Valberg, Wagner. Außerdem waren einige Herren und
Damen für kleine und Anmelderollen sowie ein stattlicher
männlicher und weiblicher Chor engagirt. Theodor Lobe war
Oberregisseur.

Eine Neuerung Laube's, ein neues Amt, bisher un-
bekannt bei deutschen Theatern, bekleidete Alexander
Strakosch als Vortragsmeister des Wiener Stadttheaters.

Laube hat sich in seinen dramaturgischen Schriften, in
diesen wegen ihrer werthvollen Sentenzen und Aussprüche
nicht warm genug zu empfehlenden Bibeln des deutschen
Theaters, des Ausführlicheren über die Vortragslehre an
deutschen Bühnen ausgesprochen. Wie bekannt, galt ihm beim
Schauspieler das „Wort“ das meiste. „Sprechen ist das
Hauptmittel des Schauspielers!“ Deutlich, richtig, überzeugend
sprechen — das forderte er in erster Linie; gewiß mit Fug
und Recht. Laube fand, daß das ordentliche Sprechen von
den deutschen Schauspielern vernachlässigt werde. Dem zu
steuern, sei ein gewisser Sprechunterricht nothwendig, zum
mindesten Vorübungen, welche den mündlichen Vortrag,

dessen Reinheit, Deutlichkeit, u. s. w. befördern sollen. Wenn man nun auch den doch etwas unwahrscheinlichen Fall annehmen wollte, die deutschen Schauspieler hätten wirklich ihre Sprache und Sprechweise vernachlässigt, so ist und bleibt es ja doch Sache der Regie, derlei Übelstände und Fehler auf den Proben abzustellen. Laube gesteht, daß er selbst früher mit vielen Schauspielern diese Vorübungen durchzumachen hatte. Am Wiener Stadttheater führte ihn das praktische Bedürfniß der Zeitersparniß dazu, einen Vortragsmeister oder richtiger Rollencorrepetitor anzustellen. Die geeignete Persönlichkeit glaubte er gefunden und erprobt zu haben in Alexander Strakosch, einem ehemaligen deutschen Schauspieler, der, seine Laufbahn nicht weiter verfolgend, nach Paris gezogen war, dort rhetorische Studien machte, das Conservatoire besuchte und schließlich bei Laube in Leipzig unter dessen Protektorate als Vortragslehrer debütirte. Durch ein vorbereitendes Einzelstudium der Rollen mit dem Vortragsmeister sollte namentlich der noch künstlerisch unselbstständigere oder schwächere Schauspieler doch gewissermaßen fertig auf die Proben kommen, und Laube, der nun bei den Einzelnen ein gut Stück vorgearbeitet fand, sollte dadurch in die Möglichkeit versetzt werden, in verhältnißmäßig kurzer Zeit ein Stück zur Aufführung fertig zu stellen. Die Aufstellung eines neuen Repertoires und die möglichst rasche Bereicherung desselben war ihm am Stadttheater Bedürfniß und dringende Nothwendigkeit. Da sich seine Regisseure zu einem derartigen Sprech- und dramatischen Hausunterricht wohl kaum herbeigelassen hätten, übertrug er Strakosch das seiner praktischen Theaterführung zweckdienliche Amt.

Es muß anerkannt werden, daß Laube in seinem Vortragsmeister einen unermüdlichen Arbeiter gewonnen, welcher mit Fleiß und Eifer seiner Lehrthätigkeit oblag. Wenn trotzdem die Resultate einer so großen Mühe nur genügten, das momentane Bedürfniß eines rührigen Theaterdirektors zu befriedigen und sich verschwindend klein erwiesen, sobald es sich um einen dauernden und reellen Gewinn für die dramatische Darstellungskunst handelte, mag der Grund wohl darin zu suchen sein, daß diese Mühe doch nicht ganz richtig angewendet wurde. Strakosch, dessen Befähigung als S p r e c h lehrer allseitig anerkannt, hier gewiß nicht in Zweifel gezogen werden soll, hatte als solcher eine ersprießliche Thätigkeit vor sich, wenn er dem leitenden und inneren Getriebe des Wiener Stadttheaters so viel als möglich fern blieb. Dem war aber nicht so. Im Handumdrehen wurde aus dem Vortragsmeister ein dramatischer Lehrer, und in nicht langer Zeit gewann er, zum Regisseur befördert, einen Einfluß auf die artistische Leitung des Theaters, den er weniger bei den Proben auf der Bühne, als im Hause seines Direktors geltend zu machen wußte, einen Einfluß, welcher, wenn auch vielleicht den besten Absichten entspringend, sich doch nicht immer als ein für das wahre, dauernde Gedeihen des Institutes heilsamer erwies.

Strakosch war, wie schon erwähnt, als dramatischer Lehrer vielleicht durch das praktische Bedürfniß des neuen Theaters angewiesen, eine bequeme, aber unrichtige Methode bei seinem Unterrichte anzuwenden. Strakosch studirte die Rollen seinen Schülern schablonenhaft e i n. Er sprach die Rolle mit Betonungen, Nüancen, Pointen so lange vor, bis der durch Laube's Machtwort zum Unterricht befohlene Schauspieler es

— ebenso machte. Seine Schüler gewannen eine reine und deutliche Aussprache, aber sie sprachen einer wie der andere oder richtiger alle wie Einer, wie ihr Lehrer. Laube bekam dadurch allerdings deutlich sprechende, mit ihren Rollen vertraut gemachte Schauspieler zur Probe, einen allgemeineren Werth jedoch hatte dieser Unterricht für den Schüler nicht. Ein Wort, ein Wink Laube's auf der Probe war nutzbringender und galt auch seinen Mitgliedern mehr als stundenlanges Arbeiten mit dem Vortragsmeister. Wenn ein dramatischer Lehrer mit seinen Schülern Rollen studirt, soll er vor Allem darauf bedacht sein, in keiner Weise die bei dem Lernenden vorhandene künstlerische Individualität und etwaige Originalität durch eine zu subjektive Einmischung seinerseits in ihrer Entwicklung zu stören; das heißt, der Lehrer darf nicht vor den Augen des Schülers selbst produciren, sondern er soll die obenwähnte Individualität durch eigene und auf selbstständigem Denken beruhende Thätigkeit des Lernenden sich kräftigen und ausbilden lassen; nur im nöthigsten Falle sei er ein Nachhelfer und Berather. Die Phantasie, das Gefühlsleben, das dramatische Darstellungstalent, die Schaffenskraft des Schülers muß angeregt werden, a u s s i c h s e l b s t h e r a u s zu arbeiten, um zu lernen, auf eigenen Füßen zu stehen. Nur wenn beim dramatischen Unterricht eine derartige Methode in Anwendung kommt, kann von einem ersprießlichen Erfolg die Rede sein. Ein solcher Unterricht führt zur künstlerischen S e l b s t s t ä n d i g k e i t, welche hauptsächlich in's Auge gefaßt werden muß.

Strakosch hatte gewiß auch als berathender Regisseur das redlichste Bemühen, zum Gedeihen des Wiener Stadt-

theaters sein Scherflein beizutragen. Leider waren die von
ihm eingeschlagenen Wege nicht die zum guten Ende führenden,
seine Ideen und Anschauungen als Rathgeber die eines über=
schwänglichen, zu wenig praktischen und wohl auch zu wenig
rechnenden Theatermannes.

Nicht nur zu Beginn, auch in späteren Jahren unter=
nahm der Vortragsmeister zahllose Talententdeckungsreisen
oft bis in die entferntesten Gegenden Deutschlands und brachte
Schauspieler und Schauspielerinnen, von denen man im
Vorhinein wissen konnte, daß es ihnen schwer fallen dürfte,
auf dem heißen Wiener Theaterboden Posto zu fassen; etliche
machten sogar selbst dieses Bedenken geltend. Sie spielten
einige Male — oft auch nur auf der Probe —, erwiesen sich den
Anforderungen Laube's gegenüber zu schwach, bekamen größere
oder geringere Abstandssummen für ihre abgelösten Verträge
und zogen fort, um eine Enttäuschung reicher, im Herzen Groll
gegen das Stadttheater, das derlei Experimente mit seinen
ohnedies so vielfach in Anspruch genommenen Einnahmen
bezahlen mußte.

Strakosch, der am Stadttheater überflüssig war, wenn
das klassische Schauspiel aus dem Repertoire ausgeschieden
wurde, bestärkte Laube in dem unglücklichen Gedanken der
Konkurrenz mit dem Burgtheater.

Wenn von der überwiegend größeren Zahl der Schau=
spieler die bis dahin an deutschen Theatern unbekannte An=
stellung eines vortragenden Sprechmeisters nicht besonders
sympathisch aufgenommen wurde, so mag dies seine Erklärung
einfach darin finden, daß diese Neuerung mit den Ansichten
und der Überzeugung deutscher Schauspieler nicht überein=

stimmte, und speciell den Mitgliedern des Stadttheaters der Vortragsmeister mehr oder weniger aufgedrängt wurde. Es soll hier keineswegs verschwiegen werden, daß der Vortrags= lehrer unter den Schauspielern auch Anhänger gefunden hat und nicht nur Anhänger aus Klugheit und Bequemlichkeit, sondern auch warme Vertheidiger seiner Stellung und seines Wirkens.

Daß sich trotz Mühe und Plage des Vortragsmeisters die Sympathien der meisten zum dramatischen Schulunterricht kommandirten Schauspieler nicht für denselben gewinnen ließen — einzelne Fälle ausgenommen, in denen etliche Mitglieder alles, was sie erreichten, dem Vortragsmeister zu danken hatten, und wofür sie sich ihm auch gewiß erkenntlich gezeigt haben — läßt sich zurückführen auf eine nach und nach entstandene berechtigte Verstimmung der Schauspieler, hervorgerufen durch eine nicht immer taktvolle Reklame für die Thätigkeit des Lehrers auf Kosten der Lernenden.

Setzen wir den — nicht zugegebenen — Fall, es hätte wirklich der Vortragsmeister das größte Verdienst an den Erfolgen der Schauspieler gehabt; es hätten wirklich die wenigsten Mitglieder des damaligen Stadttheaters auf der Bühne „richtig sprechen" können, es hätten dieselben wirklich erst durch den Vortragslehrer erfahren, was Komödiespielen heißt — so durfte diese Thätigkeit des Lehrers doch nicht so stark in den Vordergrund gestellt werden. Die Arbeit des Vortragsmeisters mit den Schauspielern im Studirzimmer ist, wie die Arbeit des Regisseurs mit den Schauspielern auf den Proben, eine streng interne Sache, eine intime Angele= genheit, und alle dabei gemachten Beobachtungen, Vor=

kommnisse und Schlußfolgerungen gehören nie und nimmer vor das Forum der Öffentlichkeit. Es konnte Niemanden Wunder nehmen, wenn das Pachten so mancher Erfolge von Seite des Lehrers bei den dabei nicht am besten wegkommenden Schauspielern böses Blut machte. In dem Bestreben, sich aller Welt gefällig zu erweisen, ließ sich Strakosch mitunter auch zu Versprechungen an die Schauspieler herbei, die — Versprechungen bleiben mußten, da er seine Machtsphäre und seinen Einfluß auf den artistischen Direktor denn doch zuweilen überschätzte. Das Amt eines Vortragsmeisters ist wie jenes des Regisseurs eine Vertrauensstellung, welche auf Sachkenntniß, Unparteilichkeit, Zuverlässigkeit und Verschwiegenheit gegründet werden soll.

Der „Vortragsmeister" Laube's ist eine vereinzelte Erscheinung in der deutschen Theaterwelt geblieben. Er kam, er ging mit seinem Schöpfer! Bis heute hat noch keine einzige deutsche Bühne es für zweckdienlich erachtet, ihn zu neuem Leben zu erwecken.

— — — — —

Am 15. September 1872 wurde das Wiener Stadttheater eröffnet. In der fünften Nachmittagsstunde dieses Tages erschollen im Hause die letzten Hammerschläge, und bis zu diesem Augenblicke war es fraglich gewesen, ob der verspätet eingetroffene und im letzten Moment aufgestellte Kronleuchter auch funktioniren werde. Nun — er leuchtete! Und das Wiener Publikum konnte sich die Überzeugung verschaffen, daß die Zahl seiner Theater um ein geräumiges, geschmackvolles, bequemes und vornehm behagliches Schauspielhaus vermehrt worden war. Auch die für Wien neue

Einrichtung, ausschließlich Sitzplätze in allen Rängen des Zuschauerraumes anzubringen, fand allseitige Anerkennung. Als erste Vorstellung wurde die Tragödie „Demetrius" gegeben, Schiller's Fragment, fortgesetzt von Laube. (Deme= trius — Hr. Robert, Sapieha — Hr. Salomon, Komla — Hr. Friedmann, Boris — Hr. Otter, Axinia — Frl. Frank, Schuisky — Hr. Lobe, Marfa — Frl. Charles, Hiob — Hr. Meixner.) Ein von Betty Paoli gedichteter und von Frl. Frauenthal gesprochener Prolog ging vorher. Vor und hinter den Coulissen herrschte große Aufregung; Laube, seine Mitglieder, Kritik und Publikum — Alles befand sich in spannender Erwartung. Die Aufführung der von Laube in 18 Proben vortrefflich inscenirten Tragödie ging glatt und ohne die geringste Störung von statten. Schiller's Fragment fand rauschenden Beifall, der sich auch angesichts der Laube'schen Fortsetzung wiederholt einstellte. Was den künstlerischen Erfolg des ersten Abends anbetrifft, gestand Laube selbst: „Das Stück hatte keinen vollen Eindruck gemacht und die Darstellung ebenfalls nicht. Man war erstaunt, daß doch so viele Schau= spielkräfte vorhanden waren, aber über Werth und Umfang dieser Kräfte war man im Unklaren geblieben."

Einen wirklichen Erfolg errang Herr Lobe, der von da ab für den ersten Schauspieler des Stadttheaters galt. Man suchte die Ursache des ausgebliebenen vollen Erfolges überall, nur nicht da, wo sie zu finden war; so wollte man auch die Unruhe eines Publikums, welches sich bei derlei Anlässen unwillkürlich zu viel mit dem neuen Hause be= ·schäftigt und in lebhafter Weise während der Vorstellung seine Meinung austauscht, dafür verantwortlich machen. Die an und für sich höchst tüchtige, erste künstlerische Leistung des Wiener Stadttheaters würde ganz anders aufgenommen worden sein, wenn man im Publikum nicht schon so viel über die „Konkurrenzbühne des Burgtheaters" reden gehört hätte. Man kam nun mit einem strengeren Maßstabe, mit höheren Erwartungen, welche nicht ganz befriedigt wurden, und die am Geburtstage des jungen Kunstinstitutes wohl auch kaum befriedigt werden konnten. Die Eröffnungs= vorstellung dauerte bis 11 Uhr, und Laube richtete am Schlusse derselben eine Ansprache an das Publikum, der man entnehmen konnte, daß er sich über den Erfolg des Abends nicht täuschte; auch schien es ihm nöthig, zu erwähnen, daß er eine offene Konkurrenz mit dem Hoftheater nicht beabsichtige. So erntete man gleich am ersten Abend die Früchte einer unglücklichen Idee, welche leider noch lange nicht aufgegeben werden sollte.

Nach einer Wiederholung des „Demetrius" wurden am 17. September in Putlitz' „Die böse Stiefmutter" und Moser's „Stiftungsfest" die Lustspielkräfte in's Treffen geschickt. Der Putlitz'sche Einakter gab Frau Schönfeld Gelegenheit, sich den Wienern in günstiger Weise als erste feinhumoristische Kraft im Mutterfache vorzustellen, während das, Sängerfeste und kleinstädtisches Vereinswesen behandelnde Moser'sche Lustspiel, dessen Sujet für Wien einen überwun= denen Standpunkt bedeutete, nur einen starken Lacherfolg erringen konnte. (Dr. Scheffler — Hr. Friedmann, Bertha — Frl. Hiller, Bolzau — Hr. Reusche, Wilhelmine — Fr. Wagner, Ludmilla — Frl. Kläger, Hartwig — Hr. Tewele, Brimborius — Hr. Findeisen, Schnake — Hr. Thrott.) Die

kritiſchen Beſprechungen der erſten beiden Vorſtellungen des
Wiener Stadttheaters waren im Ganzen ſehr wohlwollend
gehalten; im Publikum bildeten ſich Parteien, welche für
und gegen das neue Schauſpielhaus lebhaft eintraten.
Bei den Wiederholungen obenerwähnter Stücke kam eine
bedenkliche Erſcheinung zu Tage: Das Haus zeigte auf=
fallende Lücken, welche darauf hinzuweiſen ſchienen, daß im
neuen Theater für Stücke, die nicht einen durchſchlagenden
Erfolg erringen, ſich wohl nur ein ſehr ſpärliches Publikum
finden dürfte. Wie Laube in ſeinem Stadttheaterbuche
ausführlich erzählt, erhob die damalige Direktion des
k. k. Hofburgtheaters auf Reverſe gegründete Einſprache gegen
die Aufführung zahlreicher Burgtheaterſtücke auf einer anderen
Wiener Bühne. Dieſe vorauszuſehende Maßregel war ein
harter Schlag für Laube und das Stadttheater, deſſen Reper=
toire nun, namentlich im heiteren Genre, mit älteren aner=
kannten Bühnenwerken — die von Gutzkow und Laube aus=
genommen — nicht bereichert werden konnte und ſich ſomit
faſt ausſchließlich auf die jüngſte deutſche und fremdländiſche
dramatiſche Produktion angewieſen ſah. Grillparzer hatte, in
dankbarer Erinnerung an die Verdienſte Laube's um die Auf=
führung ſeiner Stücke, Dieſem die Erlaubniß gegeben, nach
ſeinem Tode den dramatiſchen Nachlaß zur Darſtellung zu
bringen. Als nun Laube hörte, daß das Burgtheater den
„Bruderzwiſt in Habsburg" vorbereite, begann er,
über das alleinige Aufführungsrecht des Stückes nicht ver=
fügend, ſofort energiſch die Proben des Grillparzer'ſchen
Trauerſpieles, welches nun auch wirklich auf der Bühne des
Stadttheaters zuerſt, am 24. September, das Lampenlicht

erblickte. (Rudolf II. — Hr. Lobe, Mathias — Hr. Olter, Max — Hr. Rensche, Ferdinand — Hr. Reinau, Leopold — Hr. Glitz, Don Caesar — Hr. Robert, Klesel — Hr. Fried= mann, Oberst Wallenstein — Hr. Salomon, Lucrezia — Frl. Frank.) Laube gelang es, seinen Oberregisseur und Darsteller der Hauptrolle, der, die Pietät der Wiener für ihren heimgegangenen Poeten und die Grillparzergemeinde Wiens vielleicht nicht in Rechnung ziehend, keine allzu großen Hoffnungen auf das Stück setzte, für seine mächtige und schwierige Rolle lebhaft zu interessiren. Schon nach dem ersten Akte gab es so stürmischen Beifall, daß Laube vor das Publikum tretend, mit thränenerstickter Stimme für Österreichs verklärten Dichter danken konnte. Freudestrahlenden Auges rief er im Zwischenakte den Schauspielern zu: „Kinder, spielt muthig weiter! Sie gehen draußen in's Zeug!" Der Erfolg blieb denn auch bis zum letzten Fallen des Vorhanges dem Stücke und der Darstellung treu. Lobe's „Kaiser Rudolf" fand einstimmige und wärmste Anerkennung, welche auch den Herren Robert und Salomon für ihre prächtigen Leistungen zu theil wurde.*)

Laube hatte dem Direktionsrathe die außerordentlichen Vortheile, welche durch die Gründung eines Pensionsinstitutes für die Mitglieder dem künstlerischen Bestande des neuen

---

*) Vor dem Bühnenausgange des Theaters spielte sich an diesem Abende eine rührende Episode ab. Drei Greisinnen, nach vormärzlicher Mode gekleidet, standen um 9 Uhr vor dem Thore und fragten ängstlich einen eben das Haus verlassenden Schauspieler: „Ach, bitte, mein Herr, wie geht's denn da drinnen unserem guten Grillparzer? Spricht es an, sein Stück? Gefällt es den Leuten?" Als sie nun vom vollen Erfolge des „Bruderzwistes" hörten, da lachten und weinten die alten Fraulein

2*

Theaters erwachsen konnten, klar zu machen gewußt. Der Direktionsrath war auf diese Idee bereitwilligst eingegangen, und schon am 26. September fand die Wahl des Verwaltungsausschusses für den nunmehr ins Leben getretenen Pensionsfonds des Wiener Stadttheaters statt. Derselbe bestand aus einem Mitgliede des Direktionsrathes, dem Direktor und vier Mitgliedern des Kunstpersonals. Bei Gründung des Fonds flossen große Spenden einzelner Gründer ein, der Direktionsrath bewilligte vier Theatervorstellungen in jedem Jahre, und Laube verzichtete auf 2000 Gulden seines jährlichen Gehaltes zu Gunsten des Fonds; außerdem leisteten die Mitglieder des Stadttheaters obligatorisch, nach Verhältniß ihrer Gagen normirte Beiträge in die Pensionsfondskasse, der auch sämmtliche Strafgelder zugewiesen wurden.

Vierzehn Proben hatte Laube auf Hackländers Lustspiel: „Diplomatische Fäden" (Mathilde — Frl. Mariot, Anna — Frl. Hiller, von Reinsberg — Hr. Friedmann, Graf Widder — Hr. Reusche, Locke — Hr. Tewele) verwendet; am 28. September errang dasselbe bei seiner ersten Aufführung vor ausverkauftem Hause einen mäßigen Erfolg. Die langausgesponnene, kleinstädtische Diplomatenposse verschwand, trotzdem Tewele und Reusche sich alle Mühe gaben, das seichte Ding über Wasser zu halten, bald vom Repertoire. Mit dem heiteren Genre wollte es anfangs über-

vor Freude, drückten dem Ueberbringer so froher Botschaft die Hände, ihm dankend für die „liebe, süße Nachricht!" Dann hingen sie sich in einander ein und trippelten frohgemuth schwatzend heim. Der Portier des Hauses erzählte, daß die drei Frauen seit einer Stunde bereits sehnsüchtig auf der Straße gewartet hätten, um etwas über das Schicksal des Stückes zu erfahren. Sollten es die Schwestern Fröhlich gewesen sein?

haupt nicht recht vorwärts, wozu das Fehlen junger weiblicher Lustspielkräfte wesentlich beitrug. Man hatte, wie es schien, bei den ersten Engagements vorwiegend an das ernste Schau= spiel gedacht und manche Kräfte gewonnen, welche sich für Darstellungen im Konversationsstücke wenig oder gar nicht eigneten. Erst im folgenden Jahre gelang es, drei begabte junge Schauspielerinnen vom Berliner Hoftheater zu engagiren, welche diese empfindlichen Lücken im Lustspielpersonale aus= füllten. Weiters fehlte, um nur das Wichtigste zu erwähnen, der eigentliche erste Konversationsliebhaber. Laube sah neidisch auf den Michaelerplatz hinüber, auf Friedrich Mitterwurzer. Alle Anstrengungen, diesen hochbegabten, ihm schon von Leipzig her bekannten Schauspieler für das Wiener Stadt= theater zu gewinnen, blieben erfolglos. Bis zum Jahre 1879 angelte Laube nach ihm. Ein tückisches Schicksal brachte es mit sich, daß Mitterwurzer erst dann an's Stadttheater kam, als Laube für immer ging. „Den hätte ich noch haben müssen“, klagte später Laube, „ich und er hätten dabei ge= wonnen!“ Bei dieser Gelegenheit darf nicht unerwähnt bleiben, daß namentlich Friedmann und Tewele mit großer Bereitwilligkeit und Selbstverleugnung ihrem Direktor in diesen schweren Kinderjahren des Stadttheaters mit ihren vielseitigen Talenten hilf= und erfolgreich zur Seite standen.

Zwischen Laube, dem Direktor, und Lobe, seinem ersten Schauspieler und Regisseur, begann leider schon um diese Zeit eine Spannung Platz zu greifen, welche immer ernster sich gestaltend, einen nicht zu unter= schätzenden Nachtheil für das junge Kunstinstitut bedeutete. Zwei harte Köpfe waren da einander gekommen und konnten sich nicht verstehen und nicht einigen, so lange sie überhaupt miteinander zu thun hatten. Die eigentlichen, ausschlaggebenden Ursachen dieses Nichtzusammenstimmens zweier so wichtiger Persönlichkeiten mögen schwer zu ergründen sein. Hier sollen blos naheliegende Vermuthungen über jene Momente und Verhältnisse ausgesprochen werden, welche möglicherweise diese bedauernswerthe, das Stadttheater in seiner künstlerischen Entwicklung schädigende Differenz herbeigeführt haben. Lobe legte bald nach Eröffnung des Theaters seine Stelle als Oberregisseur zurück; ob die geringe Machtvollkommenheit, die zweifelhafte Selbstständigkeit, die Laube seinen Regisseuren zugestand, diesen Entschluß herbeiführten oder ob ihm die von dem Vortragsmeister hinter dem Rücken der Regisseure auf Laube geübte Einflußnahme nicht behagte — soll hier nicht untersucht werden.

Lobe als Schauspieler war ursprünglich Komiker und hatte sich erst später dem ernsten Charakterfache zugewendet. Laube, der die Lustspielkraft in Lobe hoch schätzte, wollte den Künstler im heiteren Genre, aber auch in den derberen Unterarten des Lustspieles, in Schwank und Posse, beschäftigen, wogegen Lobe, der seinen schauspielerischen Schwerpunkt mehr in die Tragödie verlegt wissen wollte, einen in gewisser Beziehung berechtigten Einspruch erhob. Laube, gewöhnt, von seinen Schauspielern — die ihm zuliebe sich auch gerne dazu bereit fanden — oft ein Übriges zu verlangen, fand in Lobe den eisernen Mann des Kontraktes, welcher seine Pflicht und Schuldigkeit auf das Gewissenhafteste that, sonst aber hartnäckig auf seinem Vertrage bestand, der selbstverständlich respektirt werden mußte. Es ist nicht zu zweifeln, daß Lobe

bei einem entgegenkommenderen, weniger schroffen, diploma-
tischen Vorgehen seines Direktors diesen Standpunkt des
Beharrens auf dem „Schein" wohl kaum eingenommen hätte,
und in Folge dessen seine ausgezeichnete Kraft nicht so oft
bei den Aufführungen des Stadttheaters schmerzlich vermißt
worden wäre. So hatte sich zwischen beiden Männern ein
unerquickliches Verhältniß entwickelt, unerquicklich für — Beide.
Wenn auch Keiner den Anderen direkt schädigte, so that
doch Keiner dem Anderen etwas zuliebe, und den Haupt-
schaden hatte — das Stadttheater! So entstanden Parteien,
denen sich Beamte und Schauspieler anschlossen. Zwischen den
Parteien stand ein leider nicht immer ganz objektiver Direktionsrath, zugänglich den Einflüsterungen von hüben und
drüben.

In den ersten Tagen des folgenden Monates gingen
zwei Trauerspiele nacheinander in Scene. Am 3. Oktober
„Hamlet", (Claudius — Hr. Arnau, Hamlet — Hr. Robert,
Polonius — Hr. Heinemann, Horatio — Hr. Meixner,
Laertes — Hr. Glitz, Geist — Hr. Otter, Gertrude —
Frl. Charles, — Ophelia — Frl. Frank, Todtengräber —
Hr. Reusche, — Schauspieler — Hr. Friedmann.) Herr
R o b e r t errang einen außergewöhnlichen Erfolg, und Frl.
F r a n k fand von Seite der Kritik und des Publikums zuerst
lebhafte Aufmerksamkeit. Das zweite Trauerspiel „C o n r a d
V o r l a u f" (Herzog Albrecht — Frl. Kläger, Herzog Leopold
— Hr. Lobe, Wolf — Hr. Fiala, Vorlauf — Hr. Otter,
seine Frau — Fr. Schönfeld, Katharina — Frl. R. Frauen-
thal, Burghardt — Hr. Reinau) behandelte einen vaterlän-
dischen Stoff, das tragische Schicksal eines einstigen Bürger-

meisters von Wien. Als Verfasser nannte der Theaterzettel:
Friedrich Lehner. Man suchte hinter diesem Pseudonym
Laube, Weilen, Findeisen, Mosenthal. Nach des Letzteren
Tode erfuhr man, daß er der Dichter sei, der leider keinen
Grund hatte, mit dieser Mittheilung in die Öffentlichkeit
zu treten, da das der Stadt Wien gewidmete Stück trotz
stürmischen Beifalles am ersten Abend (7. Oktober) vollständig
fallen gelassen wurde. Die wenigen Wiederholungen fanden
vor leeren Häusern statt. Am 12. d. Mts. erschienen zwei
Lustspiele: „Spielt nicht mit dem Feuer" von G.
zu Putlitz und ein drolliger Einakter nach dem Französischen
„In der Sommerfrische", in welchem Tewele und
Reusche ihre Laune wirken ließen. Das harmlose, in
Scene und Dialog hübsch geführte Putlitz'sche Lustspiel
fand beifällige Aufnahme, welche durch das prächtige
Zusammenwirken der Darsteller der Hauptrollen (Gottfried
— Hr. Salomon, Dr. Weller — Hr. Lobe, Nettchen —
Fr. Schönfeld, Minchen — Frl. Kläger, Alice — Frl. R.
Frauenthal) wesentlich gefördert wurde; insbesondere Lobe
konnte derartige sarkastisch-ironische Lustspielväter wie den
„Doctor Weller" zu seinen gelungensten Leistungen zählen.
Die Lustspiele hatten gefallen, und doch ergaben die Wieder=
holungen keinen nennenswerthen Vortheil für die Kasse.
Laube sah sich daher nach einer zugkräftigeren Novität um
und fand auch eine solche in „Maria und Magdalena"
von Paul Lindau. Das vieraktige, moderne Schauspiel des
damaligen Herausgebers der „Gegenwart", zum ersten Male
am 19. Oktober aufgeführt, brachte seinem Verfasser den
ersten nachhaltigen Theatererfolg. Von Wien aus, wo es

zahlreiche Wiederholungen erlebte, machte es die Runde über die meisten deutschen Bühnen. Lindau war zu den Proben gekommen und ertrug geduldig die unbarmherzigen und doch heilsamen Striche Laube's in dem allzulangen ersten Akte. Den Preis des Abends heimste Reusche als Commerzienrath Werren ein, neben ihm fanden Beifall: Friedmann als Professor Laurentius, Glitz als Fürst Berndt, Tyrolt als Theateragent Schelmann. Gegen den Willen Laube's, der für die weibliche Hauptrolle Frl. Frank in Vorschlag gebracht, bestand der Verfasser auf der Besetzung derselben mit Frau Friedmann.

Zu wiederholten Malen hat Laube in seinen dramaturgischen Schriften erwähnt, daß Wien ein besonders geeigneter und empfänglicher Boden für die moderne französische Komödie sei. Die Neigung Laube's für die modernen französischen Autoren entstammt wohl seinen in der Praxis gemachten Erfahrungen. Die Franzosen verstehen sich auf sichere Theaterwirkung, sie behandeln den Dialog fast ausnahmslos meisterhaft, immer aber natürlich, Rede und Gegenrede ergeben sich knapp in Form und Ausdruck. Der Schauspieler gewinnt durch sie Tempo, Leichtigkeit, Natürlichkeit der Rede, Gewandtheit der Bewegung und verliert schneller eine ihn beschränkende Engherzigkeit, welche ihn hindert, auf dem Theater Kosmopolit zu werden. Allerdings bringt der Charakter dieser Bühnenprodukte zuweilen auch manches Schädliche mit sich. Das Raffinement einzelner Autoren geht über auf den interpretirenden Darsteller, der bei der Beurtheilung guter und schlechter Effekte leicht irregeführt werden kann. Selbstverständlich muß bei den französischen

dramatischen Werken rücksichtlich ihrer künstlerischen und
literarischen Qualitäten ein strenger Unterschied gemacht
werden: Augier, Scribe, Sandeau, Dumas, Feuillet, Pailleron und Sardou (mit ihren älteren Stücken) haben berechtigte
Aufnahme bei den hervorragendsten deutschen Theatern gefunden.

. Man hat Laube als Direktor des Wiener Stadttheaters
vielfach den Vorwurf gemacht, die Franzosen auf Kosten der
Deutschen bevorzugt zu haben. Abgesehen von der zweifelhaften Stichhaltigkeit dieser Anschuldigung, zu deren Auf-
klärung der Anhang IV dieses Buches beitragen möge, muß
folgendes in Betracht gezogen werden: Das Wiener Stadttheater war ausschließlich auf seine Einnahmen angewiesen,
ja noch mehr, es mußte mit seinen Einkünften finanzielle
Lasten tilgen — es war daher keine subventionirte dramatische Versuchsstation, welche sich kostspielige Experimente er-
lauben durfte. Laube war ein unermüdlicher Sucher nach
bühnenfähigen Stücken; er nahm sie, wo er sie fand, die
Heimat derselben kümmerte ihn wenig. Die anerkannt
besten deutschen dramatischen Dichter thronten im Burgtheater. Die dramatische Produktion in Deutschland war
quantitativ eine außerordentliche. Es sei hier erwähnt,
daß der Direktion des Wiener Stadttheaters vom September 1872 bis December 1878 über 2400 Stücke zur eventuellen Aufführung eingereicht und insgesammt von Laube,
seinen Regisseuren und einem zu diesem Zwecke zusammen-
gesetzten Comité, dem u. A. Kompert, Pachler u. s. w.
angehörten, gelesen wurden. Wenn unter hundert erledigten
dramatischen Arbeiten zwei bühnenfähige sich befanden, so

war dies aber ein glücklicher Zufall. Unter diesen einge=
reichten Stücken — und was wird in dieser Beziehung
einer Theaterdirektion nicht alles zugemuthet! — sind die
Novitäten unserer modernen Berufsdramatiker nicht inbe=
griffen; gering an Zahl, wurden sie im leider nur allzu=
raschen Wechsel des Repertoires verschlungen, und es mußte
Aushilfe gesucht werden in der fremdländischen Theaterlite=
ratur. Der Verbrauch von Stücken war am Wiener Stadt=
theater ein enormer. Laube's Ausspruch: „Ich brauche für
jede Woche eine Novität, um leben zu können", war leider
nur zu wahr! Unter solchen Umständen wird man es wohl
begreiflich und vielleicht auch verzeihlich finden, wenn er
beinahe mit einer gewissen Habgier und namentlich in späteren
Jahren, als eine wirkliche Novitätennoth eintrat, ohne
langes Bedenken zugriff, wo sich ihm ein auch nur halb=
wegs brauchbares Stück darbot. Die traurige Folge dieser
nicht genügend rigorosen Auswahl machte sich allerdings auch
geltend, und jede Aufführung eines minderen oder werthlosen
Stückes verringerte die Zahl der gebildeten Besucher des
Stadttheaters.

Das Barrière'sche Schauspiel „Die Gräfin von
Sommerive" — zum ersten Male aufgeführt am 26. Okto=
ber — wirkte trotz eines von Laube angebrachten „versöhn=
lichen Schlusses" deprimirend und verschwand bald im Archive
des Theaters. Am letzten Tage des Monates fand „Hamlet"
als erste Vorstellung zum Besten des Pensionsfonds statt.
An diesem Abend wurde die Hofloge zum ersten Male von
Mitgliedern des allerhöchsten Kaiserhauses besucht. In der
ersten Hälfte des November gelangten Laube's „Karls=

schüler" (Herzog Karl — Hr. Otter, Franziska — Frl. Charles, Generalin — Fr. Schönfeld, Silberkalb — Herr Friedmann, Laura — Frl. Hiller, Bleistift — Hr. Reusche, Schiller — Hr. Robert, Koch — Hr. Tewele) und „Faust" (Faust — Hr. Salomon, Mephisto — Hr. Lobe, Gretchen — Frl. R. Frauenthal, Valentin — Hr. Robert) zur Aufführung. Die dem Burgtheater nachgeahmte Einführung, jedes neue Stück — und für das Stadttheater war ja schließlich alles Novität — nur zweimal hintereinander zu geben und es dann nach Bedarf ein oder zweimal im Repertoire jeder Woche erscheinen zu lassen, hatte keinen Bestand, und nur zu bald mußte man sich aus Rücksicht für die Kasse zu einem Vorgange bequemen, der, künstlerischen Intentionen weniger entsprechend, darin bestand, daß man günstig aufgenommene Stücke ununterbrochen abspielte, bis die Einnahmen auf eine gewisse Summe herabsanken, zweifelhafte und durchgefallene hingegen sofort in's Archiv wandern ließ. Mit dem am 16. November in Scene gegangenen historischen Schauspiele „Der Graf von Hammerstein" von Adolf Wilbrandt (Heinrich II. — Hr. Otter, Bischof Meinwerk — Hr. Lobe, Konrad v. Franken — Hr. Salomon, Graf von Hammerstein — Hr. Robert, Ekard — Hr. Glitz, Irmgard — Frl. Frank) konnte das Wiener Stadttheater recht eindringlich seine Existenzberechtigung als zweites Schauspielhaus erweisen, da die Hofbühne diesem, Konflikte zwischen geistlicher und weltlicher Macht behandelnden Ritterstücke wohl kaum ihre Pforten geöffnet haben würde. Das Tendenzschauspiel Wilbrandt's errang durchschlagenden Erfolg, der seinen Höhepunkt im Klosterakte erreichte, um dessen treffliche

Darstellung sich Frl. Frank und die Herren Robert und Salomon wesentlich verdient machten. Unzählige Male rief das Publikum nach dem in einer Loge zusehenden Dichter, für welchen stets der vor Kurzem zum Regisseur ernannte Herr Friedmann danken mußte. An diesem Abend trat die nunmehrige erste Heldin des Stadttheaters, Frl. Frank, in den gebührenden Vordergrund. Der Vortragsmeister hatte die junge begabte Schauspielerin, welche eine hübsche, stattliche Erscheinung und ein schönes klangvolles Organ mitbrachte, auf einem Berliner Vorstadttheater, an welchem sie untergeordnete Rollen spielte, entdeckt. Es unterlag keinem Zweifel, daß die hoffnungsvolle Künstlerin bei richtiger Anleitung und Ausbildung einer großen Zukunft entgegenging. Und doch, trotz aller Mühe des Lehrers, trotz Studirens bei Tag und Nacht, zeigten sich gerade in diesem Falle deutlich die Schattenseiten einer nur für den augenblicklichen Bedarf und nicht für die wahre künstlerische Wohlfahrt des Schülers sorgenden Erziehungsmethode. Frl. Frank behauptete durch mehrere Jahre unter dem wachsamen Auge Laube's und Dank den Bemühungen des ununterbrochen mit ihr arbeitenden Vortragsmeisters die Stellung der Primadonna des Wiener Stadttheaters. Weniger gut erging es einem anderen weiblichen Mitgliede des Stadttheaters, Frl. Charles, in welchem man am Eröffnungsabende eine zweite Julie Rettich gefunden zu haben glaubte und das man, nachdem man es durch leichtfertige Überschwenglichkeit zu einer unhaltbaren Größe emporgehoben, später einfach fallen ließ und so Hoffnungen vernichtete, die unter anderen Verhältnissen sich doch vielleicht, wenn auch in bescheidenem Maße, erfüllt hätten.

Zur Bereicherung des Lustspielrepertoires kamen am 23. November „Viel Lärm um Nichts," (Benedikt — Hr. Tewele, Beatrice — Frl. Hiller, Ambrosius — Herr Reusche), am 28. d. M. „Der Diplomat der alten Schule" mit dem Ehepaare Friedmann in den Hauptrollen und der französische Schwank „Aus Freundschaft", in welchem Reusche als „Montonnet" schallende Heiterkeit erregte, zur ersten Aufführung. Um diese Zeit sprach man von Unterhandlungen Lobe's mit der Direktion des k. k. Hofburgtheaters, welche durch dessen Erfolg als „Kaiser Rudolf" auf den Künstler aufmerksam geworden war. Am 5. December erschien „König Lear" (Lear — Hr. Otter, König von Frankreich — Hr. Glitz, Kent — Hr. Arnau, Edgar — Hr. Salomon, Edmund — Hr. Friedmann, Narr — Hr. Tewele, Goneril — Frl. Charles, Regan — Fr. Friedmann, Cordelia — Frl. Frank). Dem Darsteller der Titelrolle, welcher allerdings auch mit den noch lebendigen Erinnerungen an Anschütz' berühmte Meisterleistung zu kämpfen hatte, gelang es schwer, nachhaltiges Interesse zu erwecken. Auch zwei neue Einakter: „Marcell", ein Drama nach dem Französischen, welches Herrn Robert und Frl. Frank Gelegenheit bot, sich in einem modernen Stücke zu zeigen, und Paul Lindau's Lustspiel „In diplomatischer Sendung" (zum 1. Mal aufgeführt am 9. December) fanden keinen nennenswerthen Erfolg. Als Zugstücke hatten sich bis jetzt nur: „Maria und Magdalena" und insbesondere „Der Graf von Hammerstein" erwiesen. Da das heitere Repertoire aus schon früher erwähnten Gründen auf schwächeren Füßen stand, glaubte man, dem ernsten Stücke größeren Spielraum lassen zu müssen. Daß man darin des Guten zu viel that, zeigte der innerhalb einer Woche dreimal angesetzte „Lear" oder vielmehr der jedesmal schwachbesuchte Häuser ausweisende Kassenrapport. Der Versuch, ein zweites Putlitz'sches Lustspiel: „Gut gibt Muth" (13. December) am Stadttheater einzubürgern, mißlang trotz der ausgezeichneten Darstellung der Hauptrollen durch Frau Schönfeld und Herrn Lobe. Zum Schlusse des Jahres erschienen am 21. December ein geschichtliches Schauspiel von Friedrich Schütz „Täuschung auf Täuschung", am 30. December drei Einakter: „Ein Autographensammler" von W. v. H. mit Reusche und Friedmann, Moser's „Splitter und Balken" mit Lobe und Fr. Schönfeld, „Elzevir" mit Reusche und Tyrolt in hervorragenden Rollen. Am Sylvesterabend beschloß man die Vorstellungen des Eröffnungsjahres mit einer sorglich vorbereiteten Aufführung von „Des Meeres und der Liebe Wellen" zu Gunsten des Fonds für das GrillparzerMonument. Es war vielleicht die beste und abgerundetste Vorstellung, die bisher stattgehabt. Frl. Frank heimste stürmischen Beifall für ihre Hero ein, Robert und Salomon schufen prächtige Jünglingsgestalten voll hinreißenden Feuers und heiterer Lebenskraft, Otter brachte die mehr rhetorische Aufgabe des Oberpriesters zu überzeugender Geltung. Laube und seine Mitglieder schritten so in der gehobenen Stimmung eines großen Erfolges mit gekräftigtem Muth und Vertrauen in das neue Jahr, zu neuer Arbeit!

Nach der Aufnahme eines älteren Lustspieles „Er muß auf's Land" eröffnete am 13. Januar 1873 ein Stück aus der modernen Wiener Gesellschaft „Das Wald=

fräulein" die Reihe der Novitäten. Das im Dialog reizende Lustspiel im Genre Bauernfelds war von Eschenbach, hinter welchem Pseudonym sich eine vornehme Wiener Dame verbarg: Friedmann, der darin einen liebenswürdigen österreichischen Kavalier im heimischen Dialekte sprach, schuf eine erheiternde, wirksame Charge. Ein neues Mitglied, Frl. Roll, verblieb nur kurze Zeit im Verbande des Stadttheaters. Am 18. Januar wurde „Maria Stuart", mit Frl. Frank in der Titelrolle, dem Repertoire eingefügt; vier Tage später folgten zwei Lustspiele nach dem Französischen, Leroy's „Cousin Jacques" und Najac's „Eine Henne und ihre Küchlein" von denen jedoch nur das letztere, Dank der trefflichen Leistungen der Damen Schönfeld und Kläger, sowie der Herren Reusche, Salomon und Tewele sich als lebensfähig erwies.

Die Arbeitskraft der Mitglieder wurde mitunter tüchtig in Anspruch genommen. Laube hielt sehr oft auch des Abends während der Aufführung eines Trauerspieles mit dem unbeschäftigten Lustspielpersonal Lese- und Zimmerproben, um binnen wenigen Tagen mehrere Novitäten herauszubringen zu können. Albert Lindner's Trauerspiel „Die Bluthochzeit", zum ersten Male am 3. Februar aufgeführt, erwies sich gleich dem Wilbrandt'schen „Hammerstein" als ein richtiges Stadttheaterstück. Das Burgtheater verzichtete auf die effektreiche Hugenottentragödie, und das Theater an der Wien, von dem es Laube erworben, verfügte nicht über die entsprechenden Schauspieler. Nebst sprachlichen und scenischen Schönheiten der Dichtung fand auch die Darstellung stürmischen Beifall, in erster Linie Friedmann, welcher die seiner künstlerischen Individualität besonders zusagende Rolle des

Königs Karl IX. zu vorzüglichster Geltung brachte. In dem am 8. Februar zum 1. Male dargestellten französischen Lustspiele „Herr Perrichon" von Labiche und Martin erheiterten Reusche und Tewele das lachlustige Publikum. Innerhalb einer Woche erschienen ferner „Wilhelm Tell" (Geßler — Hr. Lobe, Attinghausen — Hr. Otter, Rudenz — Hr. Glitz, Staufacher — Hr. Arnau, Wilhelm Tell — Hr. Salomon, Melchthal — Hr. Robert, Gertrud — Frau Schönfeld, Hedwig — Frl. Mariot, Bertha — Frl. Frauenthal, Armgard — Frl. Charles); „Uriel Acosta" mit Robert in der Titelrolle und zwei Lustspiele „Ein armer Edelmann" und „Man sucht einen Erzieher", worin Reusche als „Abraham Meyer" brillirte. Vom Wiener Residenztheater, der Übungsbühne einer dramatischen Unterrichtsanstalt, wurde Herr W. E. Heinrich engagirt. Herr Stanislaus Lesser absolvirte ein drei Abende umfassendes Gastspiel. Nachdem noch am 4. März „Romeo und Julie" in Scene gegangen war, rückte die rastlose Direktion am 10. d. M. wieder mit einer vollen Novität heraus, mit „Mann und Frau", einer von Laube herrührenden Bearbeitung des Dumas'schen Schauspieles „Diane de Lys". (Graf — Hr. Robert, Diana — Frl. Frank, von Ternon — Hr. Tewele, Marquise — Fr. Schönfeld, Hubry — Hr. Glitz, Taupin — Hr. Tyrolt). Auch hier hatte er, wie bei der „Gräfin von Sommerive", an Stelle des tragischen einen versöhnenden Schluß hergestellt, gegen welche Laube'sche „Passion" die Kritik jedoch lebhaft in's Feld zog. Die letzten Novitätenabende hatten kein Glück; auch dem Dumas'schen Schauspiele wollte es nicht gelingen, volle Häuser zu erzielen. Die

Aufführung des „Kaufmann von Venedig" (17. März)
gehörte wegen der trefflichen Leistung Lobe's als „Shylock"
auch späterhin zu den beliebtesten klassischen Vorstellungen
des Stadttheaters. Man war nach und nach völlig in das
ernste Fahrwasser gerathen und schien sich darin auch wohl
zu fühlen, wie dies z. B. aus dem Wochenrepertoire vom
17. bis 23. März ersichtlich ist, welches innerhalb acht
Tagen „Faust", „Bluthochzeit", „Graf Hammerstein" und
die dreimalige Vorführung des „Kaufmanns von Venedig"
ausweist.

Der rettende Engel des Lustspiels stand zum Glück
vor der Thüre! Die zukünftige Naive und bald beliebteste
weibliche Lustspielkraft des Stadttheaters war in Frl. Katharina Schratt vom Berliner Hoftheater erschienen, eine Öster-
reicherin, ein Badener Kind „mit blondem Haar und blauen
Augen", anmuthig, liebreizend, voll ursprünglichen Wesens.
Die junge Künstlerin wurde rasch der Liebling des Publikums und auch Laube's, der das vorwiegend auf das naiv-
komische Fach hinweisende Talent seiner dramatischen Pflege-
befohlenen auch in anderen Spielarten Raum gewinnen ließ.
Frl. Schratt debütirte am 24. März im „Käthchen von
Heilbronn" (Wetter vom Strahl — Hr. Salomon, Gräfin
— Frl. Lindner, Gottschalk — Hr. Thyrolt, Kunigunde —
Frl. Charles, Friedeborn — Hr. Arnau, Käthchen —
Frl. Schratt, Rheingraf — Hr. Reinau) und errang sofort
die vollen Sympathien der Wiener. Leider lief dieses glückliche erste Auftreten nicht ohne einen unangenehmen Zwischen-
fall ab. Beim Einsturz der Schloßbrücke fiel Frl. Schratt
so unglücklich, daß sie sich den Fuß erheblich verletzte. Der

Theaterarzt sprach gegen das Weiterspielen, allein Laube, der den schönen Erfolg nicht gefährden lassen wollte, ließ das Käthchen mit einem Krückstock erscheinen und legte dem Knappen Gottschalk ein darauf bezügliches Extempore in den Mund. Zwei Tage später betrat eine Schwester Frl. Frank's unter dem Namen Margot im „armen Edelmann" die Bretter des Theaters, welche aber keine ernstliche Bedeutung für die Volontärin gewinnen sollten. Mit großer Sorgfalt wurde Laube's „Graf Essex" (Elisabeth — Frl. Charles, Essex — Hr. Salomon, Rutland — Frl. Frank, Raleigh — Herr Friedmann, Burleigh — Hr. Otter, Ralph — Hr. Arnau, Cuff — Hr. Tyrolt, Jonathan — Hr. Reusche) einstudirt und am 31. März zum ersten Male mit durchschlagendem Erfolg gegeben. „Essex" und „Karlsschüler" blieben auch fürderhin die beiden zugkräftigsten Laube'schen Stücke. Zwischen Reusche, welcher trotz ununterbrochener und fleißiger Übung seiner Rollen mitunter an einer Gedächtnißschwäche litt, welche ihm auf der Bühne oft arge Streiche zu spielen begann, und Laube, der solcherlei Vorkomnisse nicht gutmüthig hinnahm, kam es zu fortwährenden Reibungen, welche Reusche in das Lager der „Unzufriedenen" trieben und ihn schließlich ver= anlaßten, dem Stadttheater den Rücken zu kehren. Nachdem am 4. April Frl. Schratt die Marianne in Göthe's „Ge= schwister" als zweite Antrittsrolle gespielt hatte, kam am folgenden Tage, mit Herrn Winand vom Hoftheater in Wies= baden als Ferdinand, „Kabale und Liebe" zur Aufführ= rung. Das Gastspiel des Künstlers führte zu einem Enga= gement in späterer Zeit. Nach Friedmann's Rücktritt von der Regie wurde Herr Karl Schönfeld zum „Direktions=

3*

regisseur" ernannt. Laube schien sein Personal um einen Väterspieler bereichern zu wollen, da er nebst Herrn Pettera vom Burgtheater, Herrn Kühns vom deutschen Landes= theater in Prag engagirte; der Letztere trat zum 1. Male am 16. April in Gutzkow's „Urbild des Tartüffe" als Laroquette auf; später, da Kühns nur kurze Zeit dem Ver= bande des Stadttheaters angehörte, wurde die Rolle von Lobe mit ausgezeichnetem Erfolg dargestellt. Ludwig XIV. spielte einigemale Tewele, später Glitz, Molière fand in Robert einen interessanten Interpreten. Das am 24. April zum 1. Mal aufgeführte Charakterbild von Mels: „Heine's junge Leiden" hielt sich, Dank einer trefflichen Darstellung in den Hauptrollen, (Heine — Hr. Friedmann, Hirsch — Hr. Reusche, Salomon — Hr. Kühns, Bertha — Herr Schönfeld, Ottilie — Frl. Schratt, Mathilde — Frl. Frank) ziemlich lange auf dem Repertoire. Ein Frl. Eichert vom Berliner Residenztheater debütirte am 28. April als Ludmilla im „Stiftungsfest".

Der Mangel an zugkräftigen Novitäten machte sich immer fühlbarer, und die halbvollen Häuser, wie der immer höher anwachsende Etat gaben dem Direktor wie dem Direk= tionsrath viel zu denken. Trotz der geradezu beispiellosen Thätigkeit und der ununterbrochenen Anstrengung aller Kräfte konnten die Einnahmen des Theaters selten auf die zur Deckung der Gesammtausgaben nöthige Ziffer gebracht werden. Vielleicht war man bei der Aufstellung des erstjährigen Reper= toires doch nicht vom richtigen Standpunkte ausgegangen, viel= leicht war man allzu eifrig in dem Einstudiren klassischer, vom Burgtheater her bestens bekannter Stücke, die am ersten Abend wohl genügendes Publikum fanden, in der Folge aber vor= wiegend schwache Häuser erzielten. Binnen acht Monaten waren am Stadttheater schwere 18 Trauer= und Schauspiele in Scene gesetzt worden; auch darin hätte Sparsamkeit noth= gethan. Eine Folge des schlechten Besuches war das raschere Abspielen der Novitäten und solcher Stücke, die für das Stadttheater als neu galten, um die Kasse vor allzuschlechten Einnahmen zu bewahren. So begann schon im ersten Jahre die Novitätenhetzjagd, welche, nachdem das Publikum in dieser Richtung einmal verwöhnt worden war, nicht mehr so leicht aufgegeben werden konnte und schließlich am Stadttheater selbst sich bitter rächte. Wenn man weiters bedenkt, daß gleich bei Eröffnung des Theaters ein über Bedürfniß großes Personal vorhanden war, das ganze erste Jahr hindurch neue Engagements abgeschlossen wurden, ein Debüt dem andern folgte, die meisten Debütanten in den Verband des Theaters eintraten, die weniger entsprechenden Kräfte jedoch nicht sofort entlassen werden konnten, sondern vielmehr ein und mitunter mehrere Jahre den unverhältnißmäßig großen Etat belasteten — dann wird man wohl ohne näheren Hin= weis die Krankheiten herausfinden, an denen das Wiener Stadttheater von Anbeginn an litt und welche, da sie niemals gründlich behoben wurden, gesunde Zustände nicht aufkommen ließen. Laube und der Direktionsrath rechneten auf die am 1. Mai beginnende Weltausstellung und erhofften sich von dem größeren Fremdenverkehr einen besseren Theaterbesuch.

Da das Stadttheater den ganzen Sommer hindurch spielen sollte, beschloß die Direktion, welche vorwiegend das Ausstellungspublikum im Auge hatte, in dieser Zeit nur

wenige Novitäten zu bringen und hauptsächlich die gang=
baren Stücke des bisherigen Repertoires vorzuführen, in
welchen auch mehrere neuengagirte Mitglieder aufzutreten
Gelegenheit fanden; so Herr Grève, der Bonvivant des
Theaters a. b. Wien, der sehr bald eine grande utilité des
Stadttheaters wurde, ferner Herr und Frau Senger (Boissier),
der Liebhaber Herr Vollmann und Frl. Bland, welche als
Gretchen in „Faust", Julie in „Romeo und Julie" und
als Ophelia in „Hamlet" debütirend, gefiel, aber nicht
lange im Engagement verblieb, desgleichen Frl. Kühle vom
Berliner Hoftheater, eine pikante und originelle Schauspielerin,
welche mit ihren Antrittsrollen: Lorle in „Dorf und
Stadt" und Christoph in „Christoph und Renate" sich
rasch die Gunst des Publikums erworben hatte (leider ward
das Fräulein nach kurzer, erfolgreicher Thätigkeit der Kunst
und dem Stadttheater untreu, was beide nicht um dasselbe
verdient hatten), schließlich eine jugendliche Salondame
Frl. Wiehler (später Frau Tyrolt) ebenfalls vom Hoftheater
in Berlin, ein zweiter Liebhaber Hr. Emil Schönfeld und
der jugendliche Komiker Herr Zocher aus Leipzig. Am 7. Mai
erschien am Stadttheater zum ersten Male Lessing mit seinem
„Nathan", zuerst mit Otter, späterhin mit Lobe in der
Titelrolle (Saladin — Hr. Grève, Sittah — Frl. Wiehler,
Recha — Frl. Schratt, Daja — Hr. Schönfeld, Tempel=
herr — Hr. Salomon, Klosterbruder — Hr. Arnau, Der=
wisch — Hr. Friedmann, Patriarch — Hr. Tyrolt.)
Ein Blitz aus heiterem Himmel — und es folgte der
„Krach", die große Tragödie der Wiener Börse, welche auch
auf das, die Finanzwelt zu seinem Publikum zählende,

junge Theaterunternehmen seine vernichtende Wirkung üben
sollte. Der wirthschaftliche Aufschwung schuf das Wiener
Stadttheater, der Börsenkrach gab ihm den ersten tödt=
lichen Stoß!

Am 17. Mai brachte Laube die Pariser Boulevard=
komödie „Der Mann von hundert Jahren" vor —
leerem Hause; allerdings verdiente das Stück kein besseres
Schicksal. Bei einer Wiederholung des „Nathan" beehrte der
zur Weltausstellung nach Wien gekommene deutsche Kron=
prinz das Stadttheater mit seinem Besuche und unterhielt
sich in längerem Gespräch mit Laube. Am letzten Mai er=
rangen Augier's „Die Unverschämten" (Les effrontés),
mit Lobe als Giboyer und Grève als Vernouillet einen
glänzenden Erfolg, der diesem geistreichen Vorspiele vom
„Fils de Giboyer" noch lange treu blieb. Mitte Juni ging
zum 1. Mal „Die Zähmung der Widerspenstigen" in
Scene. Die Darstellung (Petruchio — Hr. Grève, Katha=
rina — Frl. Schratt, Baptista — Hr. Otter, Gremio —
Hr. Heinemann, Tranio — Hr. Tyrolt, Grumio — Herr
Heinrich, Vicentio — Hr. Findeisen) fand durch ihre frische
Derbheit das Wohlgefallen des Publikums und der Kritik.
Am 23. Juni debutirte Frau Boissier mit vielem Glück in
Laube's „Böse Zungen" (Christoph v. Mack — Hr. Arnau,
Christiane — Fr. Schönfeld, Ferdinand — Hr. Senger,
Gottfried — Hr. Salomon, Frau v. d. Straß — Fr. Boissier,
Minona — Frl. Bland, Hertha — Frl. Kläger, Meno —
Hr. Grève, Rath Fischer — Hr. Lobe, Soda — Hr. Rensche,
Pranger — Hr. Tyrolt, Leopold — Hr. Heinrich.) Der
Hochsommer machte sich bereits unangenehm fühlbar, und

Laube gewährte seinen Schauspielern, welche seit September v. J. unausgesetzt angestrengt waren, insoferne eine kleine Erleichterung, als er in den kommenden zwei Monaten mitunter von seinem System der „täglichen Probe" Abstand nahm. Ende Juni ging der Direktor nach Karlsbad, Regisseur Schönfeld und der Vortragsmeister übernahmen die Direktions- und Regiegeschäfte, welche Laube bis zum Tage seiner Abreise fast ganz allein besorgt hatte. Das Repertoire erlitt durch die Erkrankung Robert's, welcher dadurch vom Juli d. J. bis Ende März 1874 der Bühne entzogen blieb, einen empfindlichen Schlag. Die Herren Glitz, Salomon, Grève und Senger übernahmen für diese Zeit einen Theil der Rollen des allgemein beliebten Heldendarstellers.

Mitte Juli kam Laube vom Bade zurück und wurde am 21. d. M. mit einer von Strakosch vorbereiteten Aufführung des „Faust" in folgender Neubesetzung: Faust — Hr. Salomon, Mephisto — Hr. Friedmann, Gretchen — Frl. Schratt, überrascht. Im Laufe des August wurden „Die Räuber" (Karl — Hr. Salomon, Franz — Herr Friedmann, Amalie — Frl. Bland, Spiegelberg — Herr Grève, Schweitzer — Hr. Pettera, Gerichtsperson — Herr Heinrich), „Die Waise aus Lowood", mit Frl. Frank in der Titelrolle und Grève als Rochester, und „Der Roman eines Cavaliers", mit Senger und Frl. Kühle in den Hauptrollen, dem Repertoire eingefügt. „Die einzige Tochter", ein Lustspiel a. d. Polnischen von Graf Fredro erregte stürmische Heiterkeit und fand zahlreiche Wiederholungen, während „Montjoye" und ein Effektstück n. d.

Englischen von Collins „Die neue Magdalene" bald nach ihren ersten Aufführungen — 13. und 25. September — verschwanden.

Nachdem am 5. October „Das Glas Wasser" (Bolingbroke — Hr. Friedmann, Marlborough — Fr. Boissier, Königin Anna — Frl. Wiehler, Abigail — Frl. Kühle, Masham — Hr. E. Schönfeld) und am 17. d. M. zwei neue Einakter: „Ist Madame zu sprechen?" und „Mein Glücksstern", mit den Damen Kläger, Wiehler und den Herren Tewele, Arnau, Glitz, gegeben worden, rückte man am 25. mit dem neuen größeren Lustspiele „Diana" heraus, welches leider nicht die Hoffnungen er= füllte, die man auf dieses jüngste dramatische Wert Paul Lindau's gesetzt hatte.

Die Weltausstellung war zu Ende, der allseitig erwartete stärkere Theaterbesuch hatte sich nur in den letzten zwei Monaten eingestellt; das einzige Opernhaus fand auch in der Sommerzeit seine Rechnung. Nach dem Abzug der Fremden aus Wien sanken die Einnahmen des Stadttheaters in auffallender Weise — das einheimische Theaterpublikum war durch den Niedergang der Börse und die traurigen wirthschaftlichen Verhältnisse bedeutend zusammengeschmolzen. In zahlreichen Sitzungen beschäftigte sich der Direktionsrath mit der kritischen Lage des Stadttheaters; man erkannte auch den Hauptübelstand: den zu hoch angewachsenen Per= sonaletat, welchem freilich schwer beizukommen war, da abge= schlossene Verträge eine augenblickliche Verminderung des Personalstandes nicht zuließen.

Im November kamen „Sappho" mit Frl. Frank und „Richard III." mit Friedmann, außerdem ein Lustspiel nach dem Französischen „Ein Neffe aus Amerika" welches nicht sonderliches Glück machte, auf die Bühne. Frau Friedmann-Rakowitza hatte nach durchgeführter Scheidung von ihrem Gatten das Stadttheater verlassen und ein Engagement am Carltheater angenommen. Das Jubiläum des 25jährigen Regierungsantrittes Sr. Majestät des Kaisers feierte das Stadttheater am 2. December mit einer Fest-Vorstellung, welche ein von Laube verfaßter und von Otter gesprochener Prolog einleitete; hierauf folgte Grillparzer's vaterländisches Trauerspiel: „König Ottokar's Glück und Ende", in welchem Herr Salomon mit der Titelrolle und Herr Arnau, der den Kaiser Rudolf in schlichter, sympathischer Weise wiedergab, einen hübschen Erfolg erzielten. Einer Wiederholung dieser Vorstellung am 10. d. M. wohnte Se. k. k. Hoheit Kronprinz Rudolf bei, das Stadttheater zum ersten Male mit seinem hohen Besuche auszeichnend. Im December hielt noch der fruchtbare Lustspieldichter Julius Rosen mit den vom Carltheater zurückgezogenen älteren Stücken („Engel", „Des Nächsten Hausfrau", „Feinde", „Il baccio" u. s. w.) seinen Einzug in das Stadttheater, dem er von jetzt ab fast ununterbrochen die Produkte seiner fleißigen Feder widmete. Ein Gutzkow'scher Einakter „Dschingiskhan" fand geringen Beifall.

Laube schien durch die schwächeren Einnahmen, welche das vorwiegend ernste Repertoire erzielte, eines Besseren belehrt und gab endlich dem vielseitigen Verlangen nach, dem modernen und heiteren Genre auf seiner Bühne größeren

Spielraum zu gewähren. In der That fanden die zum Schlusse des Jahres einstudierten „Feenhände", „Sohn des Unverschämten" nebst einigen Rosen'schen Schwänken großen Beifall und lebhaften Zuspruch. Die Direktion wollte sich damals noch nicht zu einer größeren Ausnützung dieser Stücke herbeilassen, da sie es mit dem Wesen eines ersten, vornehmeren Theaters unverträglich fand, einen Erfolg bis auf den letzten Tropfen auszupressen: andererseits mußte Laube auf das Stammpublikum des Hauses, auf die Gründer, Rücksicht nehmen, welche in der ersten Zeit nicht so bereitwillig waren, ein und dasselbe Stück vierzehn Tage hintereinander anzusehen, sondern Abwechslung im Repertoire verlangten. Als er später den Versuch machte, Zugstücke wenigstens 4—6 Male nacheinander zu geben, um größere Kassenerfolge zu erzielen, fand er lebhaften Widerspruch von Seiten der Gründer. Eine leider nicht abzustellende Mißlichkeit war der freilich berechtigte Verkauf einzelner Logen durch ihre Besitzer, welche so, die Theaterkasse schädigend, dem eigenen Unternehmen Konkurrenz machten.

Am 25. December fand eine Vorstellung zu Gunsten des Wiener Journalisten- und Schriftsteller-Vereines „Concordia" statt, bei welcher der 3. Akt von „Maria Stuart" und das Lustspiel „Am Klavier", dargestellt von Stadttheatermitgliedern, der 4. Akt vom „Kaufmann von Venedig" dargestellt von dem mit seiner Gesellschaft eben in Wien gastirenden italienischen Tragöden Ernesto Rossi, schließlich eine Posse nach dem Französischen „Der gnädige Herr kommt gleich," dargestellt von Mitgliedern des Stadttheaters und des Theaters a. d. Wien, zur Aufführung kamen.

44

Das neue Jahr fand bereits zahlreiche Personalver=
änderungen vor. Der Theateralmanach vom 1. Januar 1874
wies folgenden artistischen Personalstand auf: die Damen
Bauer, Hermine Bland, Marie Boissier, Amalie
Charles, Katharina Frank, Marie Kläger, Mathilde
Kühle, Marie Mery, Fanny Schäffel, Louise Schön=
feld, Anna Scholz, Katharina Schratt, Louise Val=
berg, Mathilde Wagner, Ernestine Wiehler; die Herren:
Karl Arnau, Theodor Bollmann, Julius Findeisen,
Siegwart Friedmann, Leopold Grève, Adolf Glitz, Karl
Hauser, Heinrich Heinrich, Heinrich Heinemann, Domi=
nik Klang, Adolf Link, Theodor Lobe, Eduard Otter,
Günther Pettera, Theodor Reusche, Emerich Robert,
Alexander Rosen, Karl Salomon, Alexander Senger,
Emil Schönfeld, Karl Schönfeld, Franz Tewele,
Dr. Rudolf Tyrolt, August Vaillant, Friedrich Wienin=
ger, Eugen Zocher.

Dem Kassenwesen stand Herr Franz Thörricht vor,
den Posten eines Kapellmeisters bekleidete Hr. Franz Neu=
mann, als Theaterarzt fungirte Dr. Alexander Weiß. Der
erste Direktionsrath des Wiener Stadttheaters bestand aus
dem Präsidenten Friedrich Freiherrn von Schey, dem Vice=
präsidenten Johann Freiherrn von Mayr und den Herren
Dr. Arnold Pann, Dr. Ferdinand Naumann, Rudolf
Dittmar, Franz Freiherr von Wertheim, Dominik Seidel.
Als Generalsekretär war Hr. Heinrich Bohrmann, der
nachmalige Direktor des Ringtheaters, angestellt.

Zu Beginn des neuen Jahres wurden zwei Schauspiele=
rinnen, Frau Bäumen und Frl. Seraphine Detschy, enga=

girt, welche jedoch Beide nach kurzer Zeit das Institut wieder verließen; letztere allerdings, um unter der Direktion Buko= vics=Theimer wieder zu kommen. Kalidaia's „Sakuntala", bearbeitet von Freiherrn von Wolzogen, eröffnete am 3. Januar den Novitätenreigen des Jahres 1874. Leider errang das in anerkannt gelungener Darstellung und prächtiger Ausstattung vorgeführte indische Drama gar keinen materiellen Erfolg. Besser erging es dem am 12. d. M. zur Aufführung ge= brachten Wilbrandt'schen Lustspiele „Die Wahrheit lügt", in welchem Zocher mit einer sächsischen Dialektrolle Auf= sehen machte, und namentlich der vom Carltheater herüber= genommenen Sardou'schen Komödie „Die biederen Land= leute", in welcher der tolllustige Bauernverschwörungsakt wieder hergestellt worden war. Stück und Darstellung (Mar= lac — Hr. Grève, Morisson — Hr. Arnau, Henri — Hr. Glitz, Floupin — Hr. Throlt, Grinchu — Hr. Reusche, Tettillard — Hr. Zocher, Pauline — Frl. Wiehler, Gene= viève — Frl. Schratt) fanden großen Beifall und das Stadttheater hatte ein zugkräftiges Repertoirestück gewonnen. Ein zweites Zugstück stellte sich einige Tage später in dem Feuillet'schen Schauspiele „Die verzauberte Prinzessin" ein, welches den socialen Kampf einer alten bretonischen Adels= familie mit der modernen bürgerlichen Industriewelt in span= nender, effektvoller Weise zur Anschauung brachte. Die Mühe, welche auf das Einstudiren des „Coriolanus" — 7. Februar — verwendet wurde, war leider eine vergebliche; dagegen lohnte sich die Aufnahme von Laube's „Cato von Eisen" in das Repertoire des Stadttheaters, welches damit ein gerngesehenes Lustspiel gewann. (Eisenstein — Hr. Reusche,

Siegelinde — Frl. Kühle, Bertha - Frl. Schratt, Cato — Hr. Tewele, Justizrath — Hr. Heinrich, Kaspar — Hr. Tyrolt, Jakob — Hr. Zocher). Einen weiteren Treffer machte Laube mit dem am 17. Februar zum 1. Male auf= geführten Lustspiele „S ch w e r e Z e i t e n" von Julius Rosen. Die an ernstgemüthlichen und heiteren Scenen reiche Tendenznovität, welche in geschickter Weise die durch den Börsenkrach veränderten Lebensverhältnisse behandelte, gab den Damen Schönfeld, Schratt, Kühle und Wiehler, sowie den Herren Reusche, Tewele, Friedmann und Grève Gele= genheit zu wirksamen Bühnenleistungen. Ein toller Schwank nach dem Französischen „Z w e i T a u b e", mit Tyrolt, Tewele, Zocher und einem neuengagirten Mitgliede, Frl. S t a u b, in den Hauptrollen, that seine zwerchfellerschütternde Schul= digkeit.

Laube fand bei der größeren Pflege der modern= heiteren Richtung auch als Theatergeschäftsmann seine Rech= nung; die Kassenresultate dieser ersten Monate müssen geradezu glänzende genannt werden. Leider hielt diese Besserung der Einnahmen nur bis zum Frühjahre Stand. Mit Wilbrandt's Trauerspiel „G i o r d a n o B r u n o" (2. März) machte man ähnliche Erfahrungen wie mit der vor Kurzem gegebenen Römertragödie. Die Wiener hatten des Traurigen übergenug im Leben; von der Bühne, ins= besondere von der des Stadttheaters, verlangte man Erhei= terndes. Die noch folgenden drei Novitäten dieses Monats — Sardou's „S e r a p h i n e" mit Fr. Boissier in der Titel= rolle, ein Einakterabend „U n t r ö s t l i ch" von Eschenbach, „H a s ch i s ch" von Leroy und C. F. Berg's „Unter dem

Siegel der Verschwiegenheit", sowie das Schauspiel „Ein Schoßkind" müssen als verlorene bezeichnet werden.

Nach dreivierteljähriger Krankheit betrat der schwervermißte Heldendarsteller Robert am 31. März, vom Publikum auf das liebenswürdigste empfangen, in Ponsard's effektreichem Schauspiele aus der Revolutionszeit „Der verliebte Löwe" wieder die Bretter des Stadttheaters. Am 10. April brachte Laube mit vielem Glück Gutzkow's „Königslieutenant" (Thorane — Hr. Friedmann, Wolfgang — Frl. Schratt, Mittler — Hr. Tyrolt, Mack — Hr. Reusche, Gretel — Frl. Kühle), während das acht Tage später zum 1. Male aufgeführte Moser'sche Lustspiel „Ultimo", das in Deutschland allgemein gefiel, in Wien keine besondere Anerkennung fand. Nachdem Laube's „Statthalter von Bengalen" und ein niedlicher Einakter von Horner „Er ist nicht liebenswürdig" dem Repertoire einverleibt worden waren, debütirte am 23. Mai ein junger, dramatischer Dichter, Hugo Bürger (Lubliner), mit dem Lustspiele „Der Frauenadvokat", ohne jedoch mit seinem Erstlingswerke nachhaltige Wirkung zu erzielen. Anfangs Juni fand Scribe's „Damenkrieg" mit den Damen Wiehler, Schratt und den Herren Grève, Tewele, Glitz freundliche Aufnahme.

Als im Frühjahre die Einnahmen des Stadttheaters bedeutend sanken, benützte Laube bei seiner artistischen Berichterstattung in der zu dieser Zeit einberufenen Generalversammlung der Gründer die Gelegenheit, die Bewilligung eines Hypothekaranlehens zur Deckung des bevorstehenden Sommerdeficits zu fordern. Alle schädigenden Momente, welche er mit einem allerdings etwas zu trüben Blicke in

die Zukunft den Gründern aufzählte, waren zumeist zutreffend. Der Überschuß des ersten Jahres war verbraucht,
die vornehmere und in besseren Verhältnissen lebende Gesellschaft im Sommer nicht in Wien, der Fremdenverkehr
gering, die Geldverhältnisse trostlos, die Aussichten nichts
weniger als rosig! Mittels des Anlehens hoffte Laube über
die schlimmen Sommermonate hinüberzukommen, und im
nächsten Winter — so meinte er — werde es sich ja zeigen,
ob Wien trotz Krach und eintretender Verarmung ein Schauspielhaus, wie das bisherige Stadttheater, erhalten könne.
Sollte dies nicht möglich sein, so müsse das Stadttheater eine
Bühne zweiten Ranges mit beschränktem Genre und wohl-
feilerem Etat werden, und dann wolle er einem anderen
Direktor Platz machen. Das Anlehen wurde bewilligt, und
Laube führte, rastlos arbeitend, das Theater bei Einnahmen
weiter, die immer geringer wurden, je näher der Hochsommer rückte. Ein unerwarteter schwerer Schlag traf das
Institut durch die auf behördliche Anordnung am 15. Juni
erfolgte Schließung des Hauses, weil sich zahlreiche Trag-
balken in den Logengängen gesenkt hatten. Die über andert-
halb Monate dauernden Reparaturen und die Erhaltung des
gesammten artistischen und technischen Personales ohne die
geringste Einnahme verschlangen von vornherein einen be-
trächtlichen Theil des Anlehens. Erst am 8. August konnten
die Vorstellungen wieder aufgenommen werden, welche bei
fortdauernd schwachem Besuche des Theaters keine bemerkens-
werthen Novitäten brachten.

Am 14. August begann ein Sohn der beliebten Schauspielerin Frau Schönfeld unter dem Namen F o r s t seine

Bühnenlaufbahn als Lucentio in der „Widerspenstigen" mit
vielem Glück und verblieb einige Zeit im Verbande des
Theaters. Der Vorschlag Laube's in der Generalversammlung,
den Kassenausfall des Sommers zu decken und noch eine
Saison abzuwarten, um zu sehen, ob sich das Stadttheater
wie bisher fortführen ließe oder nicht, fand bei einzelnen
Direktionsräthen, welche schon seit geraumer Zeit mit der
kostspieligen Administration Laube's unzufrieden waren, nur
mit der wesentlichen Änderung Anklang, daß man, nicht
länger zuwartend, jetzt gleich — September 1874 — auf
Grund der bisherigen Erfahrungen entscheide, wie von nun
ab das Stadttheater zu führen sei. Demzufolge richtete der
Direktionsrath an Laube die Frage, ob er gesonnen sei, an
seinem Gesammtetat Reduktionen vorzunehmen, da mit den
Ausgaben die bisherigen Einnahmen in keinem Verhältnisse
stünden. Laube erklärte sich gegen jede Reduktion, weil damit
der Fall des Wiener Stadttheaters als eines ersten
Bühneninstitutes besiegelt wäre. Dieser Standpunkt scheint jedoch
von der Majorität des Direktionsrathes nicht getheilt worden
zu sein, denn nach kurzen Verhandlungen wurde die Direktion
aufgefordert, ihren Etat sofort herabzusetzen. Als Laube jetzt
neuerdings seinen Ausspruch wiederholte und hiebei erwähnte,
unter solchen Umständen lieber abtreten und es einem anderen
Direktor überlassen zu wollen, die Forderungen des Direktions=
rathes zu erfüllen — nahm man ihn beim Wort und zwang
ihn dadurch, die Führung des Stadttheaters niederzulegen.
Wie Laube selbst später des Öfteren erwähnte, machte auf
ihn der ganze Vorgang fast den Eindruck einer kleinen Über=
rumpelung, herbeigeführt durch eine ihm feindlich gesinnte,

mit einem fertigen Plane bereit stehende Partei des Direk=
tionsrathes. Ein heftiger Gegner Laube's im damaligen
Direktionsrathe war Dr. Ferdinand Naumann, dem es nicht
an Verbündeten fehlte. Auch Baron Schey, der Präsident
des Direktionsrathes, wurde vielfach als entschiedener Gegner
Laube's bezeichnet, aber schwerlich mit Recht. Schey hatte in
späteren Jahren (aus anderen Gründen!) mit Laube so
manches Zerwürfniß — ein eigentlicher Feind Laube's war
er nie, am wenigsten in der damaligen Periode. Träfe ihn
überhaupt ein Verschulden in dieser Angelegenheit, so bestände
es vielleicht darin, zu rasch die sofortige Niederlegung der
Direktion durch Laube gutgeheißen und der neuen Ordnung
der Dinge zugestimmt zu haben.

Laube's unverhoffter Rücktritt von der Leitung wirkte
auf die Schauspieler des Stadttheaters, welche am ehesten die
Tragweite dieses unglücklichen Entschlusses zu erfassen im
Stande waren, wie ein Donnerschlag. Man konnte es nicht
denken, man wollte es nicht glauben, daß Laube nach zwei
Jahren dem auf seinen Namen hin gegründeten Theater den
Rücken kehre — und doch war es so! Am 15. September,
dem zweiten Jahrestage der Eröffnung des Theaters auf der
Seilerstätte, fand als letzte Vorstellung unter Laube's Direk=
tion „Julius Caesar" (Caesar — Hr. Arnau, Octavius
— Hr. Glitz, Marc Antonius — Hr. Robert, Brutus —
Hr. Salomon, Cassius — Hr. Friedmann, Casca — Hr.
Greve, Bürger — Hr. Tyrolt, Heinrich), Zocher,
Portia — Frl. Charles, Calpurnia — Frl. Wiehler) statt.
Vor ausverkauftem Hause war es dem scheidenden Direktor
noch einmal vergönnt, mit seinen ihr bestes Können ein=

setzenden Künstlern einen glänzenden Sieg zu erfechten. Bei=
fallssalven durchdröhnten das Haus, und am Schluße der
Vorstellung ließ man nicht eher mit dem Rufen nach, als bis
der „alte Knabe", wie sich Laube selbst in seiner Rede
nannte, vortrat und Abschied nahm „vom Publikum und
seinem lieben Stadttheater!" Er konnte es anläßlich seiner
Dankabstattung „für den zahlreichen Besuch seiner Abschieds=
vorstellung" nicht verwinden, dem Publikum sein Bedauern
darüber auszusprechen, daß es sich nicht immer so zahlreich
im Stadttheater eingefunden. „. . . . Sie hätten mir den
heutigen Tag ersparen können . . .!" Thränen erstickten
seine Stimme, in den Logen und im Parquet gab es nasse
Augen! Schließlich empfahl er das Theater dem Wohlwollen
der Wiener und mit abermaligen Hervorrufen Laube's, um
welchen auf der Bühne bereits ein förmlicher Wall von
Kränzen und Bouquets sich aufgethürmt hatte, endete der
bedeutungsvolle Theaterabend.

Als sich der Vorhang zum letzten Male gesenkt hatte
und Laube sich plötzlich von dem gesammten artistischen und
technischen Personal — Alles war erschienen bis auf Reusche
— umringt sah, murmelte er „. . . . jetzt kommt das
Schwerste . . .!" Eine drückende Stille, ein tieftrauriger
Ernst lag auf der Versammlung. Nachdem Frl. Frank
im Namen der Mitglieder dem unvergeßlichen Direktor einen
prachtvollen silbernen Lorbeerkranz überreicht hatte, trat
Pettera vor und hielt eine Ansprache. Laube wollte seine
kaum mehr zu verbergende Rührung, die ihn auch bald
darauf übermannte, wegscherzen mit den Worten: „Bleiben
Sie nur nicht stecken!" — Schließlich sprach Laube, zum

letzten Male zu seinen Schauspielern! Wer ihn je sprechen
gehört, weiß, wie er sprach und wie er wirkte! Als er
zu Ende war, gab es für Niemanden eine Zurückhaltung.
Alles stürzte auf ihn zu, umfaßte seinen Hals, seine Hände,
seine Kniee, küßte ihn und weinte sich bitterlich mit ihm
aus! „Kinder, Kinder, um Gotteswillen, macht es mir nicht
noch schwerer . . . !" schrie der dem ungestümen Gefühls=
ausbruche seiner Getreuen fast erliegende Laube. Dem Hause
entfliehend, eilte er, von den nachdrängenden Mitgliedern
begleitet, hinab zu seinem Wagen, und der alte Kutscher
Simon führte seinen Herrn zum letzten Male als „Direktor!"

An diesem Tage endete die glänzendste, künstlerisch
erfolgreichste Periode des Wiener Stadttheaters, welches in
diesen ersten zwei Jahren seines Bestandes ein vornehm ge=
führtes und vornehm sich gebendes Bühneninstitut war,
welches außer dem über ihm stehenden Burgtheater wohl in
ganz Deutschland wenig ebenbürtige Rivalen hatte. Ein maß=
gebender deutscher Kunstkritiker nannte das Stadttheater dieser
Zeit „eine der hervorragendsten deutschen Bühnen, deren
Leistungen in ganz Deutschland lebhaftes Interesse erweckten
und wohlverdiente Anerkennung fanden."

Heinrich Laube hatte Unrecht, so übereilt und
ohne eingehendere Prüfung der Sachlage zu gehen
oder zum Gehen sich drängen zu lassen; der Direktions=
rath hatte Unrecht, weil er Laube's Einfluß und Macht,
vor Allem aber die Unentbehrlichkeit von Laube's Person
und Namen für das junge Theater verkannte und unter=
schätzte. Der Gedanke, mit der bisherigen kostspieligen Fort=
führung des Stadttheaters zu brechen, Ersparungen im Etat

und eine Begrenzung des Genre's vorzunehmen, war gewiß
kein unrichtiger, und Laube hätte dieser Ansicht, versuchsweise
wenigstens, sich anschließen und anbequemen müssen; er
durfte sich in jener verhängnißvollen Direktionsrathssitzung
nicht über das Stadttheater stellen und den gewünschten Ein=
schränkungen, welche auch die Lebensfrage für das Theater
waren, seine aufmerksame Prüfung nicht verweigern. Das wäre
er einerseits den Gründern schuldig gewesen, welche in Rücksicht=
nahme auf seine Person mit ihrem Gelde das Stadttheater
geschaffen, andererseits aber auch den Künstlern, welche seinem
Rufe folgend und ihm vertrauend, mitunter sichere lebens=
längliche Stellungen verlassen hatten, um unter seiner Fahne
zu dienen. Laube fühlte dies und gab einem Selbst=
vorwurfe auch Ausdruck, als er in seiner Abschieds=
rede an die Schauspieler, sich zum Sprecher wendend,
sagte: „.... Sie haben mich Ihren braven Führer
genannt! Sie haben da nicht die Wahrheit gesprochen. Sie
mußten sagen: Du bist kein braver Führer gewesen, denn
Du verläßt uns jetzt mitten im heftigsten Kampfe ....“
Konnte Jemand sein Unrecht offener, rückhaltloser eingestehen?
Die Gegner unterschätzten seine Bedeutung für Schauspieler
und Publikum. Das Stadttheater hieß im Volksmunde das
Laubetheater; die beiden Namen hätten nicht von einander
getrennt werden dürfen. Daß bei jener Sitzung der folgen=
schwere, in Bedrängniß und Übereilung gethane Schritt
von gewisser Seite gewünscht, vielleicht sogar vorbereitet
wurde, war die Sünde des Tages. Laube mußte dem Stadt=
theater erhalten bleiben, denn damals konnte es nur ihm
gelingen, das Institut durch die bösen ungünstigen Zeiten

zu führen. Zu gewissen Einschränkungen hätte sich Laube, der ja doch ohne Theater nicht sein konnte, nach einigem Zureden gewiß herbeigelassen, wenn die ganze Angelegenheit weniger schroff angepackt worden wäre. Das Aufgeben der großen Tragödie wäre — nach seinem eigenen Ausspruche über die Nichtaufführung der „Jungfrau von Orleans" wegen zu großer Ausstattung zu schließen — vielleicht sehr bald zu erreichen gewesen; seine spätere Direktionszeit lieferte den Beweis, daß er, wenn auch mit schwerem Herzen, sich zu weitgehenden Einschränkungen im Theaterhaushalte verstehen konnte. Wenn man überdies die Schauspieler vor die Alternative gestellt hätte, Laube als Direktor zu verlieren oder in eine Gagenreduktion zu willigen, würde sich der größere Theil derselben zum Letzteren entschlossen haben. Erklärte doch unter der nachfolgenden Direktion eine große Zahl von Mitgliedern, falls Laube wieder an die Spitze des Theaters trete, freiwillig auf eine Quote ihrer Gagen verzichten zu wollen. Die schlechten Einnahmen des Frühjahrs, die Schließung des Theaters im Juni und Juli bei fortlaufenden Gagen, die weiteren ungünstigen Kassenrapporte des August und September hatten freilich den auch noch mit seinem Direktionsrathe im Kampfe liegenden Direktor ängstlich und zaghaft gemacht. Er verlor mit einem Mal den Muth und die Lust am Theater. Er hätte beide, wie so oft in seinem Leben, wiedergefunden! Er hätte gewiß, wie seine Schauspieler, dem Stadttheater manches Opfer durch theilweises Aufgeben seiner Bühnenprinzipien gebracht, wenn . . . wenn in ihm nicht bereits die vielleicht berechtigte Meinung Platz gegriffen hätte, daß es gewissen maßgebenden Persönlichkeiten weniger um den Wechsel des Genre's, als um den Wechsel des Direktors zu thun war.

Am Schlusse dieser Skizze der wichtigen Periode des Wiener Stadttheaters möge ein kurzer Rückblick auf die Thätigkeit Laube's und seiner Künstler, sowie auf das innere Getriebe dieser Bühne, gestattet sein! Eine der etwas kühnen, aber doch den Kern der Sache treffenden Spruchweisheiten Laube's lautete: „Soldaten, Schauspieler und Räuberbanden brauchen tüchtige Führer, sonst sind alle drei nichts werth!" Laube hielt sich für einen solchen Führer, mit Recht, denn er war es: ein Theaterführer allerersten Ranges! Seine unermüdliche Arbeitskraft und Kampfeslust drückten jedem Theater, welches von seiner mächtigen Herrscherhand geleitet wurde, den Stempel rastloser Thätigkeit auf.*)

Laube hatte vom September 1872 bis September 1874 e i n h u n d e r t   u n d   z w e i   S t ü c k e in das Repertoire des Stadttheaters gestellt, von denen nur vierundzwanzig Ein=akter waren. Berücksichtigt man, daß jedes Stück für das neue Personal fast eine Novität war, welche mindestens 4—5, meistens 6—8 Proben in Anspruch nahm, so wird man dem gewiß beispiellosen Arbeitsfleiße des Stadttheaters die verdiente Anerkennung nicht versagen dürfen. Alle Stücke, mit zwei Ausnahmen, wurden von Laube selbst auf das Sorgfältigste vorbereitet. Er hielt jeden Vormittag Proben und erschien jeden Abend in seiner Loge; die Neubesetzung der

---

*) Als er zur Zeit des Börsenkraches von einigen Wiener Künstlern sprechen hörte, die in Spekulationen Unglück gehabt, konnte er mit Recht sagen: „Von meinen Mitgliedern hat keines einen Kreuzer verloren — ich habe ihnen keine Zeit dazu gelassen!"

kleinsten Rolle interessirte ihn. Gegen sich selbst strenge und von sich selbst viel fordernd, verlangte er auch von seinen Mitgliedern äußerste Kraftanstrengung.*)

Welche Stellung Laube als Schriftsteller in der deutschen Literatur einnimmt, ist bekannt; was er als Bühnenleiter geleistet, davon erzählen das Burgtheater, dem er nahezu zwei Jahrzehnte als Direktor vorgestanden, das Leipziger und endlich das Wiener Stadttheater, — sein jüngstes und darum auch wohl sein liebstes Kind! — und davon wird noch oft geredet werden in der Geschichte des deutschen Theaters. Hier soll zunächst versucht werden, Heinrich Laube zu schildern in seiner liebsten und erfolgreichsten, in seiner d r a m a t u r g i= s ch e n Thätigkeit, bei seiner Arbeit auf den Proben, diesem seinem eigentlichsten Berufe, dem er mit rastlosem Fleiß, mit nie erlahmender Begeisterung und Aufopferung aller seiner Kräfte diente.

Rudolf von Gottschall, dessen bekannte Stellungnahme gegen den Theaterdirektor Laube in Leipzig ihn gewiß vor dem Vorwurfe allzu parteilicher Lobsprecherei bewahren dürfte, urtheilt über den Dramaturgen Laube folgendermaßen: „Laube hat auf die Richtung der modernen Bühne einen in vieler Hinsicht maßgebenden Einfluß ausgeübt; die Presse, die Tages= und Theaterkritik stand und steht noch heute unter dem Einfluß seiner Stichwörter, ebenso ein Theil der Bühnen=

---

*) Einem jungen Schauspieler, welcher seit etlichen 50 Abenden täglich gespielt hatte, übertrug er eine größere Rolle. Als sich dieser nun über die kurze Lernzeit von nur drei Tagen beklagte, antwortete Laube in vollem Ernst: „Nun und die Nächte! — Die rechnen Sie gar nicht?"

regie. Und diese Stichwörter vererbten sich nicht blos durch
die Schauspieler: er hat sie ja in seinen drei großen Werken,
in denen er über seine eigenen Bühnenleitungen den Rechen-
schaftsbericht ertheilt, oft genug angewendet; aus dem Reser-
voir dieser dramaturgischen Weisheit führten hundert Kanäle
in die Niederungen der Bühnenpraxis und Schablonenkritik.
Man muß Laube in erster Linie zu seinem Lobe nachsagen,
daß kein anderer Bühnenleiter, kein dramatischer Dichter oder
Kritiker Deutschlands in neuer Zeit ein so intimes Interesse
für das Theater gezeigt hat: nicht Tieck und nicht Immer-
mann, denen er schon durch seine einflußreiche Stellung
überlegen war, nicht Dingelstedt, der, hierin ihm gleich, trotz
seines ausgezeichneten Talents, doch oft eine vornehme Lässig-
keit, ja Theatermüdigkeit und Theaterblasirtheit zeigte, nicht
die zahlreichen, tüchtigen und gebildeten Bühnenlenker, welche
einzelnen deutschen Theatern vorstanden und vorstehen. Laube
lebte und webte im deutschen Theater: er hatte ein oft zu
hohen Temperaturgraden erhitztes Theaterblut; er war ein
Fanatiker der Bühne. Die Aufführungen neuer Stücke ver-
setzten ihn als Direktor in solche Aufregung, als ob er der
Dichter wäre: jede Aufführung, selbst jede Neueinstudirung
war ihm ein Ereigniß. Die Elektricität, von der er selbst
erfüllt war, theilte sich seinen Kreisen und von dort aus dem
großen Publikum und der Presse mit. War dabei oft auch
etwas Fanatismus mit im Spiele, das Interesse für das
Theater wurde wach gehalten. Solchen Einfluß gewonnen
und jahrelang behauptet zu haben, ist ein Verdienst Laube's,
denn es gelang ihm nur durch Rüstigkeit und unermüdliche
Regsamkeit, durch Energie und Begeisterung für die Sache."

Das Wiener Stadttheater, ein Privatunternehmen ohne Subvention, war gezwungen, in schwerer Zeit durch vorwiegend eigene Kraft sich zu erhalten. „Rastlose Thätigkeit und größtmögliche Abwechslung im Repertoire" mußte daher die Devise seines Direktors lauten. Laube war ein unermüdlicher Sucher nach Talenten und bühnenfähigen Werken, ein leidenschaftlicher Freund der Experimente mit Schauspielern und Stücken. Junge Schauspieler waren ihm lieber als alte, denn jene ließen sich leichter nach seinen Theatergrundsätzen führen und erziehen, und Erziehung der Schauspieler war ihm der wichtigste Theil seines Theaterberufes. Die kostspielige Passion der Versuche, zumal mit den Künstlern, brachte ihn freilich bald in Konflikt mit den praktischen Finanzmännern des Direktionsrathes. Dagegen erschien diesen das Experimentiren mit den Bühnenwerken noch unbekannter Autoren weniger gefährlich, und sie gewährten dem Direktor des Stadttheaters nach dieser Richtung einen größeren Spielraum. Aus der Unmasse der eingereichten Stücke griff Laube dies oder jenes heraus und hatte den Muth, es auf seiner Bühne zu längerem oder kürzerem Leben zu erwecken. Er hatte den Muth, weil er auch das Verständniß besaß, selbst schwächere dramatische Producte durch Bearbeitungen, Zusätze, Streichungen, Verschiebungen einzelner Scenen, sowie durch geistvolle und vor allem wirksame Inscenirung auf die Höhe eines anständigen Erfolges zu bringen. Darin lag seine für die deutschen Bühnendichter wohlthuende Helfersgabe.

Laube's Thätigkeit auf den Proben ist seine hervorragendste und seine ausgezeichnetste gewesen: hier entfaltete sich sein Theatertalent in fördernster Weise, in seiner ganzen

Eigenartigkeit. Mit welcher Gewissenhaftigkeit, mit welchem Fleiße, mit welcher unermüdlichen Geduld zierte er da seine Regiearbeit und gestaltete sie nutzbringend für Stück und Darsteller! Die Rollen eines zur Aufführung vorbereiteten Bühnenwerkes besetzte Laube selbst, doch ließ er sich diesbezüglich von seinen Regisseuren Vorschläge machen, hörte auf etwaige Wünsche und Einwendungen der Autoren und auch derjenigen Schauspieler, welchen er Objektivität und genügendes Verständniß zutraute. Ein sogenanntes „Fach" kannte er nicht. Wo er es in Folge bestimmter Vertragsvereinbarungen anerkennen mußte, gab er seinem Widerstreben rückhaltlose Worte. Man war für ihn in erster Linie als Schauspieler engagirt, bei dem im gegebenen Falle die Individualität Richtung und Art der Beschäftigung entscheiden sollte. Es konnte vorkommen, daß der Komiker mit einer ernsten und und umgekehrt der ernste Darsteller mit einer humoristischen Aufgabe betraut wurde; um das Entsetzen und den Widerspruch der betreffenden Schauspieler kümmerte er sich wenig. Versuchen und Erproben war seine Lust; sie entsprang aus seinem nie genug befriedigten Schaffens- und Entdeckungstrieb. Ob und inwieweit dies der künstlerischen Entwicklung seiner Mitglieder Vortheil oder Nachtheil gebracht, soll hier nicht untersucht werden; soviel ist nicht zu läugnen, daß derlei Versuche zumeist mit glücklichem, manchmal sogar mit überraschendem Erfolge gemacht wurden.

Der Beginn der Proben bestand in der Lesung des Stückes in Gegenwart aller darin beschäftigten Mitglieder, des Souffleurs und des Inspicienten. Laube las sehr gerne selbst eine oder die andere Hauptrolle oder besonders interes

jante Episoden. Da für ihn der Eindruck der Leseprobe auf
die Zuhörer von großer Bedeutung war, verlangte er die
gespannteste Aufmerksamkeit und Ruhe, die am allerwenigsten
fehlte, wenn er selbst las. Wie Laube ein vorzüglicher Sprecher,
war er auch ein ausgezeichneter Vorleser: er konnte Thränen
entlocken und als Komiker zwerchfellerschütternd wirken. Ihn
lesen zu hören, war ein Genuß! Nichts konnte Laube ärger=
licher machen, als unvorbereitetes oder dem Charakter der
Rolle nicht entsprechendes Lesen. Hatte das Stück auf der
Leseprobe „gewirkt,“ wie er zu sagen pflegte, d. h. hatte es
zu Hoffnungen berechtigt, so wanderte es aus dem Saale auf
die Bühne. Laube hielt in der Regel von einer großen Tragödie,
bei welcher Komparserie beschäftigt war, acht bis zehn, bei
einem auf das Soloperfonal beschränkten Schau= oder Lust=
spiel vier bis sechs Proben. Wenn er auf die erste Probe
kam, kannte er das Stück ganz genau und hatte sich bereits
den scenischen Aufbau desselben fix und fertig gestellt, was
ihn jedoch keineswegs hinderte, auf späteren Proben, ja sogar
noch auf der letzten: der Generalprobe, Änderungen eintreten
zu lassen. Ein Buch sah man nur auf den beiden ersten
Proben in seiner Hand — er kontrollirte da das gesprochene
Wort seiner Schauspieler —, dann legte er es weg und nahm
es höchstens wieder an sich, um zu — streichen. Die ersten
Proben waren für Laube mehr Orientirungsproben; er
„stellte“ das Stück, d. h. er ordnete Abgänge und Auftritte
an, er befaßte sich mit dem äußeren Apparate, dem er be=
kanntlich mit Absicht keine übertriebene Aufmerksamkeit zu
schenken gewohnt war. Über dieses Thema spricht er in seinem
„norddeutschen Theater“ wie folgt: „Ich bin ein erklärter

Feind der sogenannten Tapezierdramaturgie, welche den
Schwerpunkt des Schauspiels ins Schauen verlegt. Der Titel
„Schauspiel," aus erster naiver Theaterzeit stammend, mag
sie immerhin dazu berechtigen. Ich lege den Schwerpunkt ins
Hören. Die Aufmerksamkeit des Publikums geflissentlich auf
die Äußerlichkeit der Scene lenken, heißt für mich die Inner=
lichkeit der Dichtung gefährden. Das Publikum ist bei dieser
Frage ein Hause, welcher als solcher der leichten Verführung
leicht unterliegt und dem Äußerlichen bald einen zu großen
Werth beilegt, sich also auch durch das Äußerliche zerstreuen
und von dem Inhalte des Gedichtes abwenden läßt. So
wird das Theater allmählig eine Schaubude, nur auf den
Hausen angewiesen, und des sinnigen Publikums verlustig.
Die Ausstattung knapp, die Ausführung reich! Das ist aller=
dings mein Motto. Dies schließt aber nicht aus, daß die
äußerlichen Dinge entsprechend sind dem Charakter und der
Situation des Stückes. Zupassend sollen sie sein, nur nicht
vorherrschend." Laube's eben erwähntes Motto bezüglich der
knappen Ausstattung war cum grano salis zu nehmen. Er
machte sich da schlechter, als er war. Die Ausstattungen des
Stadttheaters konnten sich mit denen jeder anderen Wiener
Privatbühne, sowie der meisten größeren Schauspielhäuser
Teutschlands messen. Unrichtig ist die vielfach verbreitete
Meinung, Laube habe es am liebsten gesehen, wenn auf der
Bühne rechts und links je ein Tisch mit zwei Stühlen als
Zimmereinrichtung paradirte. Etwas Ähnliches mag für ihn
vielleicht früher, in den Fünfziger=Jahren, gegolten haben,
als so ziemlich auf allen deutschen Bühnen die Bescheidenheit
der Schauspielausstattung gang und gäbe war; auf Laube

als Stadttheaterdirektor war diese Anekdote nicht anzuwenden. Im Arrangement der modernen Scene haßte er allerdings das Vollstellen der Bühne und das absichtliche Mitspielen= lassen der Möbel und Requisiten. Sein Unwille machte sich dann in spöttischen Aeußerungen Luft, wie: „Es stehen jetzt in einem modernen Stücke so viele Dinge auf dem Theater, daß ein routinirter Schauspieler zu thun hat, nicht jeden Augenblick über etwas zu fallen" oder: „Zwei in einem Salon befindliche Darsteller setzen sich jetzt binnen einer Viertelstunde auf mindestens zwanzig Fauteuils und Stühle."

Wenn es Zeit und Umstände gestatteten, ließ Laube nach den ersten Proben einige Tage vergehen, bevor er zu den weiteren schritt. Der Schauspieler, welcher nun auf der Lese= probe das Stück als Ganzes, seine Rolle als Einzelnes und als solches im Verhältnisse zum Ganzen kennen gelernt, ferner mit dem Aeußerlichen der Scene sich vertraut gemacht hatte, schritt nun zum Auswendiglernen, sowie zur Ausarbeitung seiner Rolle. Auf der ersten Probe brauchten Laube's Schau= spieler ihre Rollen noch nicht völlig gelernt zu haben. Er selbst sagt darüber: „Ich habe immer gefunden, daß die Worte richtiger und schlagender eingelernt wurden, wenn der Schauspieler auch äußerlich auf dem Theater die Situation kennen gelernt hat, in welcher er sprechen muß. Es wird dann sein Memoriren lebensvoller, ich möchte sagen unmittel= barer, das abstrakte Wesen mit seiner Steifheit und seinen unvermeidlichen Irrthümern gegenüber den realen Dingen, kommt nicht auf. Sitzt das Einzelne nun schon fest, dann stößt die nothwendige Veränderung auf Schwierigkeiten. Das Umlernen ist aber dem Schauspieler das Allerbeschwerlichste."

Auf den nun folgenden Proben befaßte sich Laube sowohl mit dem Stücke als mit den Darstellern. Alles, nach seiner Ansicht Unnütze, Nebensächliche, nicht streng zur Handlung Gehörige oder dieselbe Aufhaltende, wurde mit rücksichtsloser Strenge ausgemerzt. Poetische Schönheiten hatten für ihn nur bedingten Werth; das Herausarbeiten des dramatischen Kerns war ihm alleinige Hauptsache. Wie mancher Autor schlug entsetzt die Hände über dem Kopfe zusammen, wenn der Rothstift des grimmen Alten, ganze Seiten streichend, durch sein Stück flog! Der Erfolg freilich gab dem kühnen Dramaturgen Recht. Laube nannte seine Art des Streichens: „ein Stück auf seinen kürzesten Ausdruck bringen."*)

Laube ließ sich auf den ersteren Proben, die Intentionen der einzelnen Darsteller beobachtend und prüfend, das Stück einfach vorspielen. Nur wenn ihm die zu Tage tretenden Absichten falsch erschienen, griff er ein und begann auf den weiteren Proben die Ausarbeitung der einzelnen Rollen. Den Schwerpunkt legte er auf die Rede und ihren Aufbau, auf das Wort. Vor allem müsse der Schauspieler verstanden werden, nur dann habe das Publikum

*) Als Tyrolt einst, von Weimar kommend, ihm erzählte, daß er in der dortigen Hofbibliothek einen Brief Wieland's an den Großherzog gelesen, worin Wieland, über „Don Carlos" berichtend, etwa Folgendes sagt: „Ich anerkenne das mächtige schöne Talent Schiller's, doch schreibt er wie alle jungen Dichter zu viel. Wenn ich bedenke, daß ein Akt fast so lange ist, wie eine Sophokles'sche Tragödie, dann frage ich, wo werden wir die Schauspieler finden, das zu spielen, wo das Publikum, das zu hören? . . . !" da glitzerten Laube's blaue Augen vor Freude, das war ihm aus der Seele gesprochen, und er rief: „Der Wieland hatte ganz Recht — den Brief sollte man drucken lassen!"

einen Genuß! Das war seine erste Regel und Forderung. Was die Ausarbeitung der Scenen betrifft, belebte er dieselben und machte sie verständlicher durch treffliche Zu= sätze: er verlieh der Rede Nachdruck durch ein eingeschobenes Wort oder eine passende Geberde, er schmückte den Part der Naiven mit reizenden Nüancen und stattete die Rolle des Komikers mit den wirksamsten Späßen aus. Die letzten Proben benützte er für das Ensemble und für die Kompar= serie. Seiner Aufmerksamkeit entging nicht das Geringste, ein am unrechten Platze stehender Statist wurde von ihm sofort bemerkt und gehörig verdonnert. So kam endlich die General= probe heran. Jetzt schritt das fertige Stück zum letzten Male an ihm vorüber, was ihn jedoch, wie schon früher erwähnt, nicht hinderte, noch im letzten Augenblicke eine ihm vortheil= haft erscheinende Änderung vorzunehmen oder eine den Schluß aufhaltende Scene zu streichen. So wuchsen unter Laube's Führung das Stück, das Ensemble, Darstellung und Dar= steller. Er wußte seine Künstler zu begeistern und durch sein kurzes schneidiges Commandowort zielbewußt zu bilden. Auf seinen Proben ging es gar ernst zu: einem treffenden Scherzwort jedoch verschloß er nie das Ohr. Er selbst lieferte eine Unzahl humoristischer, kerniger Bühnenaussprüche, die sich in der Schauspielerwelt von Mund zu Mund fortgepflanzt haben. Sein ausdrucksvolles Gesicht war für seine Mitglieder ein Barometer; Jeder wußte, wann heiteres, wann stürmisches Wetter kam. Seine Augen konnten lächeln wie Sonnenschein und drohend grollen wie Gewittersturm. Ob er zufrieden war, ob nicht, konnte man von seiner Stirne ablesen: seine Schau= spieler waren darüber nie im Zweifel. Die so ausgesprochene

Klarheit seines Handelns und Wesens war eine der vortreff=
lichsten Eigenschaften des Theaterdirektors Laube. Hunderten
von Schauspielern hat er den Weg gewiesen; Talente hat er
ermuthigt und gefördert, sie mitunter aus der Verborgenheit
emporgezogen, manchmal sogar gegen den Widerspruch der
öffentlichen Stimme gehalten, bis das von ihm erkannte
Können allseitige Anerkennung fand. Heinrich Laube
war einer der bedeutendsten Lehrer dramati=
scher Darstellungskunst, einer der tüchtigsten
Schulmeister der Bühne, eine scharf ausge=
prägte, unvergeßliche Persönlichkeit des deut=
schen Theaters.

Während der Proben war Laube für Niemanden zu
sprechen, eine Störung hier erschien ihm als das Wider=
wärtigste. Vielen Aerger bereitete ihm der Präsident des
Direktionsrathes, Freiherr von Schey, welcher meist zur
Probezeit auf die Bühne kam, um dem Direktor mitunter
geschäftliche Mittheilungen zu machen. Da Laube dem
Präsidenten der Gesellschaft doch schwer das Betreten der
Bühne untersagen konnte, versuchte er es, dem Probestörer
auf alle mögliche, oft ziemlich schroffe Weise begreiflich
zu machen, daß er hier — Ruhe haben wolle.*) Schey, der
seinen „Doktor“ kannte, war viel zu liebenswürdig, um solche
Ausschreitungen des von ihm hochgeschätzten Bühnenleiters
allzu ernst oder übel zu nehmen.

*) Als einst Baron Schey auf ihn zukam, blieb Laube ruhig
auf seinem Regiestuhl sitzen und probirte weiter, bis endlich Ersterer
ihm zuflüsterte: „Lieber Doktor, haben Sie, wenn ich komme, wenigstens
die Güte, aufzustehen.“ Ein andermal ging der Baron mit arg knarrenden
Stiefeln hinter dem Prospekt über die Bühne; Laube, dadurch empfind=

Nach der Probe ging Laube in sein Bureau, um die Rapporte seiner Regisseure und sonstigen Beamten abzunehmen. Nach Erledigung der Bureaugeschäfte fuhr er in den Prater, wo er des Öfteren mit Sr. k. k. Hoheit dem greisen Erz= herzog Franz Karl zusammentraf, einem warmen Gönner Laube's vom Burgtheater her, welcher sich mit dem alten Direktor gerne in Theatergesprächen erging und, nebst anderen erlauchten Mitgliedern des allerhöchsten Kaiserhauses, die Vorstellungen des Stadttheaters sehr häufig besuchte.

So gerne Laube seine Mitglieder bei sich im Salon sah, so unlieb war es ihm, wenn ihn dieselben bei seinen einsamen Spaziergängen störten. Von 5—7 Uhr präsidirten er und seine Gemahlin Iduna, eine der edelsten, feinfühligsten und gebildetsten Frauen, täglich einer interessanten Gesellschaft, welche sich zur Kaffeestunde bei ihnen einfand. Was Wien, namentlich in literarischen und künstlerischen Kreisen, an mar= kanten Persönlichkeiten aufzuweisen hatte, gab sich nebst Kapa= zitäten aus der Gelehrten=, Beamten=, Militär= und kaufmän= nischen Welt im Laube'schen Salon häufige Rendezvous. Schlag 7 Uhr meldete der Diener mit absichtlich lauter Stimme „der Wagen ist da" und gab damit das Zeichen zum Aufbruch, nach welchem Laube in's Theater fuhr.

Nach dem 15. September 1874 lebte Laube als Privat= mann in Wien, ohne unter der nachfolgenden Direktion das Stadttheater auch nur ein einziges Mal zu besuchen. Im

lich gestört, springt auf und läuft dem Ruhestörer mit den Worten entgegen: „Welcher Elefant trabt denn da hinten herum?" Da erscheint der Präsident in der matten Probenbeleuchtung — Tableau! — „Ach, Sie sind's wieder Baron!" ruft der Direktor, dreht sich um und — probirt ruhig weiter.

Laufe des Winters erschien, wie seinerzeit nach seinem Ausscheiden aus dem Burgtheater und seiner einjährigen Leipziger Campagne, eine dramaturgische Rechtfertigungsschrift:
„Das Wiener Stadttheater." Verbitterung und Groll
mögen Laube auf manchem Blatte dieser Schilderung der
ersten beiden Stadttheaterjahre die Feder geführt haben!
Allgemein gehaltene dramaturgische Sentenzen bilden die
Perlen des Buches. Treffend, wenn auch mit etwas zu rücksichtsloser Offenheit, erzählt er darin von den künstlerischen
Qualitäten seiner ersteren Mitglieder. Die Schrift schließt
mit Klagen über den ökonomischen Verfall des deutschen
Theaters, über die Geld- und Putzsucht, welche beim Schauspiele, den Schauspielern und bei den Direktoren einreiße,
über die Kunstkritiker und die Presse. Nur für Denjenigen,
welcher auf ihn nach der Meinung so manches ruhigen Be-
obachters, ja selbst nach der Meinung von Personen aus dem
engsten Familienkreise Laube's, einen nicht immer heilsamen
Einfluß geübt, für seinen Vortragsmeister, hatte der scheidende
Direktor, vielleicht in Erinnerung der hülfreichen Thätigkeit
desselben, rückhaltslose Worte des Lobes. Auch dieses Buch
schuf Laube Feinde, deren Gegnerschaft er zu fühlen bekam,
als er binnen Jahresfrist zum zweiten Male als Direktor in
das Wiener Stadttheater einzog.

Direktion Lobe.

An demselben Tage, an welchem in der Direktionsraths=
sitzung der Rücktritt Laube's angenommen worden war, kam
Direktionsrath Dr. Naumann in Begleitung des General=
sekretärs Bohrmann vor der Vorstellung in die Garderobe
Lobe's und unterrichtete den wohl schon früher in Aussicht
genommenen Nachfolger Laube's von der Lage der Dinge.
Es begannen nunmehr mit demselben die Verhandlungen
wegen Übernahme der Direktion, welche bald zum gewünschten
Ziele führten.

Theodor Lobe, der als Bühnenleiter bereits am Bres=
lauer Stadttheater und an dem nach ihm benannten Lobe=
theater derselben Stadt mit Erfolg thätig gewesen, erließ bei
seinem Direktionsantritte an die Mitglieder des Stadttheaters
ein Rundschreiben, in welchem er namentlich die Verdienste
seiner bisherigen Kollegen rühmend anerkannte. Neben dem
im Amte verbliebenen Herrn Karl Schönfeld ernannte er
Herrn Pettera zum Regisseur; er selbst führte die Oberregie.
Mit Laube waren außer dem Vortragsmeister Strakosch noch
Frl. Schratt und Herr Robert aus dem Verbande des
Stadttheaters geschieden.

Wenn man die Verhältnisse, unter denen der neue Direktor die Führung des Institutes übernahm, in Betracht zog, hatte er keinen schweren, aber auch keinen besonders günstigen Stand. Das durch Laube seit zwei Jahren trefflich eingeschulte Personal stand ihm bis auf obenerwähnte zwei Mitglieder zur Verfügung; er hatte die Wintersaison vor sich, und es standen ihm einige bessere Stücke zur Verfügung, die bereits für das Theater erworben waren. Lobe sprach von einem Jahre, welches ihm gegönnt werden müßte, um den Stadttheaterhaushalt so einrichten zu können, daß das Haus auf der Seilerstätte in Zukunft lebens- und ertrags- fähig werde.

Von einer augenblicklichen Änderung des artistischen und technischen Betriebes war also auch unter dem neuen Chef nicht die Rede. Die von der Direktion gewünschte Herabsetzung der Preise wurde vom Direktionsrathe genehmigt und eingeführt, wenn auch nicht in dem Maße, wie es Lobe gewollt, der, für ein billiges Theater schwärmend, den Preis eines Parquetsitzes mit kaum mehr als einem Gulden festge- setzt wissen wollte.

Nicht geringes Aufsehen machte die in energischer Weise durchgeführte, ihn aus der Nähe des Direktors ver- bannende Entfernung des Sekretärs Bohrmann, welcher, noch einige Zeit am Stadttheater verbleibend, später als Direktor der „Komischen Oper" bei seinem Regierungsantritte in emphatischer Weise auf sein „Vorbild, den Meister Laube" hinwies, welche Berufung für jeden in die früheren Perso- nalverhältnisse des Stadttheaters Eingeweihten etwas Ko- misches hatte.

Wenn man die Tüchtigkeit einer Theaterführung nach dem Schicksale der von ihr gebrachten Novitäten schätzen wollte, fiele das Urtheil über Lobe's Direktion, welche eine stattliche Reihe von Mißerfolgen aufwies, nicht besonders günstig aus. In den ersten Wochen der beiden Herbstmonate wurden vorwiegend Stücke des alten Repertoires — theilweise mit kleinen scenischen Änderungen — vorgeführt. Am 5. Oktober erschien als erste Novität das einaktige Lustspiel: „Im Wartesalon erster Klasse" von Hugo Müller. Für kleine und nicht den Abend füllende, zwei= oder dreiaktige Stücke schien die neue Direktion eine besondere Vorliebe zu haben, da unter den 33 unter Lobe's Leitung am Stadttheater aufgeführten Novitäten nur 15 den Abend füllende Bühnenwerke erscheinen. Es ist aber ein auch für Wien geltender Erfahrungssatz, daß die Theaterkasse bei kleinen Stücken ungleich ungünstigere Resultate erzielt als bei großen. Der am 10. Oktober stattgehabten ersten Aufführung von „Die Jugend Ludwig XIV.", historisches Zeitgemälde in 5 Akten von Dumas Vater, für die Bühne eingerichtet von Dumas Sohn, (Ludwig XIV. — Hr. Glitz, Mazarin — Hr. Lobe, Molière — Hr. Senger, Anna von Oesterreich — Fr. Boissier, Marie de Mancini — Frl. Kühle, Georgette — Fr. Hasemann-Kläger) folgten nur zwei Wiederholungen. Mitte Oktober wurde das Repertoire mit „Minna von Barnhelm" in folgender Besetzung: Tellheim — Hr. Grève, Minna — Frl. Kühle, Franziska — Fr. Hasemann=Kläger, Just — Hr. Arnau, Werner — Hr. Salomon, Wirth — Hr. Tyrolt, Riccaut — Hr. Friedmann, bereichert. An Stelle des abgegangenen Frl. Schratt trat die frühere Naive Frau Hasemann=

Kläger, welche trotz aller künstlerischen Tüchtigkeit durch die junge hübsche Fachrivalin in Schatten gestellt worden war, wieder in den Vordergrund. Nachdem ein Einakterabend — 19. d. M. — unter anderem die Novität „Ich verheirathe meine Mutter" gebracht hatte, kam am 29. d. M. Shakespeare's selten gegebenes Schauspiel „Maaß für Maaß" zur Darstellung, welches, unter unzweideutigen Zeichen des Mißfallens abgelehnt, nach kurzer Lebensdauer den Weg der „Jugend Ludwig XIV." ging. Ein nicht viel besseres Schicksal erfuhr am 9. November Gustav Haller's Lustspiel: „Der Damenarzt." Mehrere Male — so am 13. und 16. d. M. — wurden alte Einaktervorstellungen mit einem neuen Stückchen aufgeputzt. Dieser Versuch erwies sich als schädlich für die unter alte Stücke vereinzelt hineingeworfene Novität und auch für die Kasse; so litten unter dieser seltsamen Anordnung zwei artige Kleinigkeiten, Otto Schreyer's „Das Triumvirat" (Robespierre — Hr. Lobe, Leonore — Frl. Frank, Marquis de Chateaufort — Hr. Salomon) und Julius Riegen's „Mariensommer," in welchem Herr Friedmann als Oberst besonders gefiel. Erst gegen Schluß dieses Monates gelang es mit dem bereits von Laube in's Auge gefaßten Schauspiele „Die Sphinx" von Octave Feuillet, einen vollen nachhaltigen Erfolg zu erringen. Lobe, kein Freund französischer Stücke, mußte sich zur Vorführung dieses Schauspiels entschließen, da Präsident Baron Schey, welchen die nichtssagenden dramatischen Neuigkeiten des vergangenen Vierteljahres und die damit zusammenhängenden mittelmäßigen Einnahmen des Theaters bereits unruhig und besorgt gemacht hatten, dringend zur Aufführung der beiden vorhandenen überrheinischen Novitäten — „Sphinx" und „Dalila" — rieth. Das in den Hauptrollen von den Damen Frank, Kühle, Wiehler und den Herren Glitz, Tewele, Grève dargestellte, sorgfältig scenirte und glänzend ausgestattete Effektstück rechtfertigte durch eine stattliche Zahl gutbesuchter Häuser die in dasselbe gesetzten Hoffnungen. Nach zwei verunglückten Versuchen, und zwar mit Belot's Schauspiel „Die Marquise" und Gustav Gerstel's „Feder und Schwert," welch' letzterem Karl Groß's niedliches Lustspiel „Ein Feuilleton" voranging, brachte Lobe am 14. December die zweite große Schauspielnovität, Feuillet's „Dalila," welche, wenn auch nicht den Erfolg der „Sphinx" erreichend, doch viele Wiederholungen erlebte.*) Schon im Laufe des Novembers d. J. hatte der als Schilderer des Bauernthums in ganz Deutschland gefeierte, österreichische Volksdramatiker Ludwig Anzengruber der Direktion des Stadttheaters ein neues, hochdeutsch geschriebenes Bauerndrama „Hand und Herz" eingereicht. Angesichts des stark fühlbaren Mangels halbwegs guter Bühnenstücke wäre es angezeigt gewesen, das neue Stück des in Wien lebenden und beliebten Dichters, welches wenn auch nicht frei von Schwächen — es hatte einzelne peinliche Scenen — doch poetische Schönheiten barg und vor Allem interessante, lebenswahre Figuren brachte, noch vor der schlechten Theaterzeit, welche Mitte Dezember beginnt, herauszu-

---

*) Bei den Aufführungen von „Dalila" fiel ein am Stadttheater engagirter Chorist, der hinter der Scene ein Lied zu singen hatte, durch schöne Stimme und hübschen Vortrag vortheilhaft auf; es war Herr Naviaski, bald darauf k. k. Hofopernsänger!

bringen. Die erste Aufführung der Anzengruber'schen Novität wurde für den Sylvestertag — für den 31. December
bestimmt. Der Dichter, gerne bereit, bei der Einstudirung
seines Stückes behülflich zu sein, schien kein besonders liebens-
würdiges Entgegenkommen von Seite der Direktion gefunden
zu haben, da er sehr bald von den Proben wegblieb. „Hand
und Herz" (die Hauptrollen lagen in den Händen Frl.
Frank's und der Herren Friedmann, Salomon, Glitz, Heinrich und Tyrolt) ging vor schlechtbesuchtem Hause in Scene
und wurde nach drei Wiederholungen abgesetzt. Die Schauspieler waren mit großer Liebe und Sorgfalt an die Darstellung des interessanten Dramas gegangen. Das wenig
freundliche Benehmen der Direktion veranlaßte leider den
Dichter, dem Stadttheater grollend, sich für lange Zeit demselben fern zu halten. Der Verfasser dieses Buches, welcher in
den nächstfolgenden Jahren zu wiederholten Malen als Mittels-
person Laube's bei Anzengruber wegen Ueberlassung seiner Stücke
an das Stadttheater erschienen war, begegnete bei dem Dichter
einer Verstimmung, welche dramatische Dichtungen, wie „Pfarrer
von Kirchfeld," „Meineidbauer," „G'wissenswurm," „Kreuzel-
schreiber," „Doppelselbstmord" u. s. w. vorläufig dem Theater
auf der Seilerstätte entzog. Erst im Jahre 1883 gelang es
Anzengruber dem Stadttheater wieder zu gewinnen, wo er
mit oberwähnten Komödien zum Retter einer an Novitäten
armen Saison wurde.

Der Theateralmanach vom 1. Januar 1875 wies
folgenden artistischen Personalstand auf: die Damen Marie
Boissier, Amèlie Charles, Katharina Frank, Marie
Hasemann-Kläger, Mathilde Kühle, Marie Mery, Fanny

Schäffel, Louise Schönfeld, Anna Scholz, Bertha Sigur, Anna Staub, Louise Valberg, Mathilde Wagner, Ernestine Wiehler; die Herren: Karl Arnau, Franz Forst, Siegwart Friedmann, Adolf Glitz, Leopold Gröve, Karl Hauser, W. E. Heinrich, Theodor Lobe, Eduard Otter, Günther Pettera, Theodor Reusche, Alexander Rosen, Karl Salomon, Alexander Senger, Karl Schönfeld, Emil Schönfeld, Franz Tewele, Dr. Rudolf Tyrolt, August Baillant, Friedrich Wieninger, Eugen Zocher. Als Regisseure fungirten die Herren Karl Schönfeld, Günther Pettera und A. H. Baillant, welcher an die Stelle des verabschiedeten Inspektionsregisseurs Findeisen getreten war. Als Kapellmeister war Herr Ludwig Gothov-Grüneke engagirt worden, ein energischer und sehr gewandter Musiker, welcher insbesondere in den späteren Jahren, als Raimund'sche Zaubermärchen und andere Volksstücke mit Gesang in das Stadttheaterrepertoire aufgenommen wurden, seine erfolgreiche Tüchtigkeit bewies. Die beiden Präsidenten des Direktionsrathes, die Freiherren von Schey und Mayr, waren in ihren Ehrenämtern geblieben; als Direktionsrathsmitglieder erschienen nur die Herren Dr. Arnold Pann, Dr. Ferdinand Naumann und Franz Freiherr von Wertheim.

Die Novitäten des neuen Jahres glichen leider nur zu sehr den meisten der bereits verschwundenen und vergessenen Vorgängerinnen. Der Januar brachte an zwei Abenden (16. und 30.) vier Lustspiele: Waldemar's „Ein alter Diplomat," in welchem ein neues Mitglied, Frl. Bertha Necker, debütirte, eine Bearbeitung der „Femmes terribles" von Dumas unter dem Titel „Die schlimmen Frauen,"

„Alter und junger Adel" von Marr und „Unterricht für Ehefrauen" von Hermann; sämmtliche vier
Novitäten wanderten nach kurzer Zeit in's Archiv. Ebenso
erwies sich das Einstudiren der Hersch'schen „Anna Liese"
und des Birch-Pfeiffer'schen Schauspieles „Mutter und
Sohn" als völlig zwecklos. Am 18. Februar ging zu
Gunsten des Studentenvereines „Akademische Lesehalle" eine
Jugendarbeit Eduard Bauernfeld's, das Drama: „Im
Dienste des Königs" (Philipp II. — Hr. Lobe, Prinzessin Eboli — Frl. Frank, Perez — Hr. Salomon) ohne
besonderen Erfolg über die Bretter des Stadttheaters.
Gutzkow's „weißes Blatt" — zum ersten Male am
28. d. M. aufgeführt — schloß eine Reihe von Novitäten,
welche einen spärlicher werdenden Theaterbesuch zur Folge
hatten.

Ein längeres Gastspiel von Friederike Goßmann
(Gräfin Prokesch-Osten) in ihren Glanzrollen („Grille,"
Hermance im „Kind des Glücks," Gretchen im „Faust")
brachte momentan lebhafteren Besuch. Einer Aufführung des
„Kind des Glücks" zu wohlthätigen Zwecken wohnte
auch Se. Majestät der Kaiser bei. In den ersten Tagen des
März erschienen zwei heitere kleine Stücke: „Ein Porte-
monnaie" von Bernhard Busch und ein derber Schwank:
„Recept gegen Hausfreunde" nach Jose Mariay
Marquez dell' Ongera, von einem fürstlichen Anonymus
bearbeitet. Das tolle Ding, in welchem die Komiker mit
brillanten Rollen bedacht waren, gefiel ungemein. Leider waren
der Besuch und die Theilnahme des Publikums bereits dermaßen gesunken, daß man selbst von den sporadischen Erfolgen

des Stadttheaters nur mehr geringe Notiz nahm. Paul Heyse's: „Ehre um Ehre" und Rosen's „Schutzgeist" fanden getheilten Beifall. Am letzten März spielte Friederike Goßmann zu Gunsten des Lesevereines der deutschen Studenten das Gretchen im „Faust." Im April gastirten Frl. Brand als Marlborough im „Glas Wasser" und als Orsina in „Emilia Galotti," das schon einmal am Stadttheater engagirte Frl. Roll als „Maria Stuart." Die nun noch folgenden Novitäten der einem raschen Ende entgegeneilenden Direktion Lobe: Rosen's „In's volle Leben," Delacour's „Narrenglück," Nus' „Ein wunderbarer Fischfang" und Landsberg's „Karl der Kühne" — waren insgesammt von zweifelhaftem Werth. Nachdem am 16. Mai noch zum Besten des Stadttheaterpensionsfonds „Der Kaufmann von Venedig" in Scene gegangen war, schloß am letzten des Monats die Aufführung von „Nathan der Weise" eine der traurigsten Perioden des Wiener Stadttheaters, welche mit ihren negativen Ergebnissen das Institut abermals einer financiellen Katastrophe entgegengeführt hatte. Wie unter der früheren Direktion, nahm auch jetzt, nur im verstärkten Maße, gegen das Frühjahr hin der Besuch des Theaters derartig ab, daß im Mai 1875 mitunter Bruttoeinnahmen von kaum 100 Gulden gemacht wurden. Lobe hatte, wie früher erwähnt, bei Übernahme der Direktion eine bedeutende Herabminderung der Preise und einschneidende Reduktionen der Gagen gefordert, auf welch' letztere Ersparungsvorschläge der Direktionsrath jedoch in Folge bestehender Verträge nur theilweise eingehen konnte. Aber auch das beim Rücktritt Laube's in Aussicht genommene Aufgeben der Tragödie kam nicht zur

Ausführung. Die früher verlangte Beschränkung dieses Genre's wurde nicht ernstlich durchgeführt, die Tragödie ward nach wie vor, wenn auch nicht so häufig wie unter Laube, gepflegt.

Die neun Monate Lobe'scher Direktionsführung hatten dem Stadttheater, welches, seinen künstlerischen Kredit verlie= rend, auf dem besten Wege war, vollständig zu Grunde zu gehen, ein nicht geringes Deficit bescheert. Die künstlerische Leistungsfähigkeit des Institutes begann zu sinken, was Nie= manden Wunder nehmen konnte, wenn man erwog, daß eine erst kurze Zeit zusammenwirkende Künstlergesellschaft, plötzlich des ihr Vertrauen besitzenden erprobten Führers beraubt, fast sechs Monate hindurch vor leeren Bänken spielen mußte, den immer näherrückenden Zusammenbruch des Thea= ters vor Augen, ohne die mindeste Aussicht auf Abhülf= oder Besserung der Verhältnisse. Unter solch' trostlosen Zu= ständen erlahmen Begeisterung, Streben und Fleiß!

Wenn auch Direktor Lobe, gleich seinem Vorgänger, ein strenges Regiment führte, alle Proben selbst und mit gewissen= hafter Sorgfalt leitete, mußte man doch gar bald zu der Ansicht hinneigen, in diesem vortrefflichen Schauspieler nicht die geeignete Persönlichkeit für den Führerposten gefunden zu haben. Zum Mindesten war Lobe kein Direktor für das Wiener Publikum, dessen Geschmack er, wenn man die von ihm gebrachten Novitäten Revue passiren läßt, nicht zu kennen oder nicht zu theilen schien. Seine Direktionserfolge in Breslau mochten die maßgebenden Persönlichkeiten bestimmt haben, ihm die Leitung des Stadttheaters in schwerer Zeit anzuvertrauen; ja Laube selbst sah anfangs (1872) in Lobe seinen Nachfolger. Ein führendes und ein nachfolgendes Theater zu leiten, ist aber nicht dasselbe.

Während die Direktoren der Provinzbühnen ihrem Publikum hauptsächlich dasjenige bieten, was auf dem Theater= markte der beiden Kunstresidenzen für gut befunden und an= erkannt wurde, haben die Leiter der Residenztheater die schwierigere Arbeit des Suchens nach wirksamen Novitäten und bühnenfähigen Stücken der deutschen wie fremdländischen Literatur. Durch die Reihe der Novitäten dieser Periode ging ein trostloser Zug von Langeweile und Spießbürgerlichkeit. Stücke wie „Maaß für Maaß,“ „Feder und Schwert,“ „Im Dienste des Königs,“ „Ein weißes Blatt,“ „Anna Liese,“ „Mutter und Sohn,“ u. s. w. waren allerdings geringe Lockungen für das Wiener Publikum! Waren Björn= son's „Fallissement,“ „Die Neuvermählten,“ „Antigone,“ der historische Lustspielabend, der Volksdichter Raimund für Lobe nicht ebenso gut vorhanden wie für seinen Nachfolger?

Während Laube magere Kassenrapporte zur Verzweif= lung und gesteigerter Anstrengung brachten, ertrug der jetzige Direktor das Sinken des Stadttheaters mit ziemlichem Gleich= muth. Anfänglich die Vorstellungen fleißig besuchend, blieb Lobe späterhin zur Theaterstunde meist daheim — der stete Anblick leerer Häuser mag ihm wohl den Besuch verleidet haben! Auch den Schauspieler Lobe — im Stadttheater stets gerne gesehen — beschäftigte die Direktion leider nur selten. Während seiner Direktionsepoche betrat Lobe als Schauspieler unter 243 Spielabenden nur etliche 50 Male in 7 neuen Rollen (bei 33 Novitäten) die Bühne.

Die Situation des Direktionsrathes, welcher durch den übereilten Schritt im September 1874 nunmehr in eine wirklich bedrängte Lage gekommen, war keine beneidenswerthe. Ein bedeutendes Deficit, und der Sommer vor der Thüre! Lobe war nach Schluß der Saison (Ende Mai) — nachdem er seine Demission gegeben — nach Italien abgereist, und die Direktionsräthe, belastet mit Theatersorgen, wie sie an solche wohl nie gedacht haben mochten, gingen auf die Suche nach einem neuen oder richtiger, nach dem alten Direktor. Baron Schey hatte bereits im Winter mit Laube wegen Übernahme der Direktion Fühlung genommen, als dessen Buch über das Wiener Stadttheater erschien und durch den ungünstigen Eindruck, den es hervorrief, die bereits gesponnenen Fäden wieder zerriß.*)

Auch die mit Laube im Frühjahre fortgesetzten Unterhandlungen, bei welchen sich mancher frühere Gegner im Direktionsrathe bekehrt zu haben schien, führten zu keinem endgültigen Resultate. Unterdessen wurden die Mitglieder des Stadttheaters über die Sommermonate, in welchen nicht gespielt wurde, auf halbe Gagen gesetzt. Mehrere Künstler verließen das Institut.

*) Eine journalistische Tagesstimme äußerte sich damals sehr treffend: „Es ist ein eigenthümliches Verhängniß für Laube, daß er als Publicist das zerstört, was er als artistischer Bühnenleiter sich gewonnen. Die Thüre zum Burgtheater war zum zweiten Male für ihn von einem edelmüthigen Gegner geöffnet worden, als sich an der Pforte die Feuilletons, die er in der Zwischenzeit geschrieben, zusammenballten und ihm den Weg versperrten. Das Stadttheater thut sich ihm zum zweiten Male auf, nachdem er es mit schwerem Gemüthe verlassen, und wieder hat er sich ein Buch geschrieben mit so seltsamen Urtheilen über Verhältnisse und Personen, über Kritik und Schauspieler, daß es sich ihm im entscheidenden Augenblicke als Hinderniß entgegenstellt."

Erst im Laufe der eingetretenen Ferien kam es, da die Zeit drängte und Gefahr im Verzuge war, zu einer definitiven Einigung und Wiederberufung Laube's Der Direktionsrath war bereit zu financiellen Maßnahmen behufs Sicherung des Theaterbetriebes, indem er nach langwierigen Verhandlungen mit den Gründern, welche sich schließlich doch immer opfer= willig zeigten, einen Subventions= und Garantiefonds für die nächsten Jahre schuf. Als nicht alle Gründer zur Deckung des bereits vorhandenen und des durch die Sustentation der Mitglieder während der Sommermonate noch zu erwar= tenden Deficites die nöthigen Beträge beisteuern konnten oder wollten, übernahmen einzelne Gründer, denen das Wohl des Stadttheaters besonders am Herzen lag, mit anerkennens= werther Opferwilligkeit die Einzahlung größerer Beiträge. Von einer vorgeschlagenen abermaligen Herabminderung der Eintrittspreise wurde Abstand genommen, da nicht die Billig= keit allein — sondern die Qualität der Vorstellungen für den Besuch eines Wiener Theaters maßgebend sei!

Laube übernahm also abermals die artistische Leitung des Wiener Stadttheaters. Er erklärte sich nicht nur dazu bereit — er wartete schon sehnsüchtig darauf! Hätte er mit mehr Ruhe seinen Wiedereintritt erwarten können, so wäre ihm der Aerger erspart geblieben, den er später oftmals darüber empfand, daß das Lobe'sche Deficit aus dem neu= geschaffenen Fonds gedeckt wurde, gegen welche Maßnahme er vor seinem zweiten Direktionsantritte, vielleicht mit Erfolg, Einsprache zu erheben in der Lage war. Wenn Laube nach dem 15. September 1874 auch die bis dahin von ihm ge= leitete Bühne nicht mehr betreten, seine Gründerloge nicht

besucht hatte und manchmal äußerlich so that, als wüßte er
gar nichts von einem „Wiener Stadttheater," so hatte das=
selbe für ihn doch nie das Interesse verloren. Er ließ sich
fortwährend genauen Bericht erstatten über die Aufführungen,
welche auch seine Gemahlin fleißig besuchte, über den Gang
der Geschäfte, über Novitäten, Stimmungen usw. usw., kurz,
im Augenblicke seiner Wiederkehr war er vollständig im
Klaren über Personal= und Sachverhältnisse.

Laube's weitblickende Gemahlin war mit dieser Rückkehr
ihres Mannes in das Direktionsbureau des Wiener Stadt=
theaters nicht einverstanden.*)

Laube's guter Engel hatte ihn gewarnt, ahnend, was
die Zukunft bringen sollte.

*) Der Verfasser dieses Buches war einst Ohrenzeuge einer im
engsten Kreise ausgesprochenen Ansicht Frau Iduna's über Laube's
Wiedereintritt: „Einmal heraus — möcht ich nicht wieder hinein! Beim
ersten Mal hat man Heinrich bedauert — beim zweiten Mal, und ich
fürchte, es wird dazu kommen, wird man für ihn nur ein — Lächeln
haben!"

Laube's zweite Direktion.

1. September 1875 — 30. Juni 1878.

Mit dem Abschlusse der Lobe'schen Direktionsära verlor das Wiener Stadttheater mehrere erste beliebte Mitglieder: Frl. Katharina Frank und den ersten Komiker Herrn Theodor Reusche, welche in das k. k. Hofburgtheater, die Herren Salomon und Otter, welche zurück nach Deutschland zogen, und Frl. Mathilde Kühle, die nicht nur dem Stadttheater, sondern leider der Kunst überhaupt den Rücken kehrte. Mit Laube, welcher, in Karlsbad weilend, die ersten Vorbereitungen für den kommenden Winterfeldzug traf, traten Vortragsmeister Strakosch und Frl. Katharina Schratt wieder in den Verband des Stadttheaters ein. Noch während seines Kurgebrauches gelang es dem allseitig Rundschau haltenden Direktor, glücklichen Ersatz für die seinem Bühneninstitute untreu gewordenen Künstler zu finden. Ueber den Verlust seiner Heroine klagend, ward Laube auf ein vielversprechendes Talent, welches am böhmischen Nationaltheater in Prag wirkte, aufmerksam gemacht. Er fuhr hin, sah und hörte die jugendliche Heldin, und nach kurzen Verhandlungen hatte er, mit seinem resoluten Wesen bald zum Ziele kommend, der deutschen Schauspielkunst in Frl. Helene Wewerka eine junge frische Kraft erobert. Für weibliche Charakterrollen gelang es ihm, in einer jungen Wienerin, Frl. Nina Weiße, eine interessante und geistvolle Interpretin zu finden, in dem Direktor des Teplitzer Stadttheaters, Herrn Karl v. Butkovics, einen positiven Komiker, welcher, Reusche's Rollenerbschaft übernehmend, durch seinen behaglichen, an den heimischen Lokalton sich anlehnenden Humor in kurzer Zeit die Sympathien lachlustiger Theaterbesucher zu erringen wußte.

Mitte August begannen die Proben von „Antigone", mit welcher am 1. September 1875 das Wiener Stadttheater wieder eröffnet werden sollte. Der nun abermals das Scepter führende Direktor Laube leitete mit altem Fleiß und Geschick die zahlreichen Proben der Sophokleischen Tragödie, welche durch ihre schwere gewichtige Sprache und den fremdartigen Scenenbau den Schauspielern und der Regie nicht unerhebliche Schwierigkeiten bereitete. Hofopernsänger Dr. Emil Kraus für diese Aufführungen als Gast engagirt, übernahm den gesanglichen Part des Chorführers, während mehr als dreißig Mitglieder des akademischen Gesangvereines in liebenswürdigster Weise als „älterer und jüngerer Chor" mitwirkend, die herrlichen Mendelssohn'schen Gesänge zu vollendeter Geltung brachten. Kapellmeister Gothov-Grüneke machte sich um das Einstudiren der Chöre und die Einschulung des Orchesters wesentlich verdient.

Ein voller Sieg belohnte diese Bemühungen, und mehr als zwanzig Male füllte das griechische Trauerspiel, welches, theilweise nach Wilbrandt, theilweise nach Donner gesprochen, in doppelter Besetzung dargestellt wurde, (Kreon — Hr. Lobe, Hr. Arnau, Eurydike — Frl. Charles, Fr. Tyrolt, Antigone — Frl. Wewerka, Frl. Weiße, Ismene — Frl.

Albrecht, Frl. Schäffel, Teiresias — Hr. Friedmann, Hr.
Pettera, Hämon — Hr. Glitz, Hr. Grube, Wächter — Hr.
Tyrolt, Hr. Waldemar, Bote — Hr. Heinrich, Sprecher des
Chors — Hr. Grève,) alle Räume des Stadttheaters. Die
neue jugendliche Heldin hatte den Uebertritt zur deutschen
Bühne nicht zu bereuen; ihre vom Hauche echter Jungfräu=
lichkeit und weiblicher Anmuth berührten Darstellungen fanden
alsbald den Beifall des die junge Künstlerin gerne auszeich=
nenden Wiener Publikums.*)

Der glänzende Erfolg der oftmaligen Wiederholungen
der „Antigone" brachte Laube, trotz anfänglich heftigen Ein=
spruches der Gründer, zu dem Entschlusse, von nun ab jede
mit Glück eingeführte Novität in einer längeren, ununterbro=
chenen Reihe von Wiederholungen zum Vortheile der Theater=
kasse auszunützen. In Wichert's „Biegen oder Brechen"
(20. September) versuchte sich Herr Tewele zum ersten Male
mit großem Glücke in einer älteren komischen Rolle, betrat
das gerngesehene Frl. Schratt wieder die Stadttheaterbühne
und debutirte ein neuer Konversationsliebhaber Herr Wilhelm
v. Hoxar vom Berliner Hoftheater als Schauspieler und
Regisseur. In „Maria und Magdalena" trat Herr v. Bukovics
als Kommercienrath Werren mit günstigem Ergebnisse sein
Engagement an.

Sonntag den 3. Oktober 1875 fand am Stadttheater
die erste Nachmittagsvorstellung („Hamlet" mit
Friedmann in der Titelrolle) statt. Laube hatte die Idee, die
in Deutschland schon seit Jahren bekannten Nachmittagsvor=

*) Frl. Helene Wewerka verheiratete sich später in Hamburg
mit dem Schauspieler Hanns Winand und starb im ersten Kindbette, 1883.

stellungen zu halben Preisen auch in Wien einzuführen. Der Versuch glückte, und diese billigen Vorstellungen bürgerten sich an sämmtlichen Wiener Theatern mit einer Schnelligkeit ·ein, welche am besten für die Zweckdienlichkeit der Idee spricht. Abgesehen von dem stattlichen financiellen Erträgnisse,*) wurde durch die Nachmittagsvorstellungen neues Publikum in das Stadttheater gezogen, welches, aus Gelehrten, Beamten, Militärs und bürgerlichen Elementen sich bildend, doch ab und zu wieder einen kleinen Theil als Besuchskontingent für die Abendaufführungen abgab. Sehr zahlreich erschienen zu diesen bald außerordentlich beliebten Sonn= und Feiertags= vorstellungen die Theilnehmer vom Lande. In vielen um Wien gelegenen Orten hatten sich Gesellschaften gebildet, welche zu jeder derartigen Aufführung 15—20 Sitze in Anspruch nahmen. Sehr bezeichnend für das Publikum dieser Vor= stellungen ist es, daß mit dem Aufgeben des klassischen Re= pertoires der Besuch bedeutend nachließ. Als seichte Bühnen= waare an die Reihe kam, blieb man einfach aus!

Einen bedeutenden Erfolg errang am 6. Oktober das interessante Schauspiel des norwegischen Dichters Björnstjerne Björnson: „Ein Fallissement" (Tjälde — Hr. Arnau, Frau Tjälde — Fr. Schönfeld, Walburg — Frl. Weisse, Signe — Frl. Schratt, Lieutenant Hamar — Hr. Grève, Sannäs — Hr. Hoxar, Jacobson — Hr. Tyrolt, Advokat Berent — Hr. Friedmann, Schullehrer — Hr. Heinrich, Zollkontroleur Pram — Hr. Zocher). Mitte Oktober gelangten

---

*) Die Nachmittagsvorstellungen des Wiener Stadttheaters er= zielten, bei geringen Tageskosten, eine jährliche Bruttoeinnahme von weit über 45000 Gulden.

zwei luſtige Schwänke zur Darſtellung: „Im ſchwarzen
Frack", eine heitere Soloſcene, von Tewele köſtlich geſpielt
und „Die Frau iſt zu ſchön", n. d. Franz. von Labiche
und Duru mit Frl. Schratt und den Herren Bukovics und
Tewele in den komiſchen Hauptrollen. Der lyriſche Dichter
Martin Greif ſtellte ſich am 27. Oktober z. 1. Male als
Dramatiker am Stadttheater ein. Sein Trauerſpiel „Corfiz
Uhlfeld," mit Friedmann in der Titelrolle, errang lebhafte
Anerkennung. In den erſten Novembertagen nahm Laube
das in Oeſterreich als „Allerſeelenſtück" bekannte und
beliebte Raupach'ſche Volksdrama „Der Müller und
ſein Kind", welches Nachmittags und Abends ſeine volle
Schuldigkeit that, in's Repertoire auf. Die Novitäten des
Novembers, ein altes franzöſiſches Boulevardſtück: „Roſe
Michel," Hugo Bürger's „Sheridan's Modelle" und
Julius Groſſe's „Tiberius", mit Lobe in der Titelrolle,
hatten wenig Glück. Dagegen brachte der Schlußmonat des
Jahres zwei luſtige Neuigkeiten, welche Kaſſenmagnete erſten
Ranges wurden, mit denen aber auch die Serie der „leichten
Reizungen," welche leider immer mehr die Oberhand gewinnen
ſollten, begann. Die derbe franzöſiſche Poſſe: „Der Herr
Präfekt" (Le panache) mit den Damen: Schratt, Thyrolt,
Necker und den Herren: Bukovics, Tewele, Thyrolt, Zocher
in den Hauptrollen, erregte allgemeine Heiterkeit; ebenſo
Schweitzer's Schwank „Epidemiſch" und Hedwig Dohm's
artiger Einakter „Vom Stamm der Aſra," welche beide
letztere Stücke am 25. December zu Gunſten des Journa=
liſten= und Schriftſtellervereines „Concordia" in Scene gingen.
Bei der am 10. d. Mts ſtattgehabten Aufführung des

„Don Carlos" fand die vornehme und ausgezeichnete Dar=
stellung der Titelrolle wie des Marquis Poſa durch die
Herren Glitz und Robert verdienten Beifall. Emerich Robert
erschien nunmehr, leider nur für einige Monate, „als Gaſt"
auf der Stadttheaterbühne. Ein Trauerſpiel „Mirabeau"
fand keinen Anklang.

Mit geringen Ausnahmen hatten ſich die ſeit September
vorgeführten Novitäten beſtens bewährt, die Kaſſenrapporte
lauteten günſtiger als je, das verloren gegangene Vertrauen
zum weiteren Beſtande des Stadttheaters war mit Laube,
dem Blücher des deutſchen Theaters, wieder zurückgekehrt und
Direktion und Mitglieder blickten beim herankommenden Jahres=
ſchluſſe zurück in eine erfolgreiche Vergangenheit und vorwärts in
eine hoffnungsvolle Zukunft. Laube hatte durch den Direktions=
rath ſchließlich auch noch erwirkt, daß an Sonn= und Feier=
tagen von den meiſten Gründern deren Logen und Sitze der
Direktion zur freien Verfügung geſtellt worden waren, wodurch
ſich die Einnahmen an obigen Tagen beträchtlich erhöhten.

Der Theateralmanach vom 1. Januar 1876 wies
folgenden artiſtiſchen Perſonalſtand auf: die Damen Her=
mine Albrecht, Amélie Charles, Bertha Necker, Anna
Saar, Fanny Schäffel, Louiſe Schönfeld, Katharina
Schratt, Erneſtine Tyrolt, Louiſe Valberg, Eugenie Wall=
berg, Mathilde Wagner, Nina Weiſſe, Helene Wewerka;
die Herren: Karl Arnau, Karl v. Bukovics, Theodor
Bollmann, Leopold Bauer, Siegwart Friedmann,
Adolf Glitz, Auguſt Grube, Leopold Grève, W. E.
Heinrich, Wilhelm v. Horar, Auguſt Kormann, Theodor
Lobe, Johann Neuſtätter, Günther Pettera, Heinrich

Prechtler, Hugo Ranzenberg, Karl Schönfeld, Emil
Schönfeld, Franz Tewele, Dr. Rudolf Thrott, A. H.
Vaillant, Alfons Waldemar, Hanns Winand, Eugen
Zocher. Als Regisseure fungirten die Herren Karl Schön=
feld, v. Hoxar und v. Bukovics. Im Direktionsrathe er=
schienen zwei neue Mitglieder: Karl Koldiß, welcher sich
später namentlich als Vorsitzender des Pensionsfonds=Komité's
große Verdienste um das Gedeihen des Pensionsinstitutes
erwarb, und der Dichter Leopold Kompert, in welchem
Laube einen geistig vornehmen Freund und eine treue Stütze
im Gründerrathe gewann. Die Stelle des Generalsekretärs
bekleidete der Schriftsteller Dr. Herm. v. Löhner. Alexander
Strakosch war, wie früher erwähnt, mit Laube wieder in
das Stadttheater gekommen, ohne jedoch, wie in der ersten
Periode, allzusehr in den Vordergrund zu treten. Der Vor=
tragsmeister unterrichtete nach wie vor einzelne Mitglieder,
bezog dafür vom Theater ein fixes Gehalt, wurde auch
ab und zu auf Entdeckungsreisen geschickt; im Theater und
auf dem Büreau erschien er nur selten.

Das Jahr 1876 wurde mit einer „Faust“=Aufführung
begonnen, ohne daß man jedoch damit dem kommenden Reper=
toire eine Signatur hätte geben wollen. Laube hatte bereits
der herrschenden Geschmacksrichtung des Stadttheaterpublikums
nachgegeben und pflegte in den kommenden Monaten über=
wiegend moderne Schau= und Lustspiele, deren Erfolge das
Haus auf der Seilerstätte plötzlich eine Zeit lang zum besuch=
testen aller Wiener Privattheater erhoben. Kassenglück hatten
namentlich die neuen Lustspiele des nunmehrigen Stadttheater=
dichters Julius Rosen.

Am 8. Januar brachte Laube zwei dramatische Kleinig=
keiten von Eduard Bauernfeld: „Ein altes Recht" — der
ursprüngliche Titel „Herrenrecht" war nebst einigen kleinen
Bedenklichkeiten des Textes von der Censurbehörde gestrichen
worden — mit den Damen Schratt, Wagner, den Herren
Tewele, Lobe, Heinrich, Winand, und das „moderne" Lust=
spiel: „Die reiche Erbin," eine Parodie auf Richard
Wagner und seine Enthusiasten. Tewele spielte den „Meister,"
Tyrolt den Enthusiasten. Als Ersterer in der Maske Richard
Wagners erschien, begann ein von den Wagneranhängern
ausgehender Theaterskandal, der nach der virtuos vorgetra=
genen Klavierpièce Tewele's seinen Höhepunkt erreichte. Ob
Laube Recht gethan, ein derartig herausforderndes, an sich
ziemlich gehaltloses Ding zur Aufführung anzunehmen, bleibt
jedenfalls in Frage zu stellen.*)

Der neue Regisseur v. Hoxar, welcher auch als Schau=
spieler nicht den gewünschten Wirkungskreis finden konnte,
verließ nach kurzer Zeit wieder das Stadttheater, welches in
Herrn Dr. August Bassermann vom Hoftheater in Dresden
bald einen Ersatz für den Schauspieler v. Hoxar fand. Der
jugendliche Liebhaber debutirte als Naukleros in „Des
Meeres und der Liebe Wellen" mit günstigem Erfolge. Das

---

*) Auf den Proben boten die beiden greisen Dramatiker, die sich
gegenseitig über ihre Schwächen hänselten und lustig machten — Laube
über die nervöse Unruhe und Krittelei Bauernfeld's, dieser über Laube's
„horrende" Gleichgiltigkeit betreffs der dekorativen Ausstattung — den
Anwesenden vielen Stoff zur Heiterkeit. Als Laube im „alten Recht"
dem Dichter ein unterirdisches Gefängnis als „schwäbische Dorfstube"
aufdisputiren wollte, schrie der aus Rand und Band gerathene Bauern=
feld: „Das ist ja ein Götterkerl, Euer Direktor . . . !"

Barrière'sche Salonstück „Der neueste Skandal" (Le scan-
dale d'hier). z. 1. Male am 17. Januar mit den Damen
Schönfeld, Schratt, Tyrolt, Weisse und den Herren Robert,
Friedmann, Glitz aufgeführt, erzielte gutbesuchte Häuser.
Baron Schey, den puritanischen Ausstattungssinn Laube's
kennend, erlaubte sich wie seinerzeit bei den „Sphinx"-Vor-
stellungen auch bei der gegenwärtigen Novität aus Eigenem
Mancherlei zur dekorativen Ausschmückung der Scene beizu-
steuern. So ließ er Dekorationen malen, kostbare Ölgemälde,
Silberservices, Girandolen, seine Tischwäsche usw. usw. aus
seinem Palais in's Theater schaffen, für welche Liebenswürdigkeit er noch manche Laube'sche Stichelrede zu ertragen
hatte. Trotz derartiger kleiner Plänkeleien wußte jedoch der
Direktor den warmen Freund und Gönner des Stadttheaters
aufrichtig zu schätzen, und, wie schon früher einmal erwähnt,
eine eigentliche Gegnerschaft der beiden Führer des Stadttheaters bestand nicht. Wie zumeist, so war auch hier, jedoch erst
später, dritten Personen das zweifelhafte Verdienst zuzuschreiben,
die beiden Männer ernstlich auf einander böse gemacht zu haben
— auch hier könnte das bekannte französische Flugwort:
„Cherchez la femme" oder richtiger; „Cherchez les femmes",
angewendet werden! Große Heiterkeit erregte Schweitzer's
Schwank „Großstädtisch" — 28. Januar — (Liebetreu —
Hr. Bukovics, Makedey — Hr. Tyrolt, Werdek — Hr.
Grève, Hulda — Frl. Schratt). In Josef Weilen's am
am 1. Februar zum ersten Male dargestellten Schauspiele:
„An der Grenze" welches das Entstehen „Minna von
Barnhelm's" behandelt, überraschten Lobe und Friedmann
durch gelungene Masken Friedrich II. und Lessings. Robert

spielte den Helden des Stückes, Winand, Tyrolt, die Damen Wewerka und Necker die Vorbilder des Wachtmeisters, Just's sowie der Minna und Franziska.

Marie Geistinger, die gefeierte Königin der Operette und des Volksstückes, hatte vor geraumer Zeit den Entschluß gefaßt, zum höheren Schauspiel überzutreten. Nach ernsten Studien mit ihrem Lehrer Dr. A. Förster wagte die Künstlerin den Sprung von der Operette zur Tragödie am Wiener Stadttheater, an welchem ihr die Direktion ein längeres Gastspiel angeboten hatte. Frl. Geistinger begann dasselbe am 5. Februar, in Laube's „Essex" zum ersten Male als Tragödin vor das Wiener Publikum tretend. Die Vor- stellung fand zum Besten der „Concordia" statt. Wenn man in Erwägung zieht, daß bei derartigen Versuchen ein großer Theil der Theaterbesucher, im Banne der Voreingenommenheit, sich eine gewisse Reserve bei Beurtheilung so ungewohnter Leistungen auferlegt und, wie in diesem Falle, sich schwer mit dem Gedanken befreunden will, die „schöne Helena" plötzlich als tragische Königin zu sehen — errang die Gastin einen glänzenden Erfolg. Das Geistinger'sche Gastspiel, welches in den nächsten Tagen Dumas' „Cameliendame" (Armand — Hr. Robert a. G., Duval — Hr. Friedmann, Giray — Hr. Tewele, Varville — Hr. Grève, Prudence — Fr. Wagner, Margurite — Frl. Geistinger) und Laube's „Böse Zungen" brachte, in welch' letzterem Stücke die Künstlerin die von ihr am Theater a. d. Wien geschaffene Rolle der Frau von der Straß spielte, war auch in financieller Be- ziehung erfolgreich zu nennen — ausverkaufte Häuser standen auf der Tagesordnung des Stadttheaters. Am 19. Februar mußte Mittags wegen Heiserkeit des Frl. Geistinger „Medea" abgesetzt und als Ersatzvorstellung der Schwank „Epidemisch" eingeschoben werden. Unmittelbar vor Beginn der Vorstellung bekam einer der darin beschäftigten Schauspieler einen heftigen Hexenschuß, und man stand vor einer abermaligen Änderung, welche Laube jedoch „unter gar keiner Bedingung" zugab. Der krank gewordene Darsteller, welcher nur mit krummem Rücken gehen konnte, mußte auf Befehl seines resoluten Direktors zu Beginn seiner Rolle extemporieren: „Ich habe plötzlich einen Hexenschuß bekommen" — und die Vorstellung war gerettet. Laube ließ sich leicht zu derartigen etwas gewaltsamen Aushülfsmitteln herbei, weil ihm Änderungen des einmal ausgegebenen Repertoire's nicht nur allein das Unangenehmste waren, sondern weil er als praktischer Theater= mann auch deren schädigenden Einfluß auf Disciplin, Kasse und Publikum wohl zu würdigen wußte. Kranke Schauspieler konnte er nicht brauchen!

Um diese Zeit kam es bei den Sitzungen des Pensions= fonds=Komité's zu einzelnen stürmischen Auftritten. Komité= Mitglied Theatermeister Barrot hatte etliche Ungenauigkeiten rein formeller Natur aufgestöbert, welcher Vorgang insbe= sondere den bisherigen Vorsitzenden Dr. Ferdinand Naumann in Harnisch brachte. In der am 20. d. Mts. stattgehabten Sitzung nahm auch Laube lebhaft Partei gegen den — trotz diesbezüglich ziemlich klarer Kundgebung der meisten Komité= Mitglieder — zu Niederlegung seines Amtes sich nicht ver= stehenden Präses. Es wurde der Beschluß gefaßt, an den Direktionsrath ein Schriftstück mit der Bitte um einen anderen Präsidenten gelangen zu lassen. Das vom Generalsekretär

Dr. v. Löhner verfaßte Bittgesuch wurde noch am selben Tage an seine Adresse befördert. Dr. Naumann forderte die Entlassung des Generalsekretärs und wollte gegen einzelne Komité-Mitglieder Ehrenbeleidigungsklagen anstrengen, doch kam es lediglich dazu, daß der Vorsitzende schließlich doch abdankte.

Die allerdings nicht neue Idee des „Historischen Lustspielabends" — schon vor Jahrzehnten brachte man derlei an verschiedenen Bühnen Deutschlands und Österreichs zur Aufführung — erwarb Laube das Verdienst, dem Stadttheater eine zugkräftige Novität gewonnen zu haben. Das Programm dieser interessanten Vorstellung zeigte als Repräsentanten des 16. Jahrhunderts Hanns Sachs mit seinem Fastnachtsspiel: „Das heyß Eysen," das 17. Jahrhundert war durch Jakob Ayrer's Possenspiel: „Die ehrliche Bäckin mit ihren drei vermeinten Liebsten" vertreten, hierauf erschien Gottlieb Prehauser's „Hanns Wurst, der traurige Küchelbäcker und sein Freund in der Noth" (18. Jahrhundert) und den Schluß machte ein modernes Lustspiel von G. v. Moser: „Ich werde mir den Major einladen." Mit großer Sorgfalt und bestem theaterhistorischen Verständniß leitete Laube die Proben. Auch die Zwischenaktsmusik richtete sich nach den vier Zeitperioden. Zu Anfang gab's einen Trompeteraufzug aus dem 16. Jahrhundert, nach dem Fastnachtstück folgte ein musikalischer Entre-Akt: „Großer Standes- und adeliger Herren Hausvater aus dem 17. Jahrhundert," vor dem Prehauser'schen „Hanns Wurst" spielte man J. Haydn's „Ochsenmenuett", und als letzte Zwischenaktsnummer ertönte ein Walzer von Schreiber jun.:

„Wiener Ton-Echo." In den ersten beiden Stücken wurden natürlich auch die Frauenrollen von Männern dargestellt, was nicht nur dem Publikum, sondern auch den betreffenden Schauspielern nicht geringen Spaß zu machen schien. Der Hanns Sachs'sche Fastnachtsscherz spielte auf einem Gerüst, welches in der Mitte der Bühne, die einen freien Platz in Nürnberg vorstellte, aufgeschlagen war, den Hintergrund dieses Gerüstes bildete eine auf Latten gezogene Leinwand, welche von den Akteurs als Ab- und Zugang benützt wurde. Vor dem Gerüste ließ Laube Publikum der damaligen Zeit erscheinen, welches aus Thür und Fenster guckend, auf Tonnen und Kisten sitzend, durch Stampfen und Rufen seine Ungeduld kundgab. Drei Trompetersignale — und es begann der von den Komikern Bukovics, Tewele und Tyrolt dargestellte derbe Schwank. Die Verse wurden stark skandirt, der Reim mit Absicht hervorgehoben, die Bewegungen linkisch und un-vermittelt ausgeführt. Zuletzt mengten sich Hanns Sachs und Albrecht Dürer unter die Zuschauer, und die „Spieler" brachten ihnen am Schlusse eine kleine Huldigung dar. Die Darstellung des Ayrer'schen Possenspieles fand bereits auf der eigentlichen Bühne statt, nur waren Dekorationen und Koulissen umge-dreht — graue Leinwand! Vom Schnürboden kam beim Scenenwechsel ein Brett herab, auf welchem: „Markt," „Backstube" usw. usw. zu lesen war. Ebenso stellte ein her-ausragender Pflock z. B. mit der Aufschrift: „Kachelofen" diesen letzteren vor. Die Herren Grève, Heinrich und Ranzen-berg glänzten in ihren Weiberrollen. Den größten Erfolg des Abends errang die durch den heimischen Lokalton und gesunde Komik besonders ansprechende Prehauser'sche Posse, welcher

Erfolg in erster Linie Herrn Tewele zu danken war, der als Hannswurst eine Figur von ausgelassenster Lustigkeit schuf. Die Beliebtheit des historischen Lustspielabends zeigte sich am deutlichsten darin, daß an mehreren Sonn= und Feier= tagen die zugkräftige Vorstellung Nachmittags und Abends gegeben werden konnte. Zu Gunsten der akademischen Lesehalle ging am 28. d. Mts. „Richard III.", mit Friedmann in der Titelrolle, in Scene. Ende Februar wurde der bisherige Gastspielvertrag Robert's auf dessen eigenen Wunsch gelöst; doch blieb der beliebte Künstler in den folgenden Jahren für eine Reihe von Monaten dem Stadttheater als Gast erhalten. Am 25. Februar nahm Frl. Geistinger als „Medea" das unterbrochene Gastspiel wieder auf und erzielte, dasselbe fortsetzend, am 4. März als Baronin Ange in Dumas' geistreicher Komödie „Demi= monde" ihren bedeutendsten Erfolg.*) Ihr ebenbürtiger Partner war Herr Tewele, der mit der effektvollen Erzählung von den Pfirsichen zu 30 und zu 15 Sous rauschenden Beifall erntete. Bei der ersten Aufführung der Pariser Sitten= komödie konnte man Direktor Laube als — Bühnenab= räumer sehen! „Kurze Zwischenakte!" war seine stete Mahnung. Als ihm nun diesmal die mit dem Abräumen beschäftigten Requisiteure gar zu langsam schienen, packte er selbst einen Tisch und schleppte ihn hinter die Koulissen; zurückkehrend expedirte er einen Fauteuil, usw. Die ihn umgebenden Schau= spieler konnten sich doch durch ihren alten Direktor nicht be=

---

*) Die Toiletten der Gastin in diesem Stücke kosteten weit über 6000 Gulden.

schämen lassen, flugs faßten auch sie an, und in einer Minute war die Bühne leer.

Die Einnahmen dieser Zeit betrugen durchschnittlich 12—1500 Gulden pro Abend. Einen heiteren Novitäten= abend brachte der 20. März: „Citronen," ein vieraktiges Lustspiel von J. Rosen, und Baumann's reizende Alpenscene: „Das Versprechen hinter'm Herd." Ein drolliger Zufall war's, daß eine der ausgezeichnetsten Nandel=Darstellerinnen einige Tage vorher auf derselben Bühne „Maria Stuart" gespielte hatte und — damals wenigstens — um keinen Preis zu bewegen gewesen wäre, diese Glanzrolle ihres früheren Repertoires zu übernehmen. Laube beabsichtigte dies auch gar nicht, denn seine „Nandl" hieß Frl. Schratt, der zu Liebe er das Genrebild gab, welches in den übrigen Rollen mit Bukovics (Quantner), Tyrolt (Loisl) und Tewele (Strizow) besetzt war. Nachdem Frl. Geistinger noch am 24. d. Mts. als Gräfin Autreval im „Damenkrieg" und Margarethe im „Ungeschliffenen Diamant" aufgetreten, beschloß sie ihr Gastspiel am letzten März als Beatrice in „Viel Lärm um Nichts." Am Schluß dieser Abschiedsvor= stellung hielt die Künstlerin eine Ansprache an das Publikum, und Laube überreichte der scheidenden Gastin einen vom Direktionsrathe gespendeten silbernen Lorbeerkranz, auf dessen Blättern die Namen sämmtlicher Rollen, welche Frl. Geistinger am Wiener Stadttheater gespielt, zu lesen waren.

Das am 1. April zum ersten Male aufgeführte Schau= spiel „Die Danischeff's" von Peter Newski, als dessen stiller Mitarbeiter Dumas bezeichnet wurde, errang lebhaften Beifall. Dank der freundlichen Fürsorge des Direktionsraths=

Präsidenten wurde das in Rußland spielende Stück in Dekorationen und Kostümen charakteristisch ausgestattet. Von den Darstellern wurden insbesondere Frau Schönfeld als Gräfin, Glitz als Kutscher Ossip und Heinrich als Zakaroff ausgezeichnet.

Zu Beginn dieses Monats übernahm das Direktionsrathsmitglied Herr von Kolbitz das Präsidium des Pensionsfondskomité's, und in den zahlreichen Sitzungen wurde eine zweckdienliche Abänderung der Statuten durchgeführt. Wie alljährlich ging es bei Herannahen des Frühjahres mit den Einnahmen des Stadttheaters sichtlich abwärts, und die Wiederholungen der beiden am 10. April mit Beifall aufgenommenen Novitäten: „Die Neuvermählten," eines reizenden Familienbildes von Björnson, und eines Einakters „Der Seelenretter" hatten bereits darunter zu leiden. Nach den Osterferialtagen brachte das Stadttheater zu Gunsten seines Pensionsfonds: „Götz von Berlichingen." (Götz — Hr. Winand, Elisabeth — Fr. Schönfeld, Marie — Frl. Albrecht, Weislingen — Hr. Grève, Adelheid — Frl. Weisse, Sikingen — Hr. Pettera, Selbitz — Hr. Tyrolt, Bruder Martin — Hr. Glitz, Franz — Hr. Bassermann, Georg — Hr. Prechtler, Hauptmann der Reichstruppen — Hr. Bukovics, Lerse — Hr. Heinrich.) Der Tod der Volksdichters Karl Haffner gab Anlaß, zu Gunsten der hinterbliebenen Witwe das Genrebild des Verstorbenen „Therese Krones" (Therese — Frl. Schratt, Ferdinand Raimund — Hr. Tyrolt, Korntheuer — Hr. Bukovics, Tomaselli — Hr. Heinrich, Sevré — Hr. Grève, Gabriele — Frl. Albrecht, Leopold — Hr. Glitz, Wolf — Hr. Pettera) aufzuführen, und die Direktion sah sich durch die

freundliche Aufnahme des Stückes ermuntert, die Vorbereitung
Raimund'scher und Anzengruber'scher Dichtungen ernstlich
in's Auge zu fassen. Friedrich Dettmer vom k. sächsischen Hoftheater zu
Dresden eröffnete am 29. April als Sir Paulus Artus in
Tilling's Schauspiel „Timon von London" ein längeres
Gastspiel. Das mäßig besuchte Haus zeichnete den Gast und
dessen Hauptpartner Friedmann lebhaft aus, ließ aber das Stück
fallen. Auch das an dem zweiten Gastspielabende aufgeführte
Stück war nicht glücklich gewählt. Dettmer spielte in dem ver=
alteten englischen Lustspiele: „Richard's Wanderleben"
den reisenden Schauspieler. Weitere Gastrollen Dettmer's
waren u. a.: Marquis Posa, Uriel Akosta und Egmont.
Über dem Auftreten dieses in Deutschland anerkannten Künstlers
am Wiener Stadttheater schwebte ein eigener Unstern. Dettmer
litt unter dem Eindrucke des durchgefallenen „Timon" und
ließ sich von Laube überreden, seine Gastrollen mit dem
Vortragsmeister durchzunehmen, wodurch nichts als eine ihn
irremachende Umwandlung seiner bisherigen Sprechweise bewirkt
wurde. Wenn es wahr wäre, daß in Dettmer's Bühnen=
sprache sich ein singender Ton bemerkbar gemacht habe, so
hätte dieser Fehler dem Künstler bei Kritik und Publikum
gewiß weniger geschadet, als der durch ungewohnten und ihm
aufgedrungenen Unterricht herbeigeführte Verlust der Natür=
lichkeit. Bei einer Wohlthätigkeitsvorstellung am 5. wirkte
Pauline Lucca als Nandl im „Versprechen hinter'm Herd"
mit. Am selben Abende kam auch das kleine Lustspiel „Mein
zweites Ich" von Emerich v. Bukovics, einem Bruder
des Komikers, zur ersten Darstellung. In der Nachmittags=

vorstellung des 7. Mai spielte Herr Marx vom Stadttheater in Bremen den Stauffacher auf Engagement, welches jedoch nicht zu Stande kam.

Als Baron Schey vor Kurzem in das adelige Kasino in Budapest eingeführt worden war, hatte er auf eine freund= liche Aufmunterung hin versprochen, die Wiener Stadttheater= gesellschaft zu einem längeren Ensemblegastspiel in die unga= rische Hauptstadt zu bringen. Laube ging auf die ihm mitgetheilte Idee um so bereitwilliger ein, als er sich von diesem Gastspielzuge angesichts der in Wien mit Beginn der schönen Jahreszeit immer schwächer werdenden Einnahmen ein bedeutendes financielles Reinerträgniß erhoffte. Ein solches wäre auch unbedingt zu erreichen gewesen, wenn man bei den Arrangements dieses dramatischen Wanderzuges mit etwas mehr Vorsicht und Sparsamkeit zu Werke gegangen wäre. Laube nahm das ganze artistische und technische Personal, alle zu den betreffenden Stücken nöthigen Dekorationen, Ver= satzstücke, Möbelgarnituren, Garderobe, Requisiten, Waffen usw. usw. mit; die Kosten dieses kolossalen Apparates ver= schlangen die immerhin stattlichen Einnahmen dieses Gastspieles, welches überdies noch zum Schaden der Kasse an dem Fehler eines abwechslungsarmen und wenig interessanten Reper= toire litt.

Am Morgen des 15. Mai fuhr der Dampfer „Neptun" mit der Künstlerschaar des Wiener Stadttheaters, der sich mehrere Journalisten angeschlossen hatten, die Donau hinab. Eine lustige Künstlerfahrt aus einer fröhlicheren Theaterzeit! Laube, der sich fortwährend auf dem Deck aufhielt, war hei= teren Muthes und plauderte heiter mit dem Kapitän des

7*

Schiffes, den er um sein Kommando zu beneiden schien. Abends 7 Uhr langte das schwimmende Stadttheater in Ungarn's Metropole an. Am Landungsplatze hatte sich eine unabsehbare Menschenmenge eingefunden. Unter den Klängen des Rákoczy-Marsches und von allen Seiten mit Eljenrufen begrüßt, wurden Laube und seine Schauspieler auf ungarischem Boden vom Pester Stadthauptmanne, vielen Aristokraten, Reichsrathsabgeordneten und Kunstfreunden empfangen. Aber nicht nur bei Ankunft, auch während der dreiwöchentlichen Dauer dieses Gastspieles kam man von allen Seiten den Wiener Künstlern und ihrem populären Führer mit echt ungarischer Gastfreundschaft und Liebenswürdigkeit entgegen. Die Intendanz des ungarischen Nationaltheaters stellte den dienstfreien Wiener Schauspielern täglich Logen zur Verfügung. Zu Ehren Laube's wurde im adeligen Kasino ein Diner gegeben. Baron Schey veranstaltete nach der ersten Gastvorstellung ein großes Souper, an welchem nebst den Wiener Künstlern Mitglieder des Nationaltheaters, zahlreiche Kunstfreunde, Literaten, Vertreter der Wiener und Buda-pester Journalistik, die Reichsrathsabgeordneten Rechbauer, Kuranda, die ungarischen Abgeordneten Graf Apponyi, Wahr-mann, Edmund Szalay usw. usw., theilnahmen. General Türr arrangirte auf einem kleinen Theißdampfer eine höchst gelungene und interessante Donaufahrt nach der zwei Stunden unter Budapest gelegenen Albrechtsinsel. Kurz, die fast täglich auftretenden Mitglieder des Wiener Stadttheaters kamen über Einladungen zu Mahlzeiten, Landpartien, Wasserfahrten und sonstigen Festen nicht zur Ruhe!

Die Eröffnungsvorstellung („Die Danischeffs") brachte wohl den Darstellern Erfolg, aber nicht dem russischen Stücke, welches sich keiner besonderen Sympathie erfreute, wie dies wohl eigentlich vorauszusehen war. Das Gastspiel, am 16. Mai begonnen, wurde am 5. Juni mit Laube's „Böse Zungen" beschlossen. Viel Anerkennung und Beifall fanden die Aufführungen von: „Fallissement," „Neuvermählten," „Karlsschüler," „Des Meeres und der Liebe Wellen," „Cato von Eisen," „Demimonde". Während dieses Gastspieles starb in Wien Laube's einstiger Gegner im Direktionsrathe Herr Dr. F. Naumann. Am 6. Juni führte ein Separatzug der Staatsbahn die Gesellschaft wieder nach Wien zurück, wo Tags darauf die Vorstellungen im Stadttheater vor leeren Bänken wieder aufgenommen wurden. Der kurze ungarische Theaterfeldzug hatte dem Wiener Stadttheater viel Ehre, Freude und große Einnahmen gebracht; leider verblieb aus obenerwähnten Gründen nur ein mäßiger Reingewinn.

Da die diesjährigen Ferien auf die Monate Juli und August verlegt wurden, benutzte Laube die letzten Tage der ablaufenden Saison dazu, bei Probegastspielen einige neue Kräfte — die Herren Borcherdt von Lübeck, Mylius von Brünn, Ernst vom Grazer Landestheater — kennen zu lernen. Der am 14. Juni aufgeführte Schwank „Große Kinder" n. d. Fr. von E. Tattenbach) bearbeitet, fiel vollständig ab.

Am 1. September wurden die Vorstellungen der neuen Saison mit Racine's „Athalia" begonnen. Die Titelrolle spielte Frl. Frank, welche nach kurzem Engagement am Burgtheater wieder auf der Seilerstätte ihren Einzug hielt, der von Seiten des Direktionsrathes mit der Spende eines silbernen Lorbeerkranzes gefeiert wurde. Gleichzeitig trat auch Herr Robert als Gast für die Saison in den Verband des Theaters. „Athalia" konnte den Erfolg ihrer Vorgängerin „Antigone" nicht erreichen; nach zehn Aufführungen verschwand die Tragödie vom Repertoire. Bereits in den Ferien war zwischen Laube und einem seiner verdienstvollsten Künstler und Anhänger, Herrn Friedmann, einer Rollenzutheilung wegen ein Zwist ausgebrochen, der leider mit dem Scheiden des Letzteren endete. Auch Herr Arnau verließ das Engagement. Herr Glitz ward an Stelle v. Hoxar's zum Regisseur ernannt. Der mittel- mäßige Besuch des Theaters bei Beginn der Saison ließ Laube neue Ensemblegastspiel-Pläne für das Frühjahr 1877 in Erwägung ziehen. Graz und Triest wurden in Augen- merk genommen, da von diesen Städten zu wiederholten Malen diesbezügliche Einladungen an die Direktion ergan- gen waren.

Am 18. September feierte Heinrich Laube seinen sieb- zigsten Geburtstag, der ihm große Ehren und Auszeichnungen für sein thatenreiches Theaterleben brachte. An diesem Feste nahm nicht nur das gesellschaftliche Wien, sondern bekanntlich auch die Reichshaupt- und Residenzstadt als solche warmen Antheil, indem ihm die Gemeindevertretung das Bürgerrecht verlieh. Ein großes Festbankett schloß den Tag. Das Wiener Stadttheater feierte das siebzigste Geburtsfest seines Direktors am Vorabende mit der Darstellung von „Monaldeschi" mit Herrn Robert und Frl. Weisse in den Hauptrollen. Das ausverkaufte Haus überbot sich während des ganzen Abends an Huldigungen für den bewährten Theaterjubilar. Am Schluß der Vorstellung hielt Laube eine Ansprache, in welcher er sich zuerst wegen der Aufführung seines „Monaldeschi" entschuldigte — „meine Schauspieler haben es durchaus gewollt" — und dann an das Publikum Wiens die Bitte richtete, dafür zu sorgen, daß das Wiener Stadt= theater, wenn der alte Laube nicht mehr sei, fort= bestehen und dereinst auch ein so schönes Jubiläum feiern könne, wie heute er! — Bei den letzten Worten dieser Rede erschienen sämmtliche Schauspieler auf der Bühne und brachten ihrem geliebten Direktor die ersten Glückwünsche zum bevorstehenden Ehrentage.

Das Ende September gegebene Schauspiel von Barrière „Cendrillon" — in der weiblichen Hauptrolle debütirte die jugendliche Liebhaberin Frl. Marie Saldern aus Graz — fand ebenso geringe Beachtung, wie die am 7. Oktober gebrachte Rosen'sche Lustspielnovität „Der große Wurf", welche leider ihren vielversprechenden Titel nicht zu recht= fertigen vermochte. Zur Feier des hundertjährigen Geburts= jubiläums Heinrich von Kleist's gab Laube am 10. d. Mts. „Das Käthchen von Heilbronn," dem ein von M. Mandl gedichteter, von Frl. Weisse gesprochener Prolog vorausging. Am 13. d. Mts. spielte Lobe in „König Lear" z. 1. M. die Titelrolle mit großem Erfolg. Zum Besten des Leseder= eines der deutschen Studenten in Wien ging am 19. Oktober „Sulamith," das Erstlingswerk des jungen Dichters Reim, unter großem Beifall in Scene. Die Hauptrollen befanden sich in den Händen von Frl. Frank (Sulamith) Hrn. Robert (Salomon) Hrn. Lobe (Ephraim) und Hrn. Ernst (Jerobeam.)*)

*) Als der durch die oftmaligen Hervorrufe freudig aufgeregte, über= glückliche Reim den ihm zur Seite stehenden Laube auf die Bühne mit

Eines der zugkräftigsten Repertoirestücke gewann das Stadttheater mit Dumas' effektvollem Schauspiel: „Die Fremde" (Herzog v. Septmonts — Hr. Grève, Katharina — Frl. Wewerka, Mauriceau — Hr. Tyrolt, Dr. Remonin — Hr. Heinrich, Gérard — Hr. Bassermann, Marquise — Fr. Schönfeld, Clarkson — Hr. Lobe, Mistreß Clarkson — Frl. Frank). Der Amerikaner Clarkson, mit welchem Lobe den Erfolg des Abends entschied, war es, welchen Laube Herrn Friedmann seinerzeit verweigert hatte. Diesem war die Rolle des Herzogs zugedacht, eine weniger dankbare aber schauspielerisch interessante Aufgabe, welche in späteren Jahren insbesondere Herr Mitterwurzer in vollendeter Weise löste. Dumas drückte Laube und den Darstellern auf telegraphischem Wege seinen Dank aus. Zum Besten des Kindergartens im dritten Bezirke fand am letzten Oktober die erste Aufführung der Raimund'schen Volksdichtung: „Der Verschwender" in folgender Weise statt: Cheristane — Frl. Wewerka, Bettler — Hr. Lobe, Flottwell — Hr. Robert, Wolf — Hr. Kühle, Sockel — Hr. Bukovics, Valentin — Hr. Tyrolt, Rosa — Frl. Schratt, Dumont — Hr. Grève. Die beiden dem Stadttheaterrepertoire eingefügten Zaubermärchen Ferdinand Raimund's („Verschwender" sowie „Alpenkönig und Menschenfeind") erzielten über 30 ausverkaufte Häuser. Anfangs November führten am Stadttheater Universitätsstudenten „Die Räuber" auf. Diese Dilettantenvorstellung erzielte allgemeinen Beifall; freilich befand sich unter den Darstellern auch mancher verkappte Berufsschauspieler, wie Herr Streben,

hinausziehen wollte, rief dieser: „Lassen Sie mich in Ruh' — Sie sind besoffen, junger Dichter!"

ehemals Charakterspieler des Brünner Stadttheaters, der den
Franz Moor gab.

Ein Kassentreffer ersten Ranges wurde Rosen's neues
Lustspiel „O diese Männer," welches in kurzer Zeit 58
Wiederholungen erlebte. Um dessen lustige Darstellung er-
warben sich die Herren Bukovics, Tewele, Grève und die
Damen Schratt, Schönfeld, Tyrolt, Wagner große Verdienste.
In der Nachmittagsvorstellung des 12. November — „Götz
von Berlichingen" — debütirte Herr Neuhof als Sikingen,
unter welchem Pseudonym ein Graf Lazansky bei Laube
als Volontär eingetreten war. Nach kurzer Zeit jedoch
verließ der Herr Graf das Stadttheater, um Direktor
einer Schauspielergesellschaft zu werden, mit welcher er
auf seinem Schlosse in Böhmen und in naheliegenden
Städten Vorstellungen gab. In rascher Aufeinanderfolge
brachte Laube seinen „Struensee" und Martin Greif's
„Nero," welcher zu Gunsten der akademischen Lesehalle mit
Erfolg aufgeführt wurde. In den letzten Wochen des Jahres
erschienen noch einige heitere Novitäten, wie die Posse „Hôtel
Godelot," und die Einakter: „Die Grille bei den Ameisen",
Lustspiel von Legouvé und Labiche, „Die fünf Töchter
Castillon's," Schwank von Ferrier, „Wer hat gewonnen?",
Lustspiel von Leopold Strakosch. In diesen Stücken waren
sämmtliche Lustspielkräfte hervorragend beschäftigt.

Der Theateralmanach vom 1. Januar 1877 wies
folgenden artistischen Personalstand auf; die Damen: Albrecht,
Charles-Leitenberger, Flemming, Imro, Saldern,
Saar, Schäffel, Schönfeld, Schratt, Tyrolt, Valberg,
Wagner, Weisse, Wewerka; die Herren: v. Bukovics,

Bollmann, Bauer, Dr. Bassermann, Ernst, Glitz, Grève, Heinrich, Korb, Kühle, Lobe, Neustätter, Ranzenberg, Nelly, Schönfeld, Streitmann, Tewele, Dr. Tyrolt, Vaillant, Waldemar. Als Regisseure fungirten die Herren: v. Bukovics, Glitz und Schönfeld. Zum Generalsekretär war der Schriftsteller Dr. Josef Rank, zum Theaterarzt Dr. H. Staniek ernannt worden. Im Direktionsrathe trat an die Stelle des verstorbenen Dr. Naumann Herr Ch. A. Schick. Zwölf Mitglieder des Künstlerpersonals hatten im Laufe des Jahres das Wiener Stadttheater verlassen. „Falsche Ehen" (Faux ménages) betitelte sich die am 4. Januar z. 1. M. aufgeführte französische Schauspielnovität, in welcher namentlich Herr Lobe mit einer höchst gelungenen Charge allgemeine Anerkennung fand. Nachdem die bisherigen Vorstellungen von Raimund's „Verschwender" sich äußerst zugkräftig erwiesen hatten, kam am 13. d. Mts. des Dichters „Alpenkönig und Menschenfeind" in folgender Besetzung der Hauptrollen an die Reihe: Astragalus — Hr. Heinrich), Rappelkopf — Hr. Tyrolt, Habakuk — Hr. Tewele, Lischen — Frl. Schratt. An Grillparzer's Geburtstag wurde „Sappho" vor schwachbesuchtem Hause aufgeführt. Auch das am 20. Januar zum Besten des juridischen Unterstützungsvereines an der Wiener Universität z. 1. M. dargestellte Laube'sche Trauerspiel: „Montrose, der schwarze Markgraf" fand trotz der ausgezeichneten Leistungen der Herren Robert und Lobe als Markgraf und Cromwell wenig Anklang. Die Zeit der ernsten Stücke schien vorbei! Leider ging die Direktion bei der Auswahl heiterer Stücke immer weniger strenge zu Werke, und es schmuggelte sich auf diese Art eine Sorte alberner und trivialer französischer Possen in das Repertoire ein, welche, nicht einmal einem momentanen Bedürfnisse Rechnung tragend, das Stadttheater künstlerisch arg zu schädigen begannen. Ein derartiges Mach= werk war Gondinet's Schwank: „Der Herr Sektionschef," welcher trotz flotter, wirksamer Darstellung durch die Komiker Bukovics, Tewele, Thrott, Grève, Heinrich und Kühle bald verschwand. Anfangs Februar errang O. von Redwitz's poe= tisches Schauspiel „Philippine Welser" mit Frl. Frank in der Titelrolle vielen Beifall. Desgleichen gewann das Stadttheater einen seiner gelungensten Lustspielabende mit der am 10. Februar z. 1. M. stattgefundenen Aufführung des Scherzes von Delacour und Hennequin „Die Rosa = Dominos," welchem der reizende Einakter „Beim Gewitter" von Adrien Marx voranging.

Die Aufnahme allzuseichter dramatischer Waare, die immer mehr platzgreifende Ausbeutung der gangbaren Stücke durch ununterbrochene Wiederholungen, der damit zusammen= hängende geringere Repertoirewechsel und die bedenkliche Ver= nachlässigung des besseren Schauspiels blieben nicht ohne schä= digenden Einfluß auf einzelne Darsteller. Dieselben litten unter so manchen trivialen Aufgaben, welche mitunter eine etwas weitherzige Anschauung über die Spielweise und ein Extemporiren zu Tage förderten, die sich mit der Disciplin eines vornehmen Kunstinstitutes schwer vereinen ließen.

Der März brachte die ersten Aufführungen zweier Pariser Sensations=Novitäten, von denen jedoch nur die zweite dem Repertoire des Stadttheaters dauernd einverleibt werden konnte. Dumas' Effektschauspiel „Gräfin Romani," welches Laube, wie die meisten französischen Novitäten von Bedeutung und Namen, mit großen Geldopfern erworben hatte, stieß auf lauten Widerspruch des Publikums; Erckmann-Chatrian's dramatisirte elsässische Idylle „Freund Fritz" hingegen eroberte sich die allgemeinste Anerkennung. Die behagliche Darstellung des ländlichen Stückes bedeutete für die Mitwirkenden einen großen Sieg, dessen Löwenantheil Herr Lobe für seinen prächtigen Rabbi Sichel in Anspruch nehmen durfte. Nachdem drei kleine Lustspiele: „Loge Nr. 2" von Faust Pachler, „Die Ballhülle" von Delacour und Roger, „Wenn man nicht tanzt" von Sigmund Schlesinger am 15., das Trauerspiel „Katharina Howard" am 19. März über die Stadttheaterbretter gegangen waren, erschien am 24. d. Mts. ein Zug- und Kassenstück ersten Ranges in Sardou's Sittengemälde „Dora" (Marquise — Fr. Schönfeld, Dora — Frl. Schratt, Fürstin Bariatin — Fr. Thyrolt, Gräfin Ziska — Frl. Weisse, André — Hr. Glitz, Savrolle — Hr. Grève, Thekly — Hr. Ranzenberg, Baron van der Kraft — Hr. Thyrolt, Stramir — Hr. Waldemar.)

In der am 1. April zu Gunsten des Stadttheater-Pensionsfonds stattgehabten Nachmittagsvorstellung „Maria Stuart" spielten zwei Königinnen Elisabeth, da nach dem 2. Akte Frl. Weisse derartig unwohl wurde, daß an ein Weiterspielen nicht zu denken war. Die frühere Darstellerin der Rolle, Frau Charles-Leitenberger, ward herbeigeholt, und hatte die Liebenswürdigkeit, die Fortsetzung der Aufführung zu ermöglichen. Abends fand zum Besten der „Concordia" eine Vorstellung unter Mitwirkung der Frau Hedwig

Niemann-Raabe statt: „Die Geschwister" und „Die Hagestolzen," in welch' letzterem Stücke Herr Robert den Hofrath darstellte.

In der Generalversammlung der Gründer des Wiener Stadttheaters am 8. April hielt Laube eine allerdings interessante, die damaligen Theaterzustände Wien's aber doch etwas zu pessimistisch beurtheilende Rede, in welcher es, wie alljährlich, nicht an kleinen Seitenhieben fehlte, welcher klugerweise lieber hätten vermieden werden sollen. Gerade Laube's immerwährende Klagen bei den Generalversammlungen sind die Quelle zahlreicher unwahrer Gerüchte über den ungünstigen Geschäftsgang dieses Theaters geworden.

Ein Schauspiel von L. H. Berger „Alexandra" fiel so durch, daß Laube die geplante nächste Novität: „Die Staatskunst der Frauen," Lustspiel von Dahn, nach der Leseprobe, die ihm nicht den erhofften Eindruck machte, zurücklegte. Die Direktion benützte die volksthümlichen Vorstellungen gerne zu Versuchen mit talentirten Anfängern. So debütirte in der Nachmittagsvorstellung des 15. April in „Waise aus Lowood" Frl. Hermine Breier, die Tochter des gleichnamigen Wiener Romanschriftstellers, als Jane Eyre mit freundlichem Erfolge. Nach der Osterwoche ließ der Theaterbesuch derartig nach, daß diejenigen Recht zu behalten schienen, welche behaupteten, in Wien werde es bald nur mehr halbjährige Theater geben. Drei Einakter: „Der Zankapfel" von Paul Lindau, „Veilchenduft" von Max Waldstein und Gondinet's „Der Tunnel" fanden am 21. d. Mts. ebenso freundliche Aufnahme, wie die sechs Tage später erschienenen Lustspiele: „Ein Opfer" von Gustav Serlitz, „Schwarzer Peter" von C. A. Görner und „Feinde" von Julius Rosen.

Das Pensionsfondskomité arbeitete unter dem neuen Präsidium sehr energisch; durch die von den einzelnen Mitgliedern zu leistenden Altersnachzahlungen wurden weit über 2000 Gulden dem Fonds zugeführt.

Die am 7. Mai aufgeführte Schiller'sche Tragödie: „Wallenstein's Tod", mit Herrn Borcherdt als Wallenstein, entsprach nicht den Anforderungen des Publikums. In einem größeren Aufsatze besprach der Kunstkritiker Josef Bayer „die nichtsnutzige Vortragsmeisterei des Stadttheaters." Auch die dem Repertoire eingefügten „Journalisten" von G. Freytag fanden erst später unter der Direktion Bukovics, welchem allerdings in der Person Friedrich Mitterwurzer's ein prächtiger „Bolz" zur Verfügung stand, einen vollen Erfolg. Berla's Genrebild „Der Zigeuner" mit Herrn Tyrolt als Peti und Iffland's „Liebe auf dem Lande" mit Frl. Schratt als Margarethe gaben am 14. Mai einen Halbnovitätenabend. Um diese Zeit gewann das Stadttheater in dem regierenden Herzog von Braunschweig, welcher stets die linksseitige Fremdenloge des ersten Ranges für sich und seine Begleitung miethete, einen eifrigen und treuen Besucher. Am 23. Mai gastirte Frl. Meineber als Frau von der Straß in Laube's „Böse Zungen."

Die Schlußnovität dieses Monats, das Schauspiel „Kapitän Murrkopf," mit Herrn Lobe in der Titelrolle, fand ebenso geringen Anwerth wie die unbedeutenden neuen Lustspiele: „Ein Fußtritt" von Labiche und Martin und „Die Schachpartie" von Ferrier. (1. Juni.) Endlich war es den Bemühungen der Direktion gelungen, Anzengruber zu bewegen, eines seiner wirksamsten Volksstücke dem Wiener

Stadttheater zur Aufführung zu überlassen, und so ging am 8. Juni als letzte Novität der Saison „Der Pfarrer von Kirchfeld" (Pfarrer Hell — Hr. Grève, Anna — Frl. Schratt, Pfarrer von der Einöd — Hr. Heinrich, Brigitte — Fr. Schönfeld, Thalmüller Loisl — Hr. Ranzenberg, Wurzelsepp — Hr. Throlt) unter freundlichster Anerkennung von Seite der Kritik und des Publikums in Scene. Trotz der eingetretenen enormen Hitze ließ Laube bis zum letzten Spieltage in der Arbeit nicht nach. Er beschäftigte seine Mitglieder unausgesetzt mit Neuinscenirungen, Doppelbesetzungen und Leseproben von künftigen Novitäten.

Wie aus dem eben vorgeführten Novitätenrepertoire der letzten Zeit ersichtlich ist, hatte Laube, wenn er auch immer noch von dem Theater „mit edler und vornehmer Richtung" sprach, aus mancherlei Gründen dem derben und zweideutigen Genre leider schon manche Koncession gemacht; bessere Stücke erschienen immer seltener auf den Brettern des Stadttheaters. Es mochte dem geistvollen Dramaturgen eine harte Aufgabe gewesen sein, die platten Albernheiten französischer Possen zu verdauen und gewissenhaft in Scene zu setzen, denn kam einmal ein vornehmeres dramatisches Werk, dann konnte man es dem Alten nur zu deutlich ansehen, wie ihm die schmerzlich entbehrte bessere Kost mundete. Wehmüthig gedachte er bei solchem Anlasse der schöneren, leider entschwundenen ersten Jahre des Wiener Stadttheaters.

Nach zweimonatlichen Ferien wurden die Vorstellungen am 1. September mit Shakespeare's „Sommernachtstraum" wieder aufgenommen. (Theseus — Hr. Grève, Lysander — Hr. Ranzenberg, Demetrius — Hr. Bassermann, Squenz — Hr.

Tyrolt, Schnock — Hr. Waldemar, Zettel — Hr. Tewele, Flaut — Hr. Bukovics, Hippolyta — Fr. Charles, Hermia — Frl. Saldern, Helena — Frl. Breier, Oberon — Hr. Glitz, Titania — Fr. Tyrolt, Puck — Frl. Weisse, Erster Elfe — Frl. Marberg.) Für das Rollenfach der ausgeschiedenen Frau Wagner debütirten die Damen Purkholzer und Dietz, welche jedoch nur kurze Zeit im Verbande des Theaters blieben. Laube, das starke Talent der letztgenannten Schau= spielerin erkennend, war im Direktionsrathe vergeblich für dieselbe eingetreten; Baron Schey, dem die nonchalante Spiel= weise der Künstlerin nicht zusagen mochte, bestand auf deren Entlassung. Die kleinen Streitigkeiten dieser beiden Führer des Stadttheaters in Engagementssachen nahmen mitunter unglaubliche Dimensionen an und bauschten sich zu förm= lichen Kabinetsfragen auf, in denen man sich gegenseitig Macht und persönliche Bedeutung fühlen lassen wollte. So ist es eine Thatsache, daß Laube einst von dem Wieder= engagement eines kleinen Schauspielers, der beinahe nie über Anmelderollen hinauskam und welchen Baron Schey entlassen wissen wollte, sein eigenes Verbleiben am Stadttheater ab= hängig machte. Pietro Cossa's Drama „Messalina" (zum 1. M. am 11. September mit Frl. Frank, Frl. Weisse, Hrn. Lobe, Hrn. Robert in den Hauptrollen) konnte sich keiner günstigen Aufnahme erfreuen. Wenige Tage später wurde das Repertoire mit dem Burgtheaterstück „Zwei Väter" von Dumas fils unter dem neuen Titel: „Pompignac's Pathe" bereichert. Im Laufe des Monates kamen außerdem das Moreau'sche Lustspiel „Unsere Verbündeten" und ein derber Schwank von Noak „Der Nachtwandler wider

Willen" zur ersten Aufführung. In den ersten Tagen des
Oktober debütirte Frl. A. Bredow mit vielem Glück in „Feuer
in der Mädchenschule" — wurde aber nicht engagirt. Da
„Graf Königsmark" von Paul Heyse (5. Oktober) nur
einen Achtungserfolg errang, der alte Schwank „Sand in
die Augen" gefiel, aber keine Kassa machte, erschien J. Rosen's lustiger Schwank: „Größenwahn" zu gelegener Zeit.
Gleich „O diese Männer" ward auch dieses neueste Produkt des
fruchtbaren Bühnenschriftstellers, gehoben durch treffliche Darstellung, zu einem kräftigen Zugstück. Ende Oktober wurde
„Adrienne Lecouvreur" mit Frl. Frank in der Titelrolle
gegeben, und Anfangs November „Ein Fallissement" mit
theilweiser Neubesetzung der Hauptrollen (Berent — Hr. Lobe,
Tjälde — Hr. Grève) wieder aufgenommen.

Vor beiläufig einem Jahre hatte Laube, um dem
Wiener Stadttheater vielleicht auf diesem Wege zu einigen
besseren deutschen Bühnenwerken zu verhelfen, eine Lustspiel-
Konkurrenz ausgeschrieben und drei Preise für die als die
besten anerkannten dramatischen Arbeiten dieses Genre's bestimmt.
Es sei gleich erwähnt, daß dieses Preislustspielsuchen ziemlich
erfolglos blieb und ein klägliches Ende nahm. Wie vorauszusehen war und wie es die modernen Bühnen-Verhältnisse
mit sich brachten, befanden sich unter den Bewerbern keine
Bühnendichter von Bedeutung, welche ihre Stücke einer
langwährenden Prüfungsprocedur hätten anheimgeben wollen,
sondern zumeist unbekannte Autoren mit mehr als zweifelhaften oder nichtssagenden Produkten. Unter solchen Umständen
waren in erster Linie diejenigen Herren zu bedauern, welche
als Preisrichter sich der undankbaren, weil zwecklosen Mühe

unterzogen, einige hundert eingereichte Stücke gewissenhaft zu lesen und zu beurtheilen. Nach langen, einer besseren Sache würdigen Berathungen und Erwägungen wurden endlich vom Preisrichterkollegium, welchem u. A. J. Weilen, Faust Pachler, Regisseur Schönfeld angehörten, folgende Stücke zur Auszeichnung vorgeschlagen: „Durch die Intendanz," Lustspiel in 5 Akten von Henle für den ersten, Otto Girndt's „Orientalische Wirren" für den zweiten, J. Poll's historischer Schwank „Der todte Fisch" für den dritten Preis. Wie man hörte, waren einige Preisrichter anfänglich geneigt, das letztere Stück mit dem ersten Preise zu prämiiren, allein Laube als Vorsitzender entschied zu Gunsten des Henle'schen Lust-spieles. Das Schicksal aller drei Preisstücke gestaltete sich als ein ziemlich trauriges. Schon die Neugierde hatte am 12. November anläßlich der ersten Aufführung des Preis-lustspieles „Durch die Intendanz" das ganze Haus gefüllt. Die hochgespannten Erwartungen der Kritik und des Publikums wurden enttäuscht, als sich die preisgekrönte Arbeit der Frau Henle als eine harmlose, kleinbürgerliche Komödie mit wenig Handlung und geringem Humor entpuppte. Manche vermu-theten, der weiblichen Hauptrolle zu Liebe, — ein köstlicher Backfisch, reizend dargestellt von Frl. Schratt — sei das an sich unbedeutende Bühnenwerk ausgezeichnet worden. Zur ungünstigen Beurtheilung dieses Preislustspieles von Seite der Kritik mag wohl auch die Episodenfigur eines Zeitungs-reporters und „aushilfsweisen" Theaterreferenten beigetragen haben, welche, nicht mit Unrecht, als eine herausfordernde Beleidigung des Recensentenstandes aufgefaßt werden konnte. Der Kunstkritiker eines tonangebenden Blattes war über die

gepfefferten Sentenzen dieses „Herrn Strohberger" der=
maßen empört, daß er in seinem Theaterfeuilleton einen
schweren Zornhagel über die Taktlosigkeit der Verfasserin
niedergehen ließ, seine Ansicht dahin aussprechend, in künftiger
Zeit würde sich die Journalistik es verbieten, von der Bühne
herab so geschildert zu werden. Wie immer man über diese
Entrüstungsrufe denken mag, so viel steht fest, daß es von
der Verfasserin unklug war, ihrem Stücke eine so scharf
und übertrieben gezeichnete Figur einzuverleiben, von dem
Theaterpraktiker Laube unklug, keine Änderung der Rolle
vorgenommen zu haben. Oder sollten vielleicht die herben
Aussprüche „Strohberger's" dem gerade damals mit der
Journalkritik nicht besonders harmonirenden, streitlustigen
Theaterkämpen gelegen gekommen sein? Genug, das Stück
konnte trotz einer Anzahl forcirter Wiederholungen sich nicht auf
die Dauer erhalten. Vorübergehendes Interesse erweckte das
Sittenschauspiel: „Marmorherzen" von Th. Barrière und
L. Thibaut. Laube selbst hatte dieses Doppelstück — der
erste Act spielt in Griechenland zur Zeit des Phidias, die übrigen
handeln in Frankreich 1853 — übersetzt und bearbeitet. Die
Hauptdarsteller spielten durchwegs Doppelrollen: Hr. Robert
(Phidias und Raphael), Hr. Tewele (Diogenes und Desgenais),
Hr. Thyrolt (Alcibiades und Julian), Hr. Ranzenberg (Georgias
und Defresnes), Frl. Weisse (Aspasia und Marco), Frl. Schratt
(Thea und Marie). Thyrolt wurde im November zum Regisseur
ernannt. In diese Zeit fällt noch die erste Aufführung des
älteren französischen Schauspieles „Fräulein v. Seiglière."

Am 4. December verlor das Wiener Stadttheater und
mit ihm die deutsche Bühnenwelt einen der talentirtesten und

8*

hoffnungsvollsten Kunstjünger, den jugendlichen Liebhaber
Adolf Glitz. Nach achttägigem Krankenlager, auf das ihn
eine heftige Rippenfellentzündung geworfen, raffte ihn im
blühendsten Alter der Tod hinweg. Während des besorgniß=
erregenden Verlaufes der Krankheit gab sich in allen Kreisen
der Gesellschaft die lebhafteste Theilnahme für den beliebten
Künstler kund. Laube hielt eben eine Probe des „Nathan,"
als ein Schauspieler mit dem lauten Rufe: „Unser Glitz ist
todt!" auf die Bühne stürzte. Laube war vor Aufregung
zitternd vom Stuhl aufgesprungen, und die nassen Perlen
traten ihm in die Augen; die ihn umgebenden Schauspieler
weinten um einen braven Kameraden. Was Laube, das
Stadttheater, die Kollegen und das Publikum an dem Dahin=
geschiedenen verloren, war einer tiefen Trauer werth! Glitz
war edel, vornehm, feinfühlend als Künstler wie als Mensch,
voll ehrlichen Stolzes und Selbstgefühles, von Jedermann,
der ihn kannte, geachtet und geschätzt seines lautern Charakters,
seines ausgeprägten Ehr= und Rechtsgefühles wegen und nicht
am wenigsten ob seiner gründlichen Verachtung aller Schmei=
chelkunst und Buhlerei um Gunst und Vortheil. Warmer
und hochherziger Empfindungen fähig, war er ein Künstler
von geläutertem Geschmack, ein zum Herzen dringender vor=
züglicher Sprecher, seinen Kollegen ein musterhaftes Vorbild.
Ein verhängnißvolles grausames Schicksal hatte den 31=jähr.
Mann im Beginn einer glänzenden Laufbahn getödtet!

Als Laube das Sterbezimmer betrat, fielen er und der
von Hannover herbeigeeilte Vater Glitz' sich in die Arme
und schluchzend rief der erstere: „Wir haben beide einen
guten Sohn verloren!" Die Betheiligung des Wiener Pu=

blikums und der Künstlerwelt an der Leichenfeier gestaltete sich zu einem sichtbaren Zeichen der großen Beliebtheit und Theilnahme für den verstorbenen Schauspieler. Trotz strömenden Regens hatte in den Gassen, welche der Leichenzug durchschritt, eine dichte Menschenmenge Aufstellung genommen. Alle Wiener Theater waren vertreten. Zahllose Kranzspenden, darunter ein Kranz vom ehemaligen König von Hannover — Glitz war in früheren Jahren Vorleser des blinden Königs und bewahrte diesem eine unaussprechliche Liebe im Herzen — bedeckten den Sarg. Am Stadttheater, von welchem die Trauerfahne wehte, vorbei bewegte sich der Zug zur protestantischen Kirche, in welcher Pfarrer Kanka, rührende Gedächtnißworte sprechend, die Leiche einsegnete. Am Grabe redete Laube, umgeben von seinen Schauspielern und einer zahlreichen Schaar Leidtragender. Mit thränenerstickter Stimme begann er mit Schiller's Worten aus der „Braut von Messina":

> „Wenn die Blätter fallen in des Jahres Kreise,
> Wenn zum Grabe wallen entnervte Greise,
> Da gehorcht die Natur ruhig nur
> Ihrem alten Gesetze, ihrem ewigen Brauch,
> Da ist nichts, was den Menschen entsetze!
> Aber das Ungeheure auch
> Lerne erwarten im irdischen Leben!
> In sein stygisches Boot raffet der Tod
> Auch der Jugend blühendes Leben!

Mit gewaltsamer Hand hat der Tod unseren Glitz hinweggerafft, und doch war er so brav. Brav um und um. Brav als Mensch, denn er war stets treu und ehrlich, er war standhaft in seinen Neigungen, er war ein treuer Freund, er war zuverlässig, ein Mann ein Wort und endlich, er war billig gegen seine Feinde. Dennoch ist er hinweggerafft worden. Er war seiner Kunst von Jugend auf zugewendet, und sein ganzes Leben legte er an die Erfüllung seiner Aufgabe; nie hat er jenen Syrenenstimmen gelauscht, welche auf hohlen Beifall ausgehen, um die Kunst zu entweihen, und sein Ziel hat nur immer den Idealen in der Kunst gegolten. Und dennoch, dennoch nahm ihn uns der Tod hinweg. Man blickt zum Himmel auf mit der Frage: Allmacht, warum hast Du uns das gethan? Wir wissen es nicht. Vielleicht wenn er sprechen könnte, wenn seine bleichen Lippen sich noch einmal öffneten, wüßte er uns jetzt Auskunft zu ertheilen. Wenn er sich erheben könnte, würde er vielleicht reden mit den Worten Schiller's, des Dichters, den er über Alle geliebt:

Aber auch aus entwölkter Höhe
Kann der zündende Donner schlagen,
Nicht an die Güter hänge dein Herz,
Die das Leben vergänglich zieren!
Wer besitzt, der lerne verlieren,
Wer im Glück ist, der lerne den Schmerz.

Ja, wir haben ihn verloren, und kein Trost ist uns geblieben. Sein letztes Wort auf der Bühne hat gelautet: Auf Wiedersehen! Und doch, Eines bleibt uns, was uns Niemand rauben kann: die Erinnerung an ihn, an unsern braven Glitz. In Treue und Liebe werden wir seiner gedenken, und wo auf der Scene ein edler Mensch auftritt, wo eine schöne That vollbracht wird, da werden wir rufen: So war Glitz! In der Geschichte unseres Theaters wird unser Freund verzeichnet stehen als Einer der Ersten und Besten, in seinem Rahmen wirst du prangen als edle Perle! Adolf Glitz, fahre wohl! — Wir werden dein schönes Auge nicht mehr sehen, wir werden den süßen Wohllaut deiner Stimme nicht mehr hören. Fahre wohl für diese Welt . . . . ."

Hier brach Laube, von Rührung übermannt, ab. Ein kalter Regen ergoß sich während dieser Rede über die erschüttert lauschenden Trauergäste. Die Kollegen Glitz' ließen im Foyer des Stadttheaters seine Büste zum ehrenden Gedenken aufstellen. Ein erbarmungsloser Zufall brachte es mit sich, daß am selben Abende die erste Aufführung dreier toller Einakter: „Voltaire wird verbrannt," „Bei ihr" und „Es läutet" stattfinden mußte. Es kostete allen Dar-

stellern die größte Ueberwindung, angesichts des traurigen
Ereignisses dieses Tages, ihren Schmerz zu verbergen und
mit thränenfeuchten Augen lustig zu scheinen. — Schau=
spielerloos! —

Schwache Novitäten am Schluß des Jahres ver=
anlaßten den rastlos thätigen Direktor zu immer intensiverer
Anstrengung seiner Kunstkräfte. Der Probenzettel vom
12. December: „Um 10 Uhr „Neue Liebe," Schauspiel in
3 Akten, um ½12 Uhr: „Splitter und Balken," Lustspiel
in 1 Akt, um 12 Uhr: „Miß Multon," Schauspiel in 4 Akten,"
mag diese Behauptung beweisen. Das am 13. December
z. 1. M. aufgeführte ländliche Schauspiel von Alfons Daudet
und Gottlieb Ritter „Neue Liebe" sprach nicht sonderlich
an; nur Herr Lobe und Frau Schönfeld fanden für die
treffliche Darstellung zweier Alten in einer hübschen Episoden=
scene verdienten Beifall. Zum Besten des deutschösterreichischen
Lesevereines der Wiener Hochschulen ging am 17. „Die
Bluthochzeit" mit Herrn Robert in der früher von Friedmann
gespielten Rolle des Königs in Scene. Zwei Tage später
ward von Universitätsstudenten zu Gunsten des Grün= und
Lenau=Denkmales und humanitärer Studentenvereine „Wilhelm
Tell" dargestellt. Strafosch war der Regisseur dieser Dilet=
tantenvorstellung, bei welcher sich mehrere schauspielerische
Talente bemerkbar machten, von denen einzelne in Bälde
den Schauspielerberuf mit Glück ergreifen sollten. Das fran=
zösische Effektschauspiel „Miß Multon" mit Frl. Frank
in der Titelrolle erschien am 21. December 1877 als
letzte, wenn auch nicht als beste Neuigkeit. In der zu
Gunsten der „Concordia" veranstalteten Wohlthätigkeits=Vor=

stellung „Der Verschwender" (25. d. M.) spielte die gefeierte
Operettendiva Frl. Antonie Link das Kammermädchen Rosa.
In dem eingelegten Koncert wirkten mehrere Musik= und
Gesangskünstler mit; der Violin=Virtuose Emil Sauret machte
den größten Effekt.

Nunmehr ging die Direktion an die Vorbereitung des
zweiten Preisstückes, Girndt's „Orientalische Wirren." Es
wurde eine Leseprobe abgehalten, nach welcher die „Orien=
talischen Wirren" verschwanden. Laube nahm zum Vor=
wande, daß die Censurbehörde mehrere Textstellen gestrichen
hatte; auf diese Weise erblickte das Preisstück Nr. 2 niemals
das Licht der Lampen.

Der Theateralmanach vom 1. Jänner 1878 wies
folgenden artistischen Personalstand auf: die Damen Hermine
Albrecht, Hermine Breier, Amalie Charles=Leiten=
berger, Ludmilla Dietz, Adeline Hellbronn, Imro, Marie
Marberg, Rosa Purkholzer, Marie Saldern, Anna Saar,
Fanny Schäffel, Louise Schönfeld, Katharina Schratt,
Ernestine Tyrolt, Louise Valberg, Nina Weisse, Helene
Wewerka; die Herren: Karl v. Bukovics, Theodor Boll=
mann, Dr. August Bassermann, Josef Bank, Leopold
Grève, W. E. Heinrich, Theodor Lobe, Jacques Morvay,
Johann Neustätter, Hugo Ranzenberg, Alois Relly,
Karl Schönfeld, Franz Tewele, Dr. Rudolf Tyrolt,
Heinrich Thalbot, A. H. Vaillant, Alfons Waldemar,
Victor Wachtel. Als Gäste für einen Theil der Saison
erschienen Frl. Frank und Herr Robert. In die Regie
theilten sich die Herren Karl Schönfeld und Dr. Rudolf
Tyrolt. Der Direktionsrath hatte sich durch den Eintritt

zweier Mitglieder, der Herren Alois Czedik v. Bründels=
berg und Georg Ritter v. Kalmar, vergrößert.

Mit Raimund's „Verschwender" eröffnete das Stadt=
theater die Vorstellungen des neuen Jahres. In der ersten
Hälfte des Januar absolvirte Herr Karl Weiser vom Hof=
theater in Karlsruhe — als Franz in den „Räubern," Rath
Fischer in „Böse Zungen" usw. — ein Gastspiel auf Enga=
gement, welches jedoch nicht zu Stande kam. Am 5. Januar
brachte die Direktion das fünfactige Possenspiel „D a s n e u e
K l e i d" oder „M o r a l i s c h e V e r p f l i c h t u n g e n" von
dem Wiener Bühnenschriftsteller O. F. Berg. Trotz des
wirkungsvollen Spieles der Hauptdarsteller war die Auf=
nahme des Schwankes von Seiten des Publikums eine so
kühle, daß der Verfasser bald zur Einsicht kam, das
Schauspielhaus auf der Seilerstätte sei für seine Muse nicht
der richtige Boden. Laube, dem bei einem Vergleiche der
Einnahmen früherer Jahre mit denen des Jahres 1877 die
immer geringer fließenden Einkünfte des Theaters Kopf=
zerbrechen machten, trug sich neuerdings mit dem Plane, im
kommenden Frühjahre Ensemblegastspiele in Pest und Graz
einzuleiten, ohne dabei jedoch die Wiener Vorstellungen abzu=
brechen. Mit der Aufführung des historischen Schwankes:
„D e r t o d t e F i s c h" von J. Poll fand am 12. Januar
die mißglückte Preislustspielangelegenheit des Stadttheaters
ihren Schluß. Das, wie die „Presse" bemerkte, „von krasser
Bildungslosigkeit zeugende" dritte Preisstück hatte so geringen
Erfolg, daß es nach zweimaliger Wiederholung den Weg der
„Orientalischen Wirren" wanderte.

Ein charakteristisches Bild der nachkrachlichen Wiener Verhältnisse lieferte das am 14. Januar abgehaltene Probe= spiel eines ehemaligen Bankbeamten, welcher am Stadttheater seit geraumer Zeit als — Theaterarbeiter sein Unterkommen gefunden hatte. Da der über eine nicht gewöhnliche Bildung verfügende, vom Schicksal hart heimgesuchte junge Mann den schweren Bühnendienst auf die Dauer nicht versehen konnte, bat er Laube um die Erlaubniß, in einem Probespiel seine schauspielerischen Fähigkeiten dokumentiren zu dürfen. Mit Wärme und Verständniß sprach er den Ferdinand in „Kabale und Liebe," leider ließ aber das schwache Organ seine hübschen Intentionen im Stich. Der Geburtstag Grillparzer's ward mit einer Aufführung von „Des Meeres und der Liebe Wellen" gefeiert. Nach so manchen matten Produkten der dramatischen Muse errang endlich (19. Januar) die Hennequin'sche tolle Posse: „D u r c h g e b r a n n t" (La poudre d'escampette) einen ungeheuren Lacherfolg. Die überaus lustige Darstellung des von Kritik und Publikum sehr beifällig aufgenommenen Schwankes ruhte in den Händen der Herren Tewele, Bukovics, Heinrich, Grève und Tyrolt. Vor dem Franzosen hatte der Wiener Lustspieldichter F. G. Triesch in seinem heiteren Ein= akter: „K e i n e L i e b e" das Wort. Auf Anregung Lobe's kam am 23. d. M. zur Feier des 80. Geburtstages des im Breslauer Kloster der Barmherzigen Brüder lebenden Dichters ein Holtei=Abend zu Stande, bei welcher Gelegenheit von den Werken des greisen Schriftstellers unter lebhafter Betheiligung des Publikums das Schauspiel „H a n n s J ü r g e," das Lustspiel „S i e s c h r e i b t a n s i c h s e l b st" und das Genrebild „d i e W i e n e r i n P a r i s" zur Aufführung gelangten.

Schon seit Wochen hatte zwischen der Direktion und dem Schauspieler Tewele, der sich durch das Uebergehen seiner Person bei Besetzung eines Regisseurpostens verletzt fühlte, eine Verstimmung Platz gegriffen, welche bald zu mancherlei Mißhelligkeiten und unliebsamen Auftritten, schließlich zum Ausscheiden des beliebten Bonvivants aus dem Verbande des Stadttheaters führte. Am 27. Jannar stellte sich Herr Tewele, von dem man gehört hatte, daß er mit den Carl'schen Erben in Pachtverhandlungen getreten, Laube als künftigen Kollegen, als Direktor des Theaters in der Leopoldstadt, vor.

Das Wiener Stadttheater verlor an Franz Tewele eine sehr schwer zu ersetzende, eigenartig komische Kraft, welche, abgesehen von ihrer großen Beliebtheit, seit Beginn des Theaters mit unermüdlichem Eifer und erfolgreich für dasselbe thätig gewesen war. Leider konnte dieses tüchtige Mitglied, selbst anläßlich geringfügiger Zerwürfnisse mit der Direktion, welche selbstverständlich als interne Angelegenheiten nie ihres privaten Charakters entkleidet werden sollen, es nicht unterlassen, seine Zwistigkeiten sofort an die große Glocke zu hängen. Aehnliches gab auch diesmal Anlaß zu einer Spannung zwischen Laube und Tewele, welche, sich immer verschärfend, sich eigentlich erst mit dem Abgange des Letzteren löste. Leider schien Herrn Tewele, nachdem er definitiv Direktor des Carltheaters geworden war, die bisherige Stätte seiner Erfolge in geringerem Maße zu interessiren, und Laube, durch die nonchalante Spielweise seines Schauspielers in dem zugkräftigen Hennequin'schen Schwanke verletzt, entzog ihm die Rolle und versandte diesbezüglich aufklärende Notizen an die Journale. Tewele, der es schließlich doch für gerathener zu halten schien, während der noch kurzen Dauer seines Stadt-theater-Engagements mit Laube in Frieden zu bleiben, fand sich am 31. Januar in der Wohnung Laube's zu einer Begleichung aller obwaltenden Differenzen ein, welche, nach heftigen Auseinandersetzungen, in Form einer schriftlichen Vereinbarung zu Stande kam, laut welcher Herr Tewele sich verpflichtete, seinem Vertrage gemäß allen Anordnungen der Direktion gewissenhaft Folge zu leisten, widrigenfalls von derselben die augenblickliche Einstellung seiner Bezüge ver-anlaßt werden könnte. An diesem bewegten Tage machte überdies noch der Theaterarzt die traurige Meldung von dem Beinbruche des Komikers Bukovics, der dadurch für lange Zeit seinem Berufe entzogen ward. Als Nachfolger Tewele's wurden u. A. die Herren Felix Schweighofer und Dr. A. Herzfeld, letzterer bisher am Leipziger Stadttheater thätig, in's Auge gefaßt. Nur mit dem letztgenannten Künstler führten die Verhandlungen zu einem Resultate. Durch Tewele's fecksprudelnden und schlagfertigen Humor hatte sich das Stadt-theaterpublikum gewöhnt, in dem sogenannten „Bonvivant" nicht nur einen heiteren, humoristischen Liebhaber, sondern schließlich einen ganzen echten jugendlichen Komiker zu erblicken, welchen Anforderungen ein mehr den Liebhabercharakter seines Faches betonender Darsteller natürlich nicht in gleichem Maße gerecht zu werden verstand.

Die am 1. Februar zur Aufführung gelangte fran-zösische Komödie „Die Seiltänzerin" (La cigale) von Meilhac und Halévy hatte trotz aller sorgfältigen Inscenirung und trotz der Reise Frl. Schratt's, welche sich zum Studium der französischen Darstellerin der Hauptrolle nach Paris

begeben hatte, keinen rechten Erfolg; dies war vielleicht auch
darauf zurückzuführen, daß derartige Produkte einer kecken
parodistischen Laune nicht in discreter deutschbürgerlicher
Lustspielmanier, sondern in flottem Tempo und chargirterem
Styl gespielt werden müssen, ein Styl, wie er nur Herrn
Tewele zu eigen war. Vier Tage später debütirte Herr
Herzfeld als Konrad Bolz in Freytag's „Journalisten."
Weder George Sand's Drama „Die wilden Mau=
prats" — mit Frl. Frank und den Herren Robert,
Lobe, Grève, Bassermann und Tyrolt in den Hauptrollen —
noch die drei Einakter: „Der erste April" von Quatrelles,
„Eifersucht steckt an" von Barrière und „Die neue
Magd" von Grandjean konnten sich lange im Repertoire
erhalten. Auch die Ende Februar erschienene interessante
Schauspielnovität Ibsen's „Die Stützen der Gesell=
schaft" mit ihrer novellenhaften Exposition brachte nur
einen schönen schauspielerischen Erfolg für die Darstellerin
der „Hessel", Frl. Weisse. Zwischen Baron Schey und Laube
hatten in dieser Zeit vielfache Konferenzen stattgefunden, in
welchen vorwiegend Personalfragen zur Entscheidung gelangten,
da Ersterer eine energische Regenerirung des Kunstpersonals
für nothwendig hielt. Der Abgang Tewele's machte sich um
so fühlbarer, als es seinem unmittelbaren Nachfolger nicht zu
gelingen schien, in der Gunst des Publikums und der Kritik
festen Fuß zu fassen. Für Frl. Frank, welche sich von der
Direktion zurückgesetzt fühlte, legte Baron Schey seine Stimme
ein, während Laube das Reengagement Frl. Wewerka's,
welche das Stadttheater noch im Vorjahre verlassen hatte,
eifrig betrieb. Auch Herrn Robert's baldiger, durch seinen

Eintritt in den Verband der Hofbühne veranlaßter Abgang vom Stadttheater mußte in Betracht gezogen werden. Neue Engagementsabschlüsse waren nach alledem mit voller Berech= tigung auf die Tagesordnung obermähnter Besprechungen gesetzt, bei welchen man sich auch noch mit anderen Lebens= fragen des Institutes eingehend zu beschäftigen hatte.

Trotz so mancher Schicksalsschläge, — Verlust erster beliebter Künstler, Mangel an wirksamen Novitäten, langer Krankheiten wichtiger Mitglieder — welche über das Wiener Stadttheater hereinbrachen, waren die financiellen Verhältnisse oder, genauer gesprochen, die Einnahmen dieses Institutes lange nicht so schlecht, wie man in der Öffentlichkeit glaubte. In der Mitte der Chronik des Stadttheater= Duodecenniums angelangt, dürfte es vielleicht am zweck= dienlichsten erscheinen, diesen Gegenstand etwas ausführlicher zu besprechen.

Wie schon früher einmal erwähnt, hatte Laube selbst durch seine fortwährenden Klagen bei den Generalversamm= lungen der Gründer viel zur Verbreitung derartig ungünstiger Anschauungen über die materielle Lebensfähigkeit des Wiener Stadttheaters beigetragen. Laube wußte, warum er lamentirte — er erreichte fast immer mehr oder minder bedeutende Zuschüsse und Zugeständnisse.

Wenn das neue Schauspielhaus auf der Seilerstätte im Laufe der nächsten Jahre sich des öfteren in seiner materiellen Existenz bedroht sah, so kam dies in erster Linie daher, daß das Wiener Stadttheater von seinem Anfange bis zur Ver= pachtung Alles hatte — nur keinen tüchtigen haushälterischen

Administrator. Die kaufmännische Hälfte dieser Theater=
Unternehmung war unter Laube, der ja selbst bitteres Lehr=
geld zahlen mußte, nicht immer in richtigen, bei einzelnen
Unterbranchen mitunter sogar in unsauberen Händen. Dem
unübertrefflichen artistischen Führer Laube, der in einer der
letzten Generalversammlungen ja selbst scherzhaft eingestand,
daß „er nur addiren und subtrahiren könne," fehlte leider
während seiner ganzen Direktionszeit eine tüchtige admini=
strative Kraft, welche das Stadttheater und ihn, der dieses
Talent nicht zu besitzen schien, vor financiellen Miseren hätte
bewahren können. Wenn auch zugegeben werden muß, daß
die financielle Lage des Wiener Stadttheaters von vorne=
herein erschwert worden war, indem man bei der Gründung
des Institutes vielleicht etwas voreilig mit den Logenzeich-
nungen aufhörte und daher ein Kapital aufnehmen mußte,
dessen Interessenlast das Erträgniß des Theaters schmälerte,
wenn ferner auch zugegeben werden soll, daß durch den
billigeren Privatverkauf mancher Gründerlogen und Sitze der
Theaterkasse eine schädigende Konkurrenz erwuchs, so waren,
selbst in ungünstigeren Jahren, die Einnahmen des Stadttheaters
immer noch so hoch, daß dasselbe als ein den Wiener Kunst=
anforderungen entsprechendes Bühneninstitut bestehen konnte.
Aber es fehlte, wie erwähnt, an dem strengen haushälterischen
Administrator, wie er sich in späteren Jahren an der Seite
des Pächters als Compagnon einfand, der den einfachsten
Grundsatz haushälterischer Wirthschaft: „Die Ausgaben dürfen
nicht größer sein als die Einnahmen," energisch vertreten
hätte. Zur Beleuchtung obiger Ansichten mögen Ziffern
dienen: die Einnahmen und der Gesammtgagenetat des

128

Theaterjahres 1878/79, wobei zu bemerken ist, daß dieses
Stadttheaterjahr als eines der financiell schlimmsten ange=
sehen und der Gagenetat desselben im Vergleiche zu denen
früherer Jahre bereits bedeutend vermindert worden war.

Einnahmen des Wiener Stadttheaters im Jahre 1878:
Februar: 35.220 fl. 40 kr., März 44.057 fl. 85 kr., April:
24.977 fl. 20 kr., Mai: 16.555 fl. 20 kr., Juni: 10.091 fl.
10 kr., September: 15.219 fl., Oktober: 34.692 fl. 75 kr.,
November: 36.834 fl. 25 kr., December: 30.201 fl. 35 kr.
Aus diesen Monatseinnahmen eines minder guten Theater=
jahres ist ersichtlich, daß für die ertragsfähigeren Theater=
monate (Oktober bis April) die monatliche Durchschnitts=
einnahme von 30.000 fl. als nicht zu hochgegriffen angesehen
werden darf. Rechnet man nun für die schlechteren Monate
(September, Mai, Juni)*) eine Durchschnittseinnahme von
12.000 fl. pro Monat, so ergibt sich eine wahrscheinliche
Jahreseinnahme von 246.000 Gulden, mit welchem Erträgniß
die Leitung eines nur Schau= und Lustspiel pflegenden Wiener
Theaters auch dann bestehen können müßte, wenn dieselbe
nebst Gagenetat, Zahlung von Tantièmen, Gas, Heizung,
Steuern, Ankauf von Stücken — hierbei kann sehr viel
gespart, aber auch sehr viel verschwendet werden — und etwaigen
Anschaffungen für den Fundus auch noch zu außergewöhn=
lichen Geldleistungen, welche beim Stadttheater jedoch nie die
Höhe von 50.000 Gulden überschritten, verpflichtet wäre.

*) Im Juli und August wurde nur in den ersten Jahren
gespielt; später blieb das Theater in diesen Monaten geschlossen, und
es wurden einzelne Sustentationsgagen gezahlt.

Der Gesammtgagenetat dieses Jahres: Darstellendes Personal: 126.214 fl. Souffleure, Inspicienten: 4056 fl. Technisches Personale: 21.302 fl. 66 kr. Orchester, Chor, Komparserie: 15.796 fl. Hausdienst: 8.392 fl. Büreau, Kasse, Billeteure: 11.090 fl., zusammen: 186.850 fl. 66 kr. Schlußfolgerungen sind überflüssig. Diese Aufzeichnungen sprechen deutlich genug für diejenigen, welche vom haushälte= rischen Betriebe eines Privattheaters etwas verstehen.

Für den Monat März 1878 war ein Ensemblegast= spiel in Graz abgeschlossen. Durch den Regisseur Tyrolt wurde daselbst ein Abonnement für dasselbe eingeleitet, welches sich dermaßen günstig anließ, daß bereits nach zwei Tagen sämmt= liche Logen und Sitze vergriffen waren. Leider verzögerte sich die Genesung Bukovics' und man mußte auf seine Mitwirkung beim Grazer Gastspiel verzichten. Unter Leitung des Regisseurs Schönfeld wurden mit einem Theile des Personals gleichzeitig die Vorstellungen im Wiener Stadttheater fortgesetzt. Am 9. März gab man in Wien drei Einakter: „Passionen" „Drei Handleuchter" und „Im Rollstuhl," letzterer ein dramatischer Scherz des Schriftstellers Emerich v. Bukovics, der damit seinem Bruder eine bequeme Gelegenheit bot, noch als Rekonvalescent auf der Bühne zu erscheinen; am 17. d. Mts. „Die Ahnfrau."

Nachdem Laube in Wien (2. März) noch den Durch= fall des französischen Lustspieles „Die Volksküche" erlebt hatte, führte er selbst den größeren Theil seiner Künstlertruppe zum Gastspiele nach Graz. Diese Doppelvorstellungen in Wien und Graz mit einem Personale zu Stande zu bringen, war keine geringe Arbeit und Sorge für Regie und Schauspieler!

Einzelne Darsteller und Darstellerinnen traf das unangenehme Loos, im Laufe von acht Tagen mehrere Male die Nacht im Eisenbahnwaggon zuzubringen, und am nächsten Tage in Wien oder in Graz Proben und Vorstellung mitzumachen. Das Grazer Gastspiel — es umfaßte die Stücke: „Graf Essex," „Die Camelicndame," „Nathan," „Graf Königsmark," „Durch die Intendanz," „Dora," sodann den Holteiabend und mehrere Einakter wie „Der Seelenretter," „Der Zigeuner," „Eine Henne und ihre Küchlein" u. s. w. — nahm einen glänzenden künstlerischen Verlauf. Auch mit dem mate= riellen Ergebniß konnte man zufrieden sein. Die Tagesein= nahmen betrugen 15—1700 fl., und nach Abzug der nicht unbe= deutenden Kosten verblieb ein Reingewinn von 7809 Gulden. Mit einer am 17. März außer Abonnement gegebenen Vor= stellung, welcher ein von den Spitzen der Grazer Gesellschaft zu Ehren Laube's und seiner Künstler veranstaltetes Bankett folgte, endete dieser kleine dramatische Einfall in die Steiermark.

Die am 18. d. Mts. Abends matt nach Wien zurück= gekehrte Künstlergesellschaft wurde am 19. von der unermüd= lichen Direktion mit einer vierstündigen Probe des neuen Gondinet'schen Lustspieles „Der Club" erfreut, welches am 28. d. Mts. mit den Damen Schratt, Wewerka, Tyrolt, Marberg und den Herren Herzfeld, Tyrolt, Grève, Basser= mann und Ranzenberg ziemlich gefiel und eine erkleckliche Reihe von Wiederholungen erlebte. Am 1. April verabschiedete sich Herr Robert als Hamlet vom Wiener Stadttheater, welches mit ihm eine seiner Hauptstützen des ernsten Genre's für immer verlor. Zum Andenken überreichten die Kollegen dem scheidenden beliebten Künstler ein prächtiges Album.

In Augier's geistvollem Schauspiele „Le mariage
d'Olympe", das am 8. April unter dem Titel: „Eine Demi=
mondeheirat" z. 1. M. mit getheiltem Erfolg in Scene ging,
trat der Komiker Grün in der Rolle des Schauspielers Adolphe
sein Stadttheaterengagement an, welches er jedoch bald mit
dem an einer Lokalbühne Wiens, sich dort im richtigeren
Fahrwasser fühlend, vertauschte. Die Darstellerin der Hauptrolle
brachte wohl den Geist, aber nicht die genügende Piquanterie
für die an und für sich gefährliche, wichtige Figur des Stückes
mit. Im April fand endlich auch das eigentliche Wiederauf=
treten des schwervermißten ersten Komikers Bukovics in dem
Rosen'schen Schwanke „Dilettanten" statt; leider bereitete
das Publikum dem neuen Stücke nicht den gleichen freund=
lichen Empfang wie dem beliebten Künstler.

Laube, durch den Erfolg des Grazer Gastspieles zu
neuen Kunstfahrten ermuntert, regte bei dem Direktionsrathe
die Idee eines abermaligen Ensemblegastspieles in der unga=
rischen Hauptstadt an, stieß aber insbesondere bei den Herren
Baron Schey und von Kolbitz auf so energischen Widerstand,
daß alle Maßnahmen, die Laube bereits durch seine Regisseure
hatte treffen lassen, rückgängig gemacht werden mußten. Laube's
Verhältniß zum Direktionsrathe war dadurch abermals ein
gespanntes geworden. Die Verweigerung der projektirten Gast=
spielreise, das fortwährende Drängen Baron Schey's nach
dem Engagement erster Kräfte, welchem sich Laube mit Rück=
sicht auf die ihm nicht genügenden Jahresbilanzen widersetzen
zu müssen glaubte, der immer fühlbarer werdende Mangel
an zugkräftigen Novitäten ließen einen abermaligen Rücktritt
Laube's erwarten, der namentlich dann zu befürchten war,

9*

wenn der von ihm in der letzten Generalversammlung der Gründer neuerdings verlangte Zuschuß nicht aufzubringen wäre.

Mehrere junge Kräfte, wie Frl. Rainer und die Herren Brandt, Drach, Gschmeidler traten in den Verband des Theaters. Dem jugendlichen Liebhaber (jetzt Opernsänger) Stritt in Frankfurt und dem großherzoglich Weimar'schen Hofschauspieler Guido Lehmann wurden Engagementsanträge gemacht.

Eine Halbnovität brachte die Direktion am 11. Mai mit dem Legouvé'schen Schauspiel: „Miß Susanne." Nach und nach begann Laube sich mit der Idee einer Gagenreducirung zu befreunden und beauftragte seine Regisseure, diesbezügliche Ersparungsvorschläge — jedoch nur im Status des technischen Personals — zu machen. Langwierige Verhandlungen zwischen Laube und Schey ergaben sich beim Abschluß eines neuen Vertrages mit Frl. Schratt, dessen Zustandekommen unter den von der allgemein beliebten Künstlerin gestellten Forderungen die Direktion als eine conditio sine qua non ihres eigenen Verbleibens anzusehen schien. Nach endlicher Beseitigung aller Hindernisse schloß Laube, welcher sich zu einigen Einschränkungen seiner bisherigen Theaterherrschaft herbeigelassen hatte, mit dem Direktionsrathe einen Vertrag, nach welchem er die artistische Leitung des Stadttheaters auf weitere drei Jahre übernahm. Die brennende Frage des Institutes war somit erledigt. Nachdem aus dem Gastspiele des von Amerika gekommenen Heldendarstellers Brofmann nichts geworden war, debütirten Anfangs Juni Herr Mylius aus Brünn und Herr Kadelburg vom Wallner-

theater in Berlin, ersterer in Heldenrollen, letzterer in dem
seit Tewele's Abgang noch immer verwaisten Fache des
Bonvivants. Am 17. und 18. Juni gastirte Herr Holthaus
vom Hoftheater in Hannover als Richard III. und Advokat
Berent ("Fallissement") mit hübschen Erfolg.

Die trostlose Novitätenreihe dieser Saison — weder
das französische Schauspiel: „Ohne Vater und Mutter"
(Pierre) noch die tolle und leider sehr schlüpfrige Farce:
„Jagd nach einem Schwiegersohn" (Les demoiselles de
Montfermeil) hatten besonders angesprochen — wurde am
21. Juni mit Rosen's artigem Lustspiele: „Kanonenfutter",
mit Herrn Grève in der Hauptrolle, und dem Schwank,
„Mitten in der Nacht" mit den Herren Bukovics und
Tyrolt, beschlossen. Am 30. d. Mts. endete eines der unglück-
lichsten Bühnenjahre des vielgeprüften Wiener Stadttheaters.

Die neue Saison wurde am letzten Augusttage mit
Wolff's romantischem Schauspiel: „Preziosa" (Alonzo — Hr.
Bassermann, Zigeunerhauptmann — Hr. Grève, Viarda —
Fr. Dietz, Preziosa — Frl. Frank, Pedro — Tyrolt) „zum
Besten unserer verwundeten Krieger" eröffnet. Die vorkommenden Tänze waren von der Balletmeisterin Frau Kurtzy
arrangirt, deren Balletpersonal allerdings manches zu wünschen
übrig ließ. Die von Kritik und Publikum günstig aufgenommene Vorstellung erfüllte insoferne ihren Zweck, als sie der
Direktion über die erste Hälfte des schwachen Theatermonates
September hinweghalf. In Herrn Thalbot gewann das Theater
einen neuen Inspektor, welcher sich im Laufe der Jahre als
eine treffliche Kraft im Administrationsfache erwies und sich bei

der späteren Reorganisation des technischen Körpers wie des Theaterhaushaltes große Verdienste erwarb. Der September brachte an Novitäten noch „Lady Tartüffe," Komödie von Frau v. Girardin (Marschall — Hr. Bukovics, Gräfin von Clairmont — Fr. Schönfeld, Jeanne — Frl. Schratt, von Tourbières — Hr. Kadelburg, Virginie v. Blossac — Frl. Weisse), „Hans und Grete" ein Schauspiel von Spielhagen, mit Herrn Kadelburg und Frl. Schratt in den Titelrollen, und Greif's Trauerspiel „Marino Falieri" mit Herrn Lobe in der Hauptrolle. In Moser's „Ultimo" errang Herr Kadelburg als Georg Richter einen durchschlagenden Erfolg, der dem Künstler in seinen späteren Leistungen leider nicht treu blieb. Dem Drängen des Vortragsmeisters nach-gebend, gab Laube am 30. September „Iphigenie auf Tauris" mit Frl. Frank. Goethe's Meisterwerk machte eine Kasseneinnahme von — 300 Gulden!

Anfangs Oktober begann auf der Stadttheaterbühne ein Doppelgastspiel des Ehepaares Wilbrandt. Zwei neue Stücke des gefeierten Dichters, in welchen seine liebens-würdige Gattin die Hauptrollen darstellte, gelangten zur erst-maligen Aufführung: das dreiaktige Lustspiel: „Der Thurm in der Stadtmauer" wurde von dem dreiaktigen Schauspiel: „Auf den Brettern" im Erfolg überholt. Das Wiener Publikum bereitete seinem einstigen Burgtheaterliebling, der geistvollen Raiven Baudius, und ihrem Gemahl einen überaus herzlichen Empfang. Zwischen den Wilbrandt'schen Novitäten erschien am 9. Oktober z. 1. M. „Donna Diana" (Donna Diana — Frl. Frank, Don Caesar — Hr. Mylius, Perin — Hr. Lobe.)

Von Seiten der Mitglieder wurde beschlossen, das Konversationszimmer des Stadttheaters mit den Bildnissen aller je an dieser Bühne engagirten Schauspieler zu schmücken. In kurzer Zeit prangten denn auch die gewünschten, mit ernsten und heiteren Sprüchen versehenen Konterfei's an den Wänden. Auch Baron Schey und Laube hatten sich mit lebensgroßen Brustbildern in dieser Porträt-Gallerie eingestellt, letzterer mit der charakteristischen Devise: „Die Hälfte der Schauspielkunst heißt — Fleiß!"

Ein neuer Schwank von Julius Rosen: „Ja so sind wir!" (22. Oktober) vermochte keine nachhaltige Wirkung zu erzielen. Nach den üblichen Vorstellungen von „Müller und sein Kind" an den ersten beiden Novembertagen gelangte am 4. d. Mts. eine tolle Posse von Barrière und Thiboust · „Der Jugendfreund" mit den Herren Tyrolt, Grève, Bukovics und Bank in den Hauptrollen, zur Aufführung. Laube, welcher gehört hatte, daß die Direktion des Carltheaters dasselbe Stück vorbereite, ließ es in drei Tagen einstudieren und kam so, ohne jedoch von dieser übermäßigen Anstrengung seines Personals nennenswerthen Nutzen gezogen zu haben, der Direktion Tewele zuvor.

Am 7. November erschien endlich die mit großer Spannung erwartete französische Sensationsnovität: „Haus Fourchambault" (Fourchambault — Hr. Tyrolt, Cornelia — Fr. Tyrolt, Leopold — Hr. Ranzenberg, Blanche — Frl. Schratt, Frau Bernard — Fr. Schönfeld, Bernard — Hr. Bassermann, Marie Letellier — Frl. Frank, Baron Rastiboulois — Hr. Grève). Das in Paris mit außer=

ordentlichem Beifall aufgenommene Augier'sche Schauspiel,
welches Laube, Dank einer kleinen Bequemlichkeit Dingel=
stedts*), für das Stadttheater erwerben konnte, wurde
trotz einer ziemlich mangelhaften deutschen Uebertragung, die
Paul Lindau in der „Gegenwart" verdientermaßen rügte,
mit möglichster Sorgfalt in Scene gesetzt. Der Erfolg
war, wenn auch ein bedeutender, doch nicht der erhoffte
und gewünschte! Das leidige Verhältniß Laube's zu
seinem ersten Schauspieler hatte sich da wieder einmal zum
allgemeinen Nachtheile geltend gemacht. Maßgebende kritische
Stimmen, sowie auch die Regie, hatten vorher, gelegentlich
der Besetzungsfrage, Herrn Lobe als den geeignetsten Dar=
steller des in Paris von Mr. Got gespielten Helden des
Stückes bezeichnet. Dem widersprechend, wies Laube ununter=
brochen auf den Liebhabercharakter der in Frage stehenden
Rolle hin und beharrte trotz mannigfacher und dringender
Gegenvorstellungen energisch auf seinem Willen. Die wichtigste
entscheidende Hauptrolle gelangte somit in den Besitz eines
jungen Schauspielers im Liebhaberfache, der sich zwar mit
allen Ehren aus der Affaire zog, aber unmächtig war, den
Glauben der Kritik und des Publikums, daß der Wirkung
des Stückes durch eine falsche Besetzung der führenden Rolle
Abbruch gethan worden sei, siegreich zu bekämpfen. Daß sich
durch derlei Vorgänge der Künstler Lobe empfindlich gekränkt
fühlen mußte, war begreiflich. Es währte auch nicht lange,

---

*) Beiden Direktoren ward zu gleicher Zeit telegraphisch der Kaufs=
anbot gemacht; Laube telegraphirte die Annahme der geforderten Bedin=
gungen noch Nachts nach Paris und kam auf diese Art Dingelstedt, der
sich mehrere Stunden später entschied, zuvor.

so machte Herr Lobe, der bisher in den Nachmittagsauf-
führungen, um keine Verpflichtung zu derartigen Mitwirkungen
eingehen zu müssen, ohne Honorar gespielt hatte, der Direktion bekannt, daß er, von seinem Rechte Gebrauch machend,
in den volksthümlichen Vorstellungen nicht aufzutreten gedenke.
Das bedeutete einen empfindlichen Schlag für die in der
Gunst des Publikums stehenden ernsten Nachmittagsauf-
führungen, deren Hauptstütze damals Lobe war. Nur den
Bemühungen des Regisseurs Schönfeld, der als begütigender
Vermittler sich wiederholt große Verdienste um das Institut
erworben hatte, war es zu danken, daß Lobe sich zur Zurück-
nahme seiner berechtigten Weigerung bewegen ließ.

Ein kurzes Nachgastspiel der Frau Wilbrandt-Baudius
begann am 20. November in „Natalie", einem neuen
Schauspiele ihres Gatten. Nebst der geschätzten Gastin erntete
darin Herr Lobe als Baron Ichstädt wohlverdienten Beifall.
„Hausse und Baisse" Lustspiel in 3 Akten nach einem
älteren Stoffe von Ludwig Held, und ein einaktiger Schwank:
„Vom Touristenkränzchen" von F. Zell erhielten sich
vom 28. d. Mts. ab geraume Zeit auf dem Repertoire. Für
den Monat Juni des kommenden Jahres war Laube von
maßgebender Seite ein Gesammtgastspiel seiner Mitglieder in
Berlin nahegelegt worden. Vortragsmeister Strakosch und
Regisseur Tyrolt, die sich in den ersten Decembertagen in
Berlin befanden, wurden beauftragt, einleitende Schritte zu
thun. Tyrolt unterhandelte mit dem damaligen Eigen-
thümer und Direktor des Friedrich-Wilhelmstädtischen Theaters, dem Buchhändler Hoffmann. Da aber der Direktionsrath des Wiener Stadttheaters für dieses Unternehmen jede

Verantwortung ablehnte, und Laube dieselbe nicht auf sich allein nehmen wollte, zerschlug sich schließlich das ziemlich weitgediehene Projekt.

Zu Gunsten der Singer'schen Holzvertheilung an die Armen Wien's fand am 5. December die erste Aufführung von Viktor Hugo's Drama: „Marion Delorme" mit Frl. Frank und Herrn Lobe in den Hauptrollen statt. Acht Tage später gab's einen neuen Einakterabend; „Frauen=list" mit den Damen Schratt, Weisse und Tyrolt: „Ehe=mann auf Probe" und „Consilium facultatis."

Den meisten Novitäten der letzteren Zeit fehlte ein nachhaltiger Erfolg und demgemäß gestaltete sich die financielle Situation des Stadttheaters immer trüber. Wenn Baron Schey dem artistischen Direktor fortwährend mit Engagements=Fragen in den Ohren lag, so zielte er dabei in erster Linie auf die Wiederberufung Friedmann's ab, der mittlerweile in den Verband des Hamburger Stadttheaters getreten war. Auch Laube schien endlich diesem Wunsche des Direktionsraths=präsidenten geneigt, und als Siegwart Friedmann in der Weihnachtswoche nach Wien kam, hoffte man allerseits auf eine Versöhnung zwischen Laube und dem für das Stadt=theater so werthvollen Künstler.

Die Schwierigkeit lag, wie so oft bei derartigen Dingen, nur darin, daß Keiner von Beiden den ersten Schritt zur Verständigung machen wollte. Laube meinte: „Er soll nur zu mir kommen, ich werde ihn schon empfangen." Das aber genügte wieder dem empfindlichen und sich noch immer gekränkt fühlenden Friedmann nicht. Schließlich fand Baron Schey

einen Ausweg, indem er beide Herren in seine Wohnung
lud. Die Zusammenkunft führte aber vorläufig zu keiner Ei=
nigung, da nach Laube's Ansicht für die damaligen Verhält=
nisse Friedmann's Forderungen sich als unerfüllbar erwiesen.
Wenig Glück hatten die Schlußnovitäten des Jahres, ein
Bauernstück von M. Brée „Gleich und Gleich"*) und
der französische Schwank: „Der Seifensieder" (le mari
d'Ida), welcher am Sylvestertag begraben wurde.

Der Theateralmanach vom 1. Januar 1879 wies fol=
genden artistischen Personalstand auf; die Damen: Hermine
Albrecht, Leopoldine Berg, Ludmilla Dietz, Sofie
Eckstein, Elsa Fahnert, Katharina Frank, Marie
Marberg, Risa Mellner, Rosa Purkholzer, Elise
Rainer, Fanny Schäffel, Louise Schönfeld, Katha=
rina Schratt, Ernestine Tyrolt, Louise Valberg,
Nina Weisse; die Herren: Karl v. Bukovics, Dr. August
Bassermann, Josef Bank, Theodor Brandt, Josef
Darmer, Emil Drach, Jan Edgar, Leopold Grève,
Oskar Gröhe, W. E. Heinrich, Gustav Kadelburg,
Robert von Lenor, Theodor Lobe, Adolf Mylius,
Jacques Morway, Johann Neustätter, Hugo Ran=
zenberg, Alois Relly, Karl Schönfeld, Heinrich
Thalbot, Dr. Rudolf Tyrolt; für Kinderrollen: Therese
Biedermann, kl. Schmidt. In den Direktionsrath war

*) Als Laube nach Erhalt des trostlosen Kassenrapportes die Novität
sofort abzusetzen befahl, stürzte der von dieser Maßnahme unterrichtete
Dichter mit den Worten in das Büreau: „Aber um Gotteswillen, Herr
Direktor! auf diese Art machen Sie ja mein Stück todt!?" — „Trösten
Sie sich," entgegnete Laube, „das ist bereits todt! Lesen Sie . . . ."
und hielt dem verblüfften Autor den Rapport unter die Nase!

für Herrn Ch. A. Schick Herr Alexander Ritter von Klaudy
eingetreten. Regie: die Herren Schönfeld und Throlt, In-
spectionsregie: Herr Thalbot. General- und Direktionssekretär:
Herr Dr. Josef Rank.

„Prinz Friedrich", Schauspiel in 5 Akten von
Heinrich Laube, war die erste Novität im neuen Jahre. Der
Direktor, in seinem eigenen Werke unbarmherzig streichend,
ging mit großer Vorsicht an die Inscenirung des preußischen
Königsstückes. Ihm bangte vor der ersten Aufführung in
Wien, er befürchtete, diese harten norddeutschen Menschen
würden hier keinen besondern Anklang finden. Nun, Stück
und Darstellung (Friedrich Wilhelm I., — Hr. Lobe, Königin
— Frl. Weisse, Prinz Friedrich — Hr. Mylius, Prinzessin
— Frl. Schratt, Doris Ritter — Frl. Frank, Grumbkow
— Hr. Grève, Katte — Hr. Kadelburg, Ewersmann —
Hr. Throlt) fanden bei Kritik und Publikum eine so günstige
Aufnahme, daß „Prinz Friedrich" binnen Monatsfrist drei-
zehn Wiederholungen bei vollem Hause erlebte. Die allseitig
bemerkte ungewöhnliche Aufregung Laube's bei den letzten
Proben hatte außer dem Bangen um das Schicksal seines
Stückes noch eine andere Ursache, welche sich am Morgen
nach der Première, als plötzlich die Regisseure in die Wohnung
ihres Direktors beschieden wurden, offenbarte: Laube war über
Nacht schwer erkrankt! Von heftigen Schmerzen ermattet, lag
er auf seinem Ruhebette — ein unheilbares Blasenleiden
hatte seinen zerstörenden Anfang genommen. Vorläufig dauerte
das Fernbleiben Laube's vom Wiener Stadttheater volle vier
Wochen. Seine Regisseure mußten ihm täglich zweimal Rapport
abstatten, und so leitete er gewissermaßen vom Krankenzimmer

aus seine Bühne weiter. Zuerst gab sich der alte Herr der trügerischen Hoffnung hin, in einigen Tagen werde „der ganze Schwindel" vorüber sein, als aber die Ärzte bedenklich den Kopf schüttelten und ihm ernsthafte Ruhe und eine längere Frist der Schonung anbefahlen, wurde Laube nervös und begann zu klagen. Nicht minder trugen die traurigen Krankheitserscheinungen, welche bei seiner Gattin Iduna aufgetreten waren, zu seiner argen Verstimmung bei — und so war mit einem Male Unglück und Sorge in das Laube'sche Haus eingezogen und damit auch die Frage nach der Zukunft des Wiener Stadttheaters wieder lebhaft in den Vordergrund getreten.*) Persönliche Konflikte einzelner Mitglieder und schwache Novitäten wie Rosen's „Nervus rerum", Brée's „Zwischen zwei Stühlen" und der französische Schwank „Thun Sie mir den Gefallen" machten es Laube doppelt wünschenswerth, sobald als möglich wieder das Direktionsscepter zu ergreifen. Am 4. Februar endlich betrat Laube, vom gesammten Personal auf das Herzlichste empfangen, wieder das Theater auf der Seilerstätte. Frau Schönfeld und Frl. Weisse begrüßten in Versen den genesenen Direktor, der sofort an's Probiren ging. Als heiteres Gegenstück zu Laube's düsterem Schauspiel brachte die Direktion am 5. d. Mts. Gutzkow's Lustspiel: „Zopf und Schwert," welches namentlich durch Lobe's humorvolle Leistung als König sehr

---

*) Einem seiner Regisseure klagte der in diesen Tagen oft von Todesgedanken gequälte Laube: „Am Ende gehe ich an einer solchen hundsföttischen Krankheit zu Grunde! — Am liebsten stürbe ich noch an einer Lungenentzündung" — und nun begann er den nach seiner Meinung „angenehmen Tod", den letztere Krankheit zumeist nach sich ziehe, ausführlich zu beschreiben.

ansprach). Mitte Februar erschien eine fünfaktige Komödie „Die Wiener in Stuttgart" von U. . . . . Hinter diesem „U" verbarg sich die Preislustspieldichterin Frau Henle, welche die im vergangenen Jahre erfolgte Fahrt des Wiener Männergesangsvereines nach der schwäbischen Residenz zum Anlaß nahm, ein Gelegenheitsstück zu schreiben, das der Kasse des Stadttheaters keine Bereicherung brachte. Einen weiteren Mißerfolg hatte Laube, der an dem einmal entworfenen Novitäten-Programm mit Zähigkeit festhielt, mit der Aufführung eines Gondinet'schen Schwankes: „Der doppelte Mirabour" zu verzeichnen.

Die Zwistigkeiten zwischen Laube und einzelnen Direktionsräthen schienen kein Ende nehmen zu wollen. Durch die allzuhäufigen Mißerfolge der letzten Zeit sah sich Baron Schey zur Einmischung in die Repertoirefrage veranlaßt, wodurch der Direktor empfindlich gereizt wurde; auch mit dem Direktionsrath v. Kolditz gab es Differenzen, da derselbe gegen die etwas zu generös betriebene Freikartenausgabe eine berechtigte Einschränkung verordnete. Nach langem schriftlichen Verkehr war endlich doch das Wiederengagement Siegwart Friedmann's für die kommende Saison zu Stande gebracht worden; ebenso wurde Herr Albin Swoboda für das Stadttheater gewonnen. Im Monat März wurden das vom Carltheater bekannte Sardou'sche Pariser Kriminalstück „Ferréol" (Präsident — Hr. Grève, Octavie — Frl. Frank, Ferréol — Hr. Mylius, Baronin — Fr. Tyrolt, Therese — Frl. Albrecht, Lavardin — Hr. Ranzenberg, Perissol — Hr. Tyrolt, Martial — Hr. Lobe) und zu Gunsten der allgemeinen Polyklinik Björnsons Schauspiel: „Das neue System," welches trotz der schauspielerischen Erfolge Herrn Lobe's (Kampe) sowie der Damen Schönfeld (Tante Ole) und Frl. Weisse (Karen) entschiedene Ablehnung fand, aufgeführt. Zum Besten der bei der Szegediner Katastrophe Verunglückten ging am 14. d. Mts. „Prinz Friedrich" zum 18. Male in Scene. Weiters wurde das Repertoire bereichert durch die Darstellung von A. Schirmers harmlosem Schwank: „Das verhängnißvolle Bild" und Augier's und Sandeau's Schauspiel: „Der vornehme Schwiegersohn" — Le gendre de Monsieur Poirier — (Poirier — Hr. Tyrolt, Antoinette — Frl. Albrecht, Verdelet — Hr. Heinrich, Gaston — Hr. Bassermann, Herzog — Hr. Rauzenberg, Vatel — Hr. Bank.) Mit dem k. k. Hofschauspieler Friedrich Mitterwurzer begannen ernstliche Verhandlungen wegen seines Übertrittes zum Stadttheater. Dieselben blieben vorläufig resultatlos.

Da Laube ohne außerordentlichen Zuschuß über die bevorstehenden Frühjahrsmonate nicht gefahrlos hinwegzukommen fürchtete, stellte er an den Direktionsrath das Ersuchen, das Stadttheater vom Mai ab zu schließen, um mit der ganzen Gesellschaft einen größeren Gastspielzug nach Budapest, Graz und Prag unternehmen und dadurch wenigstens die gesammten Regiekosten hereinbringen zu können. Baron Schey, der gleich dem Direktionsrathe keine Verantwortung übernehmen wollte, verwies den ungeduldig nach einer Entscheidung drängenden Direktor auf die Generalversammlung der Gründer, welche in dieser Sache das letzte Wort sprechen sollte. Unterdeß wurden von Laube mit den betreffenden Provinztheaterdirektoren Eventualverträge, welche sich theilweise als sehr ungünstig für das Stadttheater erweisen sollten, abgeschlossen.

Der Vortragsmeister, der nach Budapest geeilt war, kam mit der unerfreulichen Nachricht zurück, daß auch zum dießmaligen Gastspiele in der ungarischen Hauptstadt der Dekorations= und Garderobe=Fundus mitgenommen werden müsse, da der dermalige Theaterpächter daselbst außer Stande sei, ihn zu liefern. Trotz dringender Einsprache der Regisseure und der sich immer deutlicher herausstellenden Wahrscheinlichkeit, daß man durch diese mit Sack und Pack zu unternehmende lange Gastspielfahrt einer financiell gefährlichen Situation entgegen gehe, war Laube von dem einmal gefaßten Plane nicht mehr abzubringen. Am 31. März fand endlich die Generalversammlung der Gründer statt und Laube, der in längerer Rede den Zweck und Plan seines projektirten zwei= monatlichen Ensemblegastspieles, allerdings mit sehr viel Opti= mismus, entwickelte, schien Alles für seine Idee gewonnen zu haben, da ihm ohne besondere Debatte die gewünschte Autori= sation ertheilt wurde. Laube freute sich seines vermeintlichen Sieges, kam aber nur zu bald zur Einsicht, daß man maß= gebenden Ortes, seinem Plane weder Sympathien noch Ver= trauen entgegenbringend, zwar die Einwilligung gegeben, ihm aber auch die volle Verantwortung für das Gelingen über= lassen hatte. Mit allem Eifer ging es nun an die nicht unbe= deutenden Vorarbeiten für diesen größten und letzten Laube'schen dramatischen Wanderzug des Wiener Stadttheaters. Für Buda= pest und Prag wurde Herr Strakosch, für Graz Herr Tyrolt zum Quartiermeister ernannt.

Kleinere Stücke wie: „Der Kopf auf dem Bilde", „Vogelfrei" (beide von Sigmund Schlesinger), „Die Blume von Tlemcen" und „Sein Mephisto" füllten die nur mehr kurze Zeit dauernde Wiener Saison. Mit Dumas' Schauspiel: „Der natürliche Sohn" (Clara — Frl. Frank, Freissard — Hr. Tyrolt, Marquis — Hr. Ranzenberg, Marquise — Fr. Schönfeld, Hermine Frl. Marberg, Sternay — Hr. Grève, Jacques — Hr. Bassermann), welches am 21. April zur erstmaligen Aufführung gelangte, wurde am 30. d. Mts. das Stadttheater geschlossen. Beim Herannahen der Festwoche, in welcher das erlauchte Kaiserpaar die Feier der silbernen Hochzeit beging, hatten sich der Fremdenzudrang und demgemäß auch der Theaterbesuch dermaßen gesteigert, daß das Stadttheater plötzlich eine ununterbrochene Reihe ausverkaufter Häuser — eine schon seit geraumer Zeit seltene Erscheinung! — aufzuweisen hatte. Zur Feier des fünfundzwanzigsten Jahrestages der Vermählung Ihrer k. u. k. apost. Majestäten des Kaisers Franz Josef und der Kaiserin Elisabeth wurde am 24. April vor gedrängt vollem Hause „Der Sommernachtstraum" aufgeführt, dem ein vom Frl. Schratt gesprochener Prolog voranging.

Am Morgen des ersten Mai begann die für Laube und das Stadttheater verhängnisvoll gewordene Gastfahrt. In der ungarischen Hauptstadt spielte die Gesellschaft des Stadttheaters einen vollen Monat hindurch. Schon die Eröffnungsvorstellung („Prinz Friedrich") erzielte kein ausverkauftes Haus. Trotz günstigen Theaterwetters hoben sich die Einnahmen nur langsam, und volle Häuser zählten zu den Seltenheiten. Gar bald kam man zur Einsicht, daß der diesmalige Theaterfeldzug in Budapest veränderte, ungünstigere Verhältnisse als vor Jahren vorgefunden — die ungarischen Journale schrieben heftig gegen „die deutsche Invasion" —

und daß nebst einer leider nicht sehr glücklichen Auswahl der Stücke, die Dauer des Gastspieles eine viel zu lang bemessene war. Während dieses Gastspieles kam auch eine ungarische Novität, Szigligeti's „R a u s ch g o l d", übersetzt von Schnitzer, zur Aufführung. Als Laube sah, daß das Pester Gastspiel financiell nicht seine volle Schuldigkeit that, beschloß er, seine Truppe zu trennen, um gleichzeitig in Te= mesvár ein achttägiges Gastspiel zu absolviren — zum Glück scheiterten die Unterhandlungen! Als am 31. Mai in Buda= pest „Des Meeres und der Liebe Wellen," die letzte Gast= vorstellung, ihren Anfang nahm, befand sich Laube mit dem größeren Theile seiner Schauspieler bereits zwölf Stunden lang auf dem Wege nach Graz, wo die Gesellschaft um 9 Uhr Nachts ankam. Am nächsten Morgen eine anstrengende Probe, und Abends abermals „Prinz Friedrich" als Eröff= nungsvorstellung. Abgesehen von der kürzeren Dauer, gestal= tete sich das Gastspielunternehmen hier insoferne günstiger, als abermals ein Abonnement für die besseren Plätze einge= leitet worden war, welches eine Einnahme von 8000 Gulden sicherte.

Unmittelbar nach der Schlußvorstellung am 13. Juni reiste die Künstlergesellschaft wieder nach Wien, um am 15. d. Mts. Mittags die letzte Fahrt nach dem dritten Gastspielorte, Prag, anzutreten. Zu den höchst ungünstigen Vertragspunkten, unter welchen speciell das Prager Gastspiel abgeschlossen worden war, hatte sich eine plötzlich eingetretene abnorme Hitze gesellt, welche nicht Geringes zu dem Deficit beitrug, mit welchem diese Reise in die Provinz ihr Ende erreichte. Die erste Gastvorstellung in Prag ergab eine Ein=

nahme von nicht ganz 700 Gulden. Damit war die Situation genügend gekennzeichnet.

Auf's Äußerste ermattet, kehrte das Personal des Stadttheaters am 1. Juli nach Wien zurück. Laube hatte sich von Prag aus nach Karlsbad zur Kur begeben. Baron Schey und der Direktionsrath erwarteten mit Ungeduld den — Kassier des Stadttheaters, welcher nun die traurige Gelegenheit fand, das nichts weniger als erfreuliche Bild der financiellen Resultate des beendeten Gastspielzuges zu entrollen. Trotz schöner künstlerischer Erfolge, trotz einer beispiellosen Anstrengung des gesammten artistischen und technischen Personales, das allein durch seinen rühmenswerthen Pflichteifer das Zustandekommen dieser langen Reihe von Vorstellungen ermöglichte und vor Störungen bewahrte, war der pekuniäre Erfolg mit Berücksichtigung des zu deckenden Gesammtetats — ein Deficit! Laube, der den großen Gastspielzug im guten Glauben, auf diese Art die Kosten der schlechten Theatermonate hereinzubringen, unternommen hatte, sah sich bitter getäuscht und außer Stande, sein administratives Gebahren zu vertreten. „Aus Gesundheitsrücksichten" reichte er von Karlsbad seine Demission ein, welche der Direktionsrath mit dem Ersuchen um Bekanntgabe aller von Laube für die kommende Saison getroffenen Vorbereitungen, annahm. Gleichzeitig erbat auch Herr Strakosch sich seine Entlassung, welche ihm nicht vorenthalten wurde.

Der ungünstige financielle Ausgang der letzten Saison und der Gastspiele waren nebst einzelnen Vorkommnissen privater Natur, die sich einer Besprechung entziehen, wohl die hauptsächlichste Veranlassung des abermaligen plötzlichen Rücktrittes Laube's von der Direktion des Wiener Stadttheaters.

10*

Das Regiekollegium.

Nachdem der Direktionsrath in den Sommermonaten die bestmöglichste Ordnung der financiellen Verhältnisse des Wiener Stadttheaters angestrebt und auch theilweise erreicht hatte, begann man nach einem neuen Direktor Umschau zu halten. Die Erledigung dieser wichtigsten Personalfrage be= schäftigte Baron Schey und die Direktionsräthe bis in den Monat August hinein. Als Direktionskandidaten wurden die Herren Ascher, Jauner, Hock, Pollini, Lobe, usw. genannt. Es wurden Unterhandlungen gepflogen, Besprechungen fanden statt, und doch führte dies Alles zu keinem endgültigen posi= tiven Resultate. Für die kommende Saison war so gut wie nichts vorbereitet, und den meisten der genannten Herren mochte die Zeit wohl zu weit vorgeschritten sein, um die Leitung eines Theaters zu übernehmen, das bereits am 1. September seine Pforten öffnen sollte. Die Regisseure Schönfeld und Tyrolt wurden Ende Juli aufgefordert, am 1. August in Wien einzutreffen und an den Sitzungen des Direktionsrathes theilzunehmen. In der Vormittagssitzung des 2. August erfuhren die beiden Herren das von Baron Schey dem Direktionsrathe vorgeschlagene Projekt, die Leitung des Stadttheaters, welches unter allen Umständen im September seine Thätigkeit wieder beginnen mußte, bis zur Ernennung eines Direktors p r o v i s o r i s ch einem R e g i e k o l l e g i u m, welches aus den Herren F r i e d m a n n, L o b e, S ch ö n = f e l d und T y r o l t zu bilden sei, zu übergeben. An die beiden Abwesenden wurde geschrieben, und ihre Zustimmungs= telegramme langten alsbald ein. Friedmann kam am 3. August nach Wien, Lobe später.*)

Es gab sich wohl Niemand — am allerwenigsten die Herren des Regiekollegiums — der optimistischen Täuschung hin, daß aus dieser vierköpfigen Direktion je ein Definitivum herauswachsen solle. Es war ein Akt der zwingendsten Noth, in welcher der Direktionsrath sich befand, zu diesem letzten Aushülfsmittel zu schreiten, da eine Wiederberufung Laube's, die den Direktionsräthen nahegelegt worden war, dermalen bei denselben auf den heftigsten Widerstand stieß. Wenn im Anfange vielleicht doch Jemand die Hoffnung hegte, das Regiekollegium könne dauernden Bestand haben, so war dies Baron Schey, da von seiner Seite im Laufe der folgenden vier Monate fast gar keine ernsthaften Anstren=

*) Am 5. August erhielt jeder der vier Herren folgende Zuschrift: „Sehr geehrter Herr! In der am 2. d. Mts. abgehaltenen Sitzung des verstärkten Direktionsrathes des Wiener Stadttheaters wurde der Beschluß gefaßt, daß bis zur Ernennung eines artistischen Direktors des obge= nannten Kunstinstitutes ein, aus den Herren S i e g w a r t F r i e d m a n n, T h e o d o r L o b e, K a r l S ch ö n f e l d und D r. R u d o l f T y r o l t beste= hendes Regiekollegium unter dem Praesidium eines Direktionsrathes provisorisch die Geschäfte der artistischen Direktion leiten, beziehungsweise mit der Kollektiv=Vollmacht zur artistischen Direktion des Wiener Stadt= theaters betraut werden soll. Hochachtungsvoll der Direktionsrath der Gesellschaft des Wiener Stadttheaters." Schey m. p., Kolditz m. p. Czedik m. p., Mayer m. p.

gungen gemacht wurden, einen artistischen Direktor für das Stadttheater zu gewinnen.

Die Aufgabe, welcher sich die vier Kollegiumsmitglieder drei Wochen vor der Wiedereröffnung des Hauses unterzogen, war keine leichte oder beneidenswerthe. Abgesehen von dem an und für sich begreiflichen geringen Vertrauen, welches Journalistik, Publikum, vor allem aber die Schauspieler einer derartigen Kollegial-Direktion entgegenzubringen pflegen, war, mit Ausnahme zweier den Abend füllender und mehrerer französischer einaktiger Novitäten minderen Ranges für die bevorstehende Saison gar nichts vorbereitet. Hierzu kam das Ausscheiden einiger ersten Kräfte, die nicht so leicht zu ersetzen waren; Frl. Schratt und Frl. Weisse, welch' letztere schon vor längerer Zeit mit der Direktion des Frankfurter Stadttheaters einen Vertrag abgeschlossen hatte, verließen die Stätte ihrer bisherigen Wirksamkeit. Schließlich — die trostlose financielle Situation des Stadttheaters, welche, im Falle einiger Mißerfolge mit neuen Stücken, den Zusammenbruch des Institutes wahrscheinlich machte. Die ersten Augusttage benützte das Regiekollegium zur Ausarbeitung einer vom Direktionsrathe genehmigten Dienstinstruktion, zur Vertheilung der Ressorts, zum Entwurf eines Saisonrepertoires, zur Zusammenstellung des Etats, zur Ausfüllung der Lücken im Personal usw. Am 18. August begannen bereits die Proben, und Friedmann bat in einer Ansprache das versammelte Personal um kollegiale Unterstützung in der Erfüllung der schwierigen Aufgabe des provisorischen Direktoriums. Tags darauf, während der Leseprobe von Nissel's „Agnes von Meran", kam die Trauerkunde von dem Ableben Frau Iduna's, der allseitig hochgeachteten und verehrten Gattin Laube's, dessen guter Engel — nach seinem eigenen Ausspruche — mit ihr dahinschied. Auch die Mitglieder des Stadttheaters bewahrten dieser edlen, hochherzigen deutschen Frau die tiefste Verehrung. Mehrere in diese Zeit fallende Probespiele führten zu den Engagements der Damen Schendler vom Dresdner Hoftheater und Link, sowie des jugendlichen Komiters Judra.

Mit Franz Nissel's preisgekröntem Trauerspiel: „Agnes von Meran" wurde am 30. August die Saison eröffnet. Die Hauptrollen des Stückes befanden sich in den Händen der Damen Frank und Albrecht, sowie der Herren Mylius, Grève und Bassermann. Dichtung und Darstellung fanden freundlichste Aufnahme bei dem zahlreich erschienenen Publikum. Leider trug ein herrliches Septemberwetter das Seinige dazu bei, daß die Wiederholungen von Nissel's Trauerspiel zumeist nur vor schwachbesuchten Häusern stattfinden konnten. Einem Beschlusse des Regiekollegiums verdankte das Stadttheater die gänzliche Abschaffung der Klaque. Im „Königslieutenant" (6. September) debütirten außer dem als Direktionsmitglied und Schauspieler wiedergekehrten Siegwart Friedmann in der Titelrolle Frl. Schendler als junger Göthe, Frl. Fanny Link als Gretel und der bereits von Laube engagirte Hr. Albin Swoboda als Mack mit bestem Erfolg. Eine Mitte September erschienene Novität: „Wie Frauen lieben", Sittenbild in 4 Akten von Louis Davyl, mit den Damen Frank, Schendler, Marberg und den Herren Friedmann, Tyrolt, Bassermann in den hervorragenden Rollen, fand geringen Anklang und verschwand bald vom Repertoire. Am 24. September gelangte am

Stadttheater „Othello" (Othello — Hr. Friedmann, Jago
— Hr. Lobe, Cassio — Hr. Bassermann, Desdemona —
Frl. Frank, Emilia — Fr. Albrecht) zur erstmaligen Auf=
führung. Einen ungeheuren Lacherfolg hatte (3. Oktober) J.
Rosen's neuer Schwank: „Starke Mittel" (Mohrmann
— Hr. Bukovics, Babette — Fr. Schönfeld, Franz —
Hr. Ranzenberg, Selma — Frl. Schendler, Olga — Fr.
Wagner, Louise Grüner — Fr. Albrecht, Dr. Sturm —
Hr. Bassermann, Pamperl — Hr. Tyrolt), welcher binnen
Monatsfrist zwanzig Wiederholungen erlebte. Wenig Glück
hatten die Lustspiele: „Meine Tochter und mein
Vermögen" und „Eine Heirat auf Probe."
Auch die Ende Oktober gegebenen, einen Theaterabend fül=
lenden vier Einakter: Labiche's „Liebe zur Kunst"
(Fr. Albrecht, Hr. Swoboda) Dumas' „Der Mann der
Witwe" (Fr. Tyrolt, Frl. Marberg, Hr. Bassermann,
Hr. Ranzenberg) Meilhac's und Halévy's „Ninette" (Frl.
Schendler, Hr. Bukovics, Hr. Grève) und Hennequin's
„Sieben Kinder" (Frl. Marberg, Hr. Tyrolt) fanden
getheilten Beifall.

Wie vorauszusehen war, fügten sich die Herren des
vierköpfigen Regiekollegiums schwer ineinander. Die Un=
gleichheit der Charaktere, auseinandergehende Anschauungen
und nicht gleichmäßig sich einsetzende Arbeitskräfte ließen die
nöthige Einigkeit nur selten aufkommen. Bereits am 26. Ok=
tober theilte Lobe seinen Direktionskollegen mit, daß, falls
der Direktionsrath auf eine von ihm vorgeschlagene Änderung
der Geschäftsordnung nicht eingehe, er aus dem Regie=
kollegium auszutreten beabsichtige. Lobe hatte eine strenge

Scheidung der Gewalten, sowie die Überlassung der wich=
tigsten direktorialen Funktionen an seine Person beantragt,
weil schließlich beim Theater nur Einer herrschen könne.
Diese neue, praktischere Dienstinstruktion wurde vom Direktions=
rath angenommen, und so blieb nun Lobe im Regiekollegium,
das jetzt nur dem Namen nach fortdauerte. Eigentlich war
Lobe Direktor mit drei Regisseuren zur Seite. Die Nachricht
vom eventuellen Ausscheiden Lobe's aus dem Regiekollegium
war auch in die Öffentlichkeit gedrungen und sofort tauchten
wieder alle möglichen Pläne für die Zukunft des Stadttheaters
auf. Man sprach von einer abermaligen Berufung Laube's,
welcher, mit lebhaftem Interesse die Maßnahmen des Regie=
kollegiums verfolgend, die Stunde zu erwarten schien,
welche ihn wieder zum Direktor machen sollte. Gerüchte von
Einberufung einer außerordentlichen Generalversammlung der
Gründer, Liquidation, Verpachtung, Preisreduktionen, ener=
gischen Etatsveränderungen schwirrten durch die Luft und
ließen den Mitgliedern die Zukunft nicht nur nicht rosig,
sondern kaum gesichert erscheinen. Man hatte das Gefühl,
daß das Stadttheater wieder vor einer Katastrophe stehe. In
der alten Form kann es kaum weiter geführt werden! Wird
ein Konsortium das Haus kaufen? Werden es die Gründer
verpachten? Was geschieht mit dem Pensionsfonds? Die muth=
maßliche Erledigung all' dieser Fragen machte dem Personal
viel Kopfzerbrechen.

Ein zweckloses Gastspiel der Frau Auguste Baison
als „Medea" und „Eine Mutter vor Gericht" (Soloscene)
wurde am 3. und 7. November erledigt. Am folgenden Tage
wurde das von der Dresdner Hofschauspielerin Maria Ernst

verfaßte Lustspiel „Mit dem Strome" sehr freundlich
aufgenommen; leider vermißte man darin die frühere beliebte Darstellerin naiver Rollen. Zu Ehren des anwesenden
norwegischen Dichters Björnson ging am 18. d. Mts. dessen
„Fallissement" in Scene. Auch eine zweite heitere Novität,
I. Rosens „Sport", erhielt sich geraume Zeit auf dem
Repertoire. Anfangs December gastirte ein Frl. Schröder aus
Hamburg als Gräfin Ziska in „Dora" und als Elisabeth in
„Maria Stuart." Mehrfache Reprisen erlebten das Wartenburg'sche Drama „Die Schauspieler des Kaisers"
mit Frl. Frank und Herrn Friedmann in den Hauptrollen,
sowie Theuriet's Einakter „Das alte Haus" (5. December). Der ziemlich frivole Crisafulli'sche Schwank: „Der
kleine Louis," die Einakter: „Der Hausarzt" von
Moser, „Im Tanzsaal," „Ein zweiter Talleyrand,"
„Grasteufel," „Il baccio," „In Franzensbad"
und das vieraktige Charakterbild „Pikante Enthüllun-
gen" von Emil Arter, Pseudonym für einen Wiener Eisen-
bahnbeamten, schlossen die Novitätenreihe dieses Jahres.

Für den 28. December waren die Gründer zu einer
außerordentlichen Generalversammlung einberufen worden.
Zahllose Direktionsrathssitzungen, in welchen die mannigfachsten
Pläne zur Hebung des Stadttheaters auftauchten, gingen
derselben voraus. So mancher Vorschlag hörte sich in der
Theorie recht gut an — ob er sich in der Praxis bewährt
hätte, wäre eine andere Frage.*) Allseitige Anerkennung fand

---

*) Unter Anderem wurde die Idee des Spielens in den Sommer-
monaten wieder angeregt und der Vorschlag gemacht, durch Spannen
breiter, feuchter Plafondtücher den Theaterraum kühl zu erhalten.

nur das Projekt, einmal in der Woche eine klassische Abend=
vorstellung zu halben Preisen zu veranstalten, und diese Auf=
führungen nahmen bereits am 18. December mit „Nathan"
ihren Anfang. In der Generalversammlung, welche ruhiger
verlief als man erwartete, — Laube, von welchem man eine
große Rede zu hören hoffte, ergriff nur „als Gründer" zu
einer kurzen Bemerkung das Wort — wurde mit 451 gegen
25 Stimmen beschlossen, das Stadttheater auf weitere drei
Jahre mit einem jährlichen Zuschusse von 40.000 fl. zu sub=
ventioniren. Schon seit Wochen hatte Baron Schey mit
mehreren Herren (Janner, Lobe, Pollini, Tyrolt usw.)
behufs Übernahme der artistischen Führung oder eventueller
Pachtung Verhandlungen gepflogen, da diese jedoch er=
folglos geblieben waren, trat der Präsident des Direktions=
rathes, dem die Unhaltbarkeit der gegenwärtigen Zustände
nunmehr klar geworden, insgeheim wieder in Fühlung mit
Heinrich Laube.

Unmittelbar nach der Generalversammlung schied Theodor
Lobe aus dem Regiekollegium, welches sich der angenehmen
Hoffnung hingegeben hatte, mit Schluß des Jahres von
seinem undankbaren Posten abtreten zu können. Auf drin=
genden Wunsch des Direktionsrathes und durch die Verhält=
nisse gezwungen, sah sich das Dreierkollegium Friedmann,
Schönfeld, Tyrolt veranlaßt, die durch tausenderlei Plackereien
erschwerte Arbeitslast dieses unglücklichen Provisoriums vor=
läufig noch weiter zu tragen.

Zu Beginn des neuen Jahres schrieb der Direktionsrath
einen Konkurs für die Direktorsstelle und für die eventuelle

Verpachtung des Theaters aus. Durch diese Maßregel, auf dem Konkurswege für das Wiener Stadttheater einen Direktor zu suchen, sind das Ansehen und der Kredit des ohnedies vielgeprüften Institutes nicht gehoben worden. Im praktischen Theaterleben haben gewisse Maßnahmen Wirkungen, die der Laie zu berechnen gar nicht im Stande ist, weil er den Eindruck, welchen sie speciell auf die Theaterwelt machen, weder kennt noch versteht. Diese Konkursausschreibung hatte, wie man es in Fachkreisen voraussagte, gar kein Resultat. Außer Laube fand sich kein Direktor, der inmitten einer ungünstigen Saison, bei einem augenblicklich nicht zu vermindernden Etat, die schlechteren Theatermonate vor der Thüre, das Stadttheater weiterzuführen den Muth hatte.

Der Theateralmanach vom 1. Januar 1880 wies folgenden artistischen Personalstand auf: die Damen Hermine Albrecht, Charles-Leitenberger, Katharina Frank, Hanna Hartmann, Christine Kurz, Fanny Link, Marie Marberg, Risa Mellner, Fanny Schäffel, Louise Schönfeld, Anna Schendler, Wilhelmine Schaller, Ernestine Tyrolt, Louise Valberg, Mathilde Wagner; die Herren: Karl v. Butovics, Dr. August Bassermann, Josef Bank, Theodor Brandt, Josef Darmer, Siegwart Friedmann, Leopold Grève, W. E. Heinrich, Theodor Lobe, Adolf Mylius, Jacques Morvay, Johann Neustätter, Sigmund Pinal, Hugo Ranzenberg, Alois Relly, Karl Schönfeld, Albin Swoboda, Ferdinand Suske, Heinrich Thalbot, Dr. Rudolf Tyrolt. Elevinnen: Charlotte Albrecht, Rosa Berkowitz, Anna Vogel.

Für Kinderrollen: Ella Rosen, kl. Dannhauser, Pepi Schmidt. Der Chor bestand aus sechs Herren und acht Damen; hievon spielten die Herren Woller, Kauder, Spatzer und die Damen Ellinger, Kindler und Richter kleinere Rollen. Der Direktionsrath bestand aus den Herren: Friedrich Freiherr von Schey, Präsident, Johann Freiherr v. Mayer, Vicepräsident, Karl v. Kolditz, Dr. Leopold Kompert und Hermann Edler von Neuhauser. Als Generalsekretär fungirte Herr Dr. Adolf Franckel, der ehemalige Direktor des Brünner Stadttheaters; als Theaterärzte waren die Herren Dr. A. Weiß und Dr. H. Staniek angestellt.

Am 5. Januar gelangte der französische Schwank „Am Narrenseile der Liebe" (Les joerisses de l'amour) von Barrière in einer Bearbeitung von F. Zell zur ersten Aufführung. Die Hauptrollen dieser tollen Karnevalsposse wurden von den Herren Bukovics, Bank, Grève, Swoboda, Tyrolt und den Damen Albrecht, Marberg, Tyrolt, Wagner dargestellt. Auf Wunsch des Direktionsraths-präsidenten mußte, da es bei den Vorstellungen des Regiekollegiums „gar so ruhig" herging, die abgeschaffte Hausklaque wieder eingeführt werden!

Nachdem Baron Schey sich von der Zwecklosigkeit der Konkursausschreibung überzeugt hatte, nahmen die zwischen ihm und Laube seit Wochen geführten Unterhandlungen einen ernsteren Charakter an, und am 12. Januar unterzeichnete Laube — zum dritten Male! — einen Vertrag als Direktor des Wiener Stadttheaters. Die letzte Novität des Regie-

kollegiums: „Das Mädchen aus der Fremde," Lust=
spiel in vier Akten von Franz v. Schönthan, ging am 16.
d. Mts. in Scene, und an demselben Tage erhielten die
Herren des Kollegiums mittels Dankschreibens *) des Direk=
tionsrathes ihre von ihnen sehnlichst erwartete Entlassung.

*) Die Zuschrift lautete: „Sehr geehrter Herr! Indem der
Direktionsrath des Stadttheaters hiemit zu Ihrer Kenntniß bringt, daß
er Herrn Dr. Heinrich Laube zum artistischen Direktor dieses Institutes
ernannt hat und daß derselbe am 17. d. Mts. dieses Amt antreten wird,
fühlte er sich angenehm verpflichtet, Ihnen für die Bereitwilligkeit, wo=
mit Sie seiner Einladung, dem provisorisch leitenden Regiekollegium bei=
zutreten, gefolgt sind, sowie für die ersprießlichen Dienste, welche Sie als
Mitglied dieser Körperschaft den Interessen des Stadttheaters geleistet
haben, seine volle Anerkennung und seinen verbindlichsten Dank auszu=
drücken. Wien 16. Januar 1880. Hochachtungsvoll der Direktionsrath der
Gesellschaft des Wiener Stadttheaters. Schey. m. p. Dr. E. Suchanek. m. p.

Laube's dritte Direktion.

17. Januar — 31. Mai 1880.

Am Morgen des 17. Januar fand Heinrich Laube auf
der Bühne des Stadttheaters das vollzählig erschienene Künstlerpersonal vor, in dessen Namen Herr Grève der Freude
Ausdruck gab, den wiedergekehrten alten Direktor im Stadttheater begrüßen zu können. In seiner Antwort betonte
Laube, daß er von nun an gezwungen sei, das Wort Sparsamkeit auf seine Fahne zu schreiben, und gleich jetzt die
Mitglieder aufmerksam mache, bei den bevorstehenden Kon-
traktsabschlüssen in ihren Ansprüchen mäßig zu sein. Hierauf
nahm eine großartige Ovation, vom technischen Personal
dargebracht, ihren Anfang. Es hob sich der Prospekt, und
im reichen Blumenkranze zeigte sich das gelungene, von Haiß
gemalte Bild Laube's in bengalischer Beleuchtung. Kleine
Mädchen traten vor und überreichten dem neuen Direktor
einen Lorbeerkranz und eine Adresse. Das Orchester intonirte
einen von Kapellmeister Roth komponirten Laube-Marsch, und
Inspicient Neustätter sprach einige Willkommensworte. Dieser
eine gewisse Absichtlichkeit zur Schau tragenden Huldigung
des technischen Körpers folgte eine Probe von Sardou's
„Biederen Landleuten", in welchem Lustspiele am 19. Januar
Frau Schratt — der Theaterzettel führte die mittlerweile
in den Ehestand getretene Künstlerin trotzdem als „Fräulein"
an — ein auf drei Monate berechnetes Gastspiel begann.

Bei dieser Vorstellung erschien Laube, der das Theater seit 1. Mai v. J. nicht mehr betreten hatte, zum ersten Male wieder im Zuschauerraume und hielt am Schluße des Abends von der Bühne herab eine Anrede an das Publikum. Eine ernstere Unpäßlichkeit Frl. Frank's verzögerte die geplante Aufführung von Wilbrandt's neuestem Trauerspiel „Kriemhild;" es wurden nunmehr zumeist ältere Repertoirestücke, welche Glanzrollen für Frl. Schratt, den erklärten Liebling des Hauses, enthielten, hervorgesucht. Julius Rosen, welcher sich durch eine angebliche Vernachläßigung seiner Stücke gekränkt fühlte, entzog dieselben dem Wiener Stadttheater und überließ sie einer Vorstadtbühne, der er als Oberregisseur seine dramaturgischen Kenntnisse widmete. Nachdem Laube am 5. Februar dem Publikum sein Schauspiel „Rococo oder die alten Herren" (Marquis — Hr. Lobe und Hr. Grève, Baron — Hr. Swoboda und Hr. Tyrolt, Marquise von Pompadour — Frl. Schratt, Herr von der Sauce — Hr. Ranzenberg) vorgeführt hatte, kam endlich am 13. d. Mts. Wilbrandt mit seiner neuen Dichtung zum Worte. Das dreiaktige Trauerspiel „Kriemhild" (Kriemhild — Frl. Frank, Hagen — Hr. Friedmann, Siegfried — Hr. Mylius, Etzel — Hr. Swoboda) erzielte, namentlich in den beiden ersten Akten, eine höchst ehrenvolle Aufnahme. Mehrere Debüts, wie das des Frl. Anna Haverland und der jugendlichen Liebhaber Eggeling und Erl, führten zum Engagement. Am 10. März beschloß Frau Schratt, die sich für einige Zeit von der Bühne zurückziehen mußte, als „Käthchen von Heilbronn" ihr Gastspiel. Die beiden Novitäten des März: „Der Prinz," Schwank

in 4 Akten von Meilhac und Halévy, sowie das Dumas'sche
Lustspiel „Ein leichter Vater" brachten es zu keinen
anhaltenden Erfolgen. Zum Besten der Frauen und Kinder
von Inhaftirten fand in der Mitte des Monates eine Wohl=
thätigkeitsvorstellung mit gemischtem Programm statt, an welcher
das Stadttheater = Personal sich mit der Aufführung des
Schauspieles „Yelva" betheiligte, dessen stumme Titelrolle
Frl. Bertha Linda als Gast darstellte. Im Laufe des nächsten
Monates trat der Regisseur Herr Ludwig Geiger vom land=
schaftlichen Theater in Graz in den Verband des Stadttheaters.
Lebhaften Beifall errang am 3. April das Erstlingswerk des
jungen französischen Bühnendichters Albert Delpit: „Der
Sohn der Coralie" (Godefroy — Hr. Throlt, Cesarine
— Fr. Schönfeld, Daniel — Hr. Mylius, Madame Dubois
— Frl. Haverland, Bouchamp — Hr. Heinrich). Desgleichen
fanden Fitger's „Hexe" und Molbech's „Ambrosius"
schöne künstlerische Erfolge.

Leider blieb nach wie vor der Besuch des Stadttheaters
auf dem niederen Niveau der früheren Jahre. Auch Laube
wollte es nicht mehr gelingen, im Publikum wieder ein
lebhafteres Interesse für das Schauspielhaus auf der Seiler=
stätte zu erwecken. Die Einnahmen wurden immer geringer,
und Laube, dem sich auch sonst noch allerlei unliebsame
Hindernisse in den Weg stellten, begann, seinen voreiligen
Eintritt verwünschend, schon wieder ungeduldig zu werden.*)

*) Zu den Herren Schönfeld und Throlt, seinen jetzigen Regis=
seuren, äußerte der mißmuthige alte Herr: „Seid froh, daß Ihr draußen
seid aus dem Regiekollegium und danket Gott, daß Ihr nichts mehr zu
thun habt mit dieser . . . . Wirtschaft!"

Nur zu bald sollten seine Hoffnungen sich als trügerisch erweisen. Als sich plötzlich das Gerücht verbreitete, Baron Schey gedenke demnächst seine Stelle als Präsident des Direktionsrathes niederzulegen und sich vom Stadttheater ganz zurückzuziehen, blickte Alles mit gerechtfertigtem Bangen der Zukunft entgegen. Bei der am 16. April stattgehabten ordentlichen Generalversammlung der Gründer führte Baron Schey, der, kaum mit Laube versöhnt, einer leidigen Personalfrage halber mit diesem in abermalige Differenzen gerathen war, sein Vorhaben aus, indem er seinen definitiven Rücktritt vom Präsidium anmeldete. Hierauf beantragte Laube in einer unmittelbar nach der General= versammlung abgehaltenen Direktionsrathssitzung d i e s o = f o r t i g e S c h l i e ß u n g des Theaters, auf welchen Vorschlag der Direktionsrath jedoch nicht einging. Schon in der General= versammlung hatte Laube, verstimmt und gereizt durch die fortwährenden fruchtlosen Kämpfe um die Existenz des Stadt= theaters, in leidenschaftlich erregter Rede Anklagen gegen das Publikum, die Presse, die Gründer u. s. w. u. s. w. erhoben, welcher Vorgang in den betheiligten Kreisen großen Unwillen erregte. Die „Presse" sagte treffend: „Laube sah nach seiner Rede im Saale herum, ob er nicht noch Jemanden finde, den er noch schnell beleidigen könnte." Die Aufregung unter den Mitgliedern des Stadttheaters war nach dem Be= kanntwerden des Laube'schen Antrages eine ungeheure. Also abermals der Rücktritt Laube's in Aussicht! Abermals ein Chaos! Alle Hoffnungen wieder mit Einem Schlage vernichtet — nachdem vor wenigen Wochen mit den meisten Mitgliedern neue dreijährige Verträge abgeschlossen worden! Laube's

Rede und Vorgehen fand durch die öffentliche Stimme eine scharfe Verurtheilung. Eine Deputation der Schauspieler begab sich am folgenden Tage zu ihm, um Aufklärungen über seine Absichten und seinen plötzlichen Schließungsantrag zu erhalten. Laube erwiederte derselben: „Ich habe den Antrag auf Schließung gestellt, weil ich zu der festen Über= zeugung gekommen bin, daß unter den gegenwärtigen Ver= hältnissen das Stadttheater sich als ein erstes, besser geführtes Schauspielhaus nicht erhalten kann. Das Stadttheater muß von nun ab nicht nur Einschränkungen des Personals und des Etats, sondern auch Einschränkungen des Genre's ertragen, um bestehen zu können — und ein derartiges Theater leiten kann und mag ich nicht." Auf Dr. Bassermann's Replik, daß sich die Verhältnisse doch seit Januar nicht wesentlich verschlimmert hätten, gab Laube einen unbefriedigenden Bescheid.

Für den 14. Mai war vom Direktionsrathe, der in der Person des Herrn Erwin Suchanek einen neuen Präsi= denten gefunden hatte, eine zweite Generalversammlung der Gründer anberaumt worden, in welcher nunmehr ein end= gültiger Beschluß über die Art des ferneren Bestandes des Wiener Stadttheaters gefaßt werden sollte. Baron Schey, wenn auch nicht mehr dem Direktionsrathe angehörend, leitete Unterhandlungen mit Direktor Tewele, welche auf eine even= tuelle Vereinigung des Stadttheaters mit dem Carltheater zielten. Beinahe täglich fanden Direktionsrathssitzungen statt, in welchen die Idee der Verpachtung des Stadttheaters immer mehr in den Vordergrund trat. Daß, abgesehen von der vorgerückten Jahreszeit, unter so verworrenen Verhält=

niſſen der Beſuch des Theaters ſelbſt bei den von Laube beibehaltenen klaſſiſchen Abendvorſtellungen zu halben Preiſen von Tag zu Tag rapid abnahm, iſt wohl begreiflich. Graf Moy's vornehmes Schauſpiel: „Ein deutſcher Standes- herr" wurde vor leeren Bänken geſpielt.

In der am 1. Mai ſtattgefundenen Sitzung des Penſions- fondskomité's wurde das Geſuch des Regiſſeurs Herrn Karl Schönfeld, der aus Geſundheitsrückſichten um ſeine Penſio- nirung eingeſchritten war, genehmigt, und trat dieſer einzige Penſionär des Stadttheaters mit dieſem Tage aus dem Mit- gliederverbande. In derſelben Sitzung wurde ferner eine Eingabe an den Direktionsrath gerichtet, in welcher das Komité die Auflöſung und ſtatutengemäße Vertheilung des Penſionsfonds, der eine Höhe von beiläufig 80.000 Gulden erreicht hatte, beantragte. Ein Beſchluß des Direktionsrathes ließ vom 1. Mai ab alle Vorſtellungen bei halben Preiſen ſtattfinden. Als letzte Novitäten erſchienen am 10. Mai „Daniel Rochat" Schauſpiel von V. Sardou — in den Hauptrollen brillirten Frl. Haverland und Herr Lobe —, am 21. Mai „Der Herr Gemeinderath" nach dem Polniſchen des M. Balucki und „Kritik der reinen Vernunft" von Joſef Wollomitzer, zwei tolle Schwänke!

Die Generalverſammlung vom 14. d. Mts. beſchloß, das Wiener Stadttheater nicht mehr in eigener Regie zu führen, ſondern dasſelbe zu verpachten.

Bis zum letzten Mai sollte noch gespielt werden, und bis dahin hoffte man mit der Ordnung aller Stadttheater-Angelegenheiten in's Reine zu kommen.*)

Am 22. Mai begannen die Verhandlungen wegen Theilung des Pensionsfonds, welcher der Direktionsrath, unter der Bedingung, daß auch ihm ein Theilbetrag des Pensionsfondsvermögens zur Verfügung gestellt werde, seine Genehmigung ertheilte. An diesem Tage unterhandelte Dr.

*) Am 21. Mai 1880 bekam jedes Mitglied des Wiener Stadt-theaters folgende Zuschrift: „Da die in den Kontrakten der geehrten Mitglieder des Wiener Stadttheaters (§. 10, Absatz 2, lit. c) ausgedrückte Voraussetzung „wenn nachweislich die Einnahmen zur Deckung der Kosten nicht mehr hinreichen" bedauerlicher Weise eingetreten ist; da in Folge dessen die Generalversammlung der Gründer dieses Institutes am 14. d. Mts. den auf dringende Vorstellung des artistischen Direktors an dieselbe gestellten Antrag des Direktionsrathes, den Betrieb des Stadttheaters in eigener Regie einzustellen und dasselbe zu ver-pachten, angenommen und den Direktionsrath zur Durchführung dieses Beschlusses ermächtiget hat: so sieht sich der Direktionsrath unabweislich genöthigt, das ihm für den Fall des Eintrittes der oben erwähnten Voraussetzung vorbehaltene Recht in Anwendung zu bringen und Ihnen sowie sämmtlichen geehrten Mitgliedern des Wiener Stadttheaters die achttägige Kündigung vom 23. bis inklusive 31. d. Mts. zu ertheilen, so daß vom 1. Juni d. J. ab Ihr Engagementsvertrag in allen seinen Theilen aufgelöst und unwirksam sein wird. Es ist selbstverständlich, daß durch diese Kündigung auch ein eventuell neu abgeschlossener Kontrakt als aufgelöst zu betrachten ist. Der Direktionsrath kann diese ihm durch zwingende Nothwendigkeit auferlegte Maßnahme nicht ergreifen, ohne seine einmüthige und wärmste Anerkennung des andauernden und hin-gebungsvollen Eifers auszudrücken, womit das gesammte geehrte Künstler-Personale alle seine Kräfte für den Bestand des Institutes eingesetzt hat. Hochachtungsvoll der Direktionsrath der Gesellschaft des Wiener Stadt-theaters." Dr. E. Suchanek m. p. Joh. Fr. v. Mayr m. p.

Suchanek von 3 Uhr Nachm. bis 10 Uhr Nachts mit jedem Einzelnen der 40 berechtigten Pensionsfondsmitglieder. Am 25. d. Mts. löste sich das Komité auf und übergab das Vermögen des Pensionsfonds dem Direktionsrathe zur bereits festgestellten Vertheilung und Auszahlung an die Mitglieder, welche am 29. Mai erfolgte. So hatte dieser mächtig herangewachsene Fonds, durch dessen Theilung dem Wiener Stadttheater ein wichtiger Anziehungsfaktor für die Künstler verloren ging, ein schnelles Ende gefunden. Leider mußte die Auflösung dieses Pensionsfonds stattfinden, da durch die von der Generalversammlung beschlossene Verpachtung dem bisherigen Personale gar keine Garantien eines weiteren Verbleibens geboten werden konnten, und der jeweilige Pächter in Fragen des Genre's und des Personals, unabhängig vom Direktionsrathe, vorzugehen das Recht hatte.

Am Morgen des 31. Mai, als sich die Regisseure zum letzten Male im Bureau des Direktors einfanden, sagte Laube, in trüber Stimmung von denselben Abschied nehmend: „Am Ende hätte ich doch nicht zurücktreten sollen." Am Abend fand als letzte Vorstellung unter Laube's dritter und kürzester Direktion, sein „Statthalter von Bengalen" — vor brechend vollem Hause — statt. Auch diesmal hielt der Scheidende eine Abschiedsrede — seine letzte! Laube, der gleich seinem großen Berufsvorfahren, dem Hamburger Theaterdirektor Schröder, mit welchem er manchen Zug gemeinsam hat, zu wiederholten Malen das Direktionsscepter hinwarf, um es bald wieder aufzuheben, verließ an diesem Tage das Wiener Stadttheater, die Stätte seiner letzten Freuden und Sorgen, um es nie wieder zu betreten.

Heinrich Laube hatte sich, wie in früheren Jahren, so auch als Direktor des Wiener Stadttheaters Freunde und warme Anhänger, aber auch Feinde und erbitterte Gegner erworben. In Bezug auf die Letzteren äußerte er selbst einmal: „Ich habe ein eigenes Talent, mir Feinde zu machen! Meine brave Mutter hat dies schon vorausgesagt. Wie oft sagte sie mir, dem damals zehnjährigen Burschen, wenn ich, unwirsch und eigensinnig, finstere Gesichter schnitt: „Heinrich, Du wirst so wenig Freund' im Leben finden!" An diese kleine Selbstkritik anknüpfend und gleichsam als Epilog zu dieser — mit Laube's letztem Rücktritt abschließenden — Hauptperiode des Wiener Stadttheaters mögen hier einzelne Stellen aus einem in Rosegger's „Heimgarten" erschienenen Essay Platz finden, welcher in Beurtheilung des Menschen und des Theaterdirektors Laube ein ehrliches Bild dieses bedeutenden Dramaturgen zu geben versuchte.

An einen zornigen Ausspruch Grillparzer's: „Was kümmert mich die Meinung der Welt! Ich will meine eigene Meinung haben!" anknüpfend, fährt der Verfasser fort: „..... auch Laube hatte seine eigene Meinung, welche meist auf seinem kritischen Wissen und Erkennen, auf seiner Erfahrung gegründet war, doch der Erfolg oder der Mißerfolg modelte dieselbe um, je nachdem er ihr mehr oder minder widersprach). Diese Vorliebe für den Erfolg aber, der bestimmende Einfluß, den Laube ihm über sein Denken und Handeln einräumte, ist der Schlüssel, welcher uns sein merkwürdiges — weil ohne bestimmtes Ziel, doch hohe Ziele erreichendes — Leben erklärt, es uns aber auch begreiflich macht, daß Heinrich Laube so unzuverlässige charakterlose Anhänger und so erbitterte, bis zur Beschimpfung aufgebrachte Feinde hatte, und daß die Meinung über seinen eigenen Charakter so widerspruchsvoll, so schwankend ist. ..... Der Erfolg war ihm ein ästhe= tisches Krebo, und gerade in seiner Eigenschaft als Theaterleiter mußte er es ihm bis zu einem gewissen Grade sein, denn das Theater kann überhaupt nur bestehen, wenn sich seine Wirksamkeit in einer Kette von Erfolgen offenbart. Auch fußen die großen Verdienste, welche sich Laube namentlich um das Wiener Theater erworben, zum großen Theil auf dem ästhetischen Krebo des Erfolges, denn diese Nachgiebigkeit der öffentlichen Meinung gegenüber setzte Laube in den Stand, äußerst ersprießliche Erfolge zu erzielen in verhältnismäßig kurzen Zeiträumen. So war auch seine Schöpfung des Stadt= theaters mit einem großen Künstlerpersonal und einem reichen Repertoire überhaupt nur dadurch möglich, daß Laube den Erfolg über seine persönliche Meinung und Überzeugung stellte. Das Publikum mußte ihm also — nach seiner Ansicht — maßgebend sein, selbst dann, wenn es ihn zwang, zu ihm herabzusteigen. Andererseits aber durfte er sich nicht damit aufhalten, dem Publikum seine bessere Überzeugung dort auf= zudrängen, wo es galt, ein Talent, ein Werk gegen das Publikum und dessen Meinung durchzusetzen. ...... Das planlose Suchen des wirklichen Berufes, wie es sich in Heinrich Laube's Lebensgang merkwürdig genug und ganz vereinzelt offenbart, erklärt zur Genüge die in dem Charakter dieses Mannes fast zu stark hervortretende Neigung, dem Erfolg einen bestimmten Einfluß auf Handeln und Denken zu gestatten, den Erfolg zum ästhetischen Krebo zu machen. Wer in seinem Leben von früh auf ein festes Ziel hat und die Kraft, dies

Ziel selbstständig anzustreben, den werden Mißerfolge ebenso wenig beirren, als ihn Erfolge bestimmen können, denn jedes festangestrebte Ziel stählt den Charakter. Ein festes Ziel aber gewann Laube erst, da er Theaterdirektor wurde .... Laube besaß eine große Willenskraft, die mitunter an Starrsinn grenzte; seinen Vorgesetzten schroff entgegenzutreten, unbeugsam auf seinen Rechten als Direktor zu bestehen, seinen Willen auch den Schauspielern gegenüber tyrannisch durchzusetzen, das Alles lag in seiner Natur, und in alledem zeigte er in der That eine bewußte Charakterfestigkeit, welche volle An= erkennung verdient, ja sogar gerühmt werden muß. Nur die vox populi, welche eben den Erfolg macht, herrschte über ihn und ließ ihn in seiner letzten Direktionszeit am Wiener Stadttheater ästhetische Sünden begehen, welche bei einem Dramaturgen, wie Laube, ausgeschlossen sein mußten ...... Laube vermochte seinen persönlichen Vortheil geradezu preis= zugeben, wenn die Rücksicht darauf die Sache bedrohte, der er diente. Er hat es bewiesen in seinem Kampfe gegen Halm ...."

Verpachtung des Theaters an die Herren v. Bukovics und Theimer.

25. September 1880 — 16. Mai 1884.

Beinahe vier Monate blieb das Wiener Stadttheater geschlossen und harrte einer neuen Direktion und einer besseren Zukunft! Nach Schluß der dritten Laube'schen Direktions= periode waren, wie immer bei solchen Anlässen, abermals verschiedene Namen als Pacht= und Direktionskandidaten (Ascher, Jauner, Lobe, Dr. Franckel, L'Arronge) aufgetaucht, doch kam es zwischen keinem der Genannten und dem Direk= tionsrathe zu irgend welchem praktischen Resultate. Erst Ende Juni waren die Journale in der Lage, die künftigen Direktoren und Pächter des Wiener Stadttheaters der Theaterwelt und dem Publikum nennen zu können: Karl von Bukovics, den beliebten Komiker des Stadttheaters und seinen Schwager Eduard Theimer, der die administrative Leitung des Theaters übernahm. Wenn auch im Großen und Ganzen das bisherige Genre des Stadttheaters beibehalten werden sollte, verlegte sich die neue Direktion doch vorwiegend auf die Pflege des modernen deutschen wie französischen Schau= und Lustspieles. Die Tragödie erschien nur — als Gast. Direktor Bukovics hatte von den früheren Mitgliedern die Damen Frank, Mar= berg, Schäffel, Schratt, Tyrolt, Wagner und die Herren

Friedmann, Thalbot, Tyrolt engagirt; die überwiegend größere Hälfte seines Kunstpersonals bestand aus neuen Kräften. Frau Schönfeld und die Herren Bassermann und Grève waren, erstere in den Verband des Burgtheaters, die beiden letzteren in den des Theaters a. d. Wien getreten. In Friedrich Mitterwurzer, dessen noch mit Laube abgeschlossenen Engagementsvertrag zu übernehmen die jetzige Direktion mit Vergnügen bereit war, gewann das Stadttheater nicht nur den langersehnten ersten Conversationsschauspieler, sondern auch einen ausgezeichneten Regisseur. Der in früheren Jahren zu hohe Ziffern ausweisende und dadurch den Bestand des Institutes oft gefährdende Gesammtetat wurde bedeutend verringert, und demgemäß im artistischen und technischen Betriebe eingreifende zweckmäßige Veränderungen und Ersparungen eingeführt, welche das nicht zu leugnende Verdienst des tüchtigen Kaufmannes Theimer waren, der sich seiner neuen Berufsthätigkeit mit Ernst und Fleiß widmete. Presse und Publikum kamen den beiden Männern, welche das unter Laube dreimal financiell gescheiterte Unternehmen weiter zu führen den Muth hatten, mit Wohlwollen entgegen.

Als Eröffnungsvorstellung brachte die neue Direktion am 25. September 1880 ein neues Schauspiel von Paul Lindau „Gräfin Lea," dessen Hauptrollen sich in den Händen der Damen Frank, Tyrolt, Lenau und der Herren Friedmann, Mitterwurzer und Tyrolt befanden. Die beiden ersteren Herren standen als „Gäste" auf dem Theaterzettel. Das ausverkaufte Haus war sehr beifallslustig, und die Novität erlebte eine stattliche Zahl von ununterbrochenen Wiederholungen. Das Princip des täglich wechselnden Repertoires

wurde nach und nach ganz fallen gelassen, und der Grundsatz
wurde vorherrschend, ein neues Stück so lange auf dem Reper=
toire zu belassen, als die Einnahmen eine bestimmte dem Tages=
etat entsprechende Summe erreichen. Die nächstfolgenden Novi=
täten: „Gute Zeugnisse,“ Lustspiel in 3 Akten von Malla=
chow, sowie „Ungesund,“ Schwank in einem Akt von Homberg,
verschwanden nach der zweiten Aufführung. Am 16. Oktober
erschien, als Fortsetzung des gleichnamigen Augier'schen Dramas,
„Des Hauses Fourchambault Ende,“ ein Schauspiel
von Müller von Guttenbrunn. Dem deutschen Schriftsteller
war es überraschend gelungen, die Dichtung im Styl und
in der charakteristischen Sprache seines berühmten französischen
Kollegen fortzusetzen. Herr Friedmann spielte den Bernard,
ein neues Mitglied, Frau Versing-Hauptmann, die Mutter
Bernard's. Großen Beifall fanden Freytag's „Journalisten“
mit Mitterwurzer (Bolz) Bukovics (Piepenbrink) Tyrolt
(Schmock), und dieses vornehme Lustspiel blieb von da ab eines
der beliebtesten Repertoirestücke dieser Bühne. Ein Kassenstück
gewann die Direktion in Oscar Blumenthal's Schwank: „Die
Teufelsfelsen,“ welcher z. 1. M. am 23. Oktober auf=
geführt, lebhafte Heiterkeit erregte. Die komischen Hauptrollen
befanden sich in den Händen der Herren Bukovics, Mitter=
wurzer und Tyrolt. Als Lückenbüßer erschienen (16. November)
zwei neue Einakter: „Freund Babolin“ von Bahn und
„Ich habe keine Zeit,“ von Labiche. An die beim Publikum
beliebt gewordene Blumenthal'sche Posse reihte sich als nächste
größere Novität das allerliebste Meilhac und Halévy'sche
Lustspiel: „Die kleine Mama,“ welches mit Frl. Schratt,
die nunmehr auch als „Gast“ am Zettel figurirte, und

Herrn Mitterwurzer in den Hauptrollen ebenfalls ein gerne gesehenes Repertoirestück des Stadttheaters wurde. Dienstag den 30. November veranstaltete der deutschösterreichische Lese= verein der Wiener Hochschule zur Feier des hundertjährigen Gedenktages des Regierungsantrittes Kaiser Josef II. eine Festvorstellung, bei welcher nach einem von Ferdinand v. Saar gedichteten und von Frl. Frank gesprochenen Prologe eine dramatische Anekdote in zwei Abtheilungen von Sigmund Schlesinger „Die Verschwörung der Hofdamen" und ein scenischer Epilog von Eduard Mautner „Im Augarten" vor ausverkauftem Hause zur Darstellung gelangten. Den in beiden Gelegenheitsstücken vorkommenden Kaiser Josef spielte Herr Friedmann in gelungener Maske. Der Monat December brachte außer dem E. Arter'schen Sittenbilde „Duelle" und einem kurzen Gastspiele Frl. Bertha Linda's als Schau= spielerin — die ehemalige Ballerine trat in „Eine Frau, die in Paris war," Lustspiel von Moser, und in dem Schneider'schen Genrebilde „Der Kurmärker und die Picarde" auf — am 21. d. Mts. das alte Blum'sche Lustspiel „Der Ball zu Ellerbrunn" und am vorletzten Tage des Jahres das effektvolle und interessante fünfaktige Schauspiel „Ein Selbstmord" aus dem Italienischen des Paolo Ferrari (Alberto — Hr. Mitterwurzer, Guerraschi — Hr. Heinrich, Attilio — Hr. Tyrolt, Adele — Fr. Albrecht, Gräfin Lambrini — Fr. Tyrolt, Giorgio — Hr. Stahl, Clotilda — Frl. Schratt, Marcella — Frl. Marberg). Trotz der kurzen Zeitdauer konnte die junge Direktion beim Ab= schlusse des Jahres mit Befriedigung auf eine Reihe hübscher Erfolge zurückblicken.

Der Theateralmanach vom 1. Januar 1881 wies fol=
genden artistischen Personalstand auf; die Herren: Richard
Alexander, Karl v. Bukovics, Theodor Bollmann,
Theodor Bock, Leopold Deutsch, Moriz Fichte, Sigwart
Friedmann, Rudolf Handt, W. E. Heinrich, Sigmund
Lautenburg, Rudolf Leyrer, Ignaz Liebhardt, Friedrich
Mitterwurzer, Alois Relly, Carl Saar, Louis Stahl,
Heinrich Thalbot, Dr. Rudolf Tyrolt, Eugen Witte;
die Damen: Hermine Albrecht, Olga Beilefort, Betti
v. Bocklet, Leopoldine Vorst, Marie Brandtmann, Ka=
tharina Frank, Marie Freund, Eugenie Lenau, Jenny
Lorm, Marie Marberg, Emma Mauthner, Fanny
Schäffel, Katharina Schratt, Bertha Schulz, Ernestine
Tyrolt, Anna Versing=Hauptmann, Mathilde Wagner.
Als Elevin: Frl. Christine v. Bukovics. Für Kinderrollen:
Gisela Reichmann, kl. Wolf. Die Oberregie führte Hr.
Mitterwurzer, als Hilfsregisseure waren die Herren Lieb=
hardt und Thalbot, letzterer zugleich als Direktionssekretär,
angestellt. Dramaturg: Herr Heinrich Börnstein, Theater=
arzt: Dr. H. Staniek. Auch im Direktionsrathe hatten starke
Personalveränderungen stattgefunden. Derselbe bestand jetzt
aus den Herren: Dr. Erwin Suchanek Präsident, Johann
Freiherr v. Mayr Vicepräsident, Heinrich Beyer, Ferdinand
Fellner, J. Gauß, Achilles Melingo Edler v. Sakinth.
Als Generalsekretär fungirte Herr Dr. Ab. Franckel. Im
neuen Jahr, welches sich in mancher Beziehung nicht sonder=
lich günstig anließ, erprobten sich die trefflichen administra=
tiven Maßnahmen der Pächter. Die in der ersten Hälfte
Januar zur Aufführung gelangten Schwänke: „Ich ver=

speise meine Tante" von A. Frejenius, „In geheimer
Mission" von E. v. Bukovics und „Der Mann in der
Flasche" von J. Rosen, der wieder zum Stadttheater zurückgekehrt war, vermochten leider nicht das im ersten Viertel-
jahre so zahlreich erschienene Publikum dem Stadttheater
dauernd zu erhalten. Das am 22. d. Mts. z. 1. M. gegebene Schauspiel „Die Goldprobe" (La Pierre de Touche)
von Augier und Sandeau interessirte ungemein und brachte
den Hauptdarstellern (Gräfin von Schwarzenfels — Fr.
Versing-Hauptmann, Dorothe — Frl. Marberg, Freiherr
von Berghausen — Hr. Tyrolt, Wagner — Hr. Stahl,
Friederike — Frl. Schratt, Spiegel — Hr. Mitterwurzer)
wohlverdienten Beifall. Oftmalige Erkrankungen erster Mitglieder wirkten sehr hinderlich auf eine abwechslungsreichere
Entwicklung des Repertoires. Ein zweiter Schwank O. Blumenthal's, „Ich bitte um's Wort" rechtfertigte die gehegten
Hoffnungen leider nur in geringem Maße. Mehr Glück hatten
das vom Schauspieler Mejo verfaßte „Lustspiel aus dem
Leben," welches am 12. Februar in Scene ging, und das
am 23. d. Mts. z. 1. M. aufgeführte Hugo Bürger'sche
Lustspiel „Auf der Brautfahrt" (Gersdorf — Hr. Mitterwurzer, St. Fone — Hr. Witte, Herr Potter — Hr. Tyrolt,
Frau Potter — Fr. Tyrolt, Marie — Fr. Albrecht, Hilde-
gard — Frl. Marberg.)

Durch den geplanten Abgang Mitterwurzer's, welcher
mit künftiger Saison als Oberregisseur in das von Jauner
übernommene Ringtheater eintreten sollte, bereitete sich für
die Direktion ein schwerer Verlust vor. Eine dem genialen
Künstler zu eigen scheinende Ruhelosigkeit und die seinen

Plänen nicht immer entsprechende allzu eingeschränkte artistische und administrative Leitung des Institutes mögen die Hauptursachen seines baldigen Austrittes aus dem Verbande des Stadttheaters gewesen sein. Bereits im März begann der ehemalige Theaterdirektor Friedrich Strampfer, der zum Nachfolger Mitterwurzer's bestimmt war, seine Regiethätigkeit. Längere Urlaube Frl. Schratt's und Herrn Mitterwurzer's, sowie der noch im Laufe des Jahres sich vollziehende Abgang Frl. Frank's und Herrn Friedmann's, wodurch empfindliche Lücken im Personalstande eintraten, ließen ein gediegeneres Repertoire schwer aufkommen. Trotzdem hatte sich die Theilnahme des Publikums für die Vorstellungen gehoben, und man konnte Stücke, die genügende Anerkennung fanden, mindestens eine Woche lang fortwährend auf dem Repertoire erhalten. Die im März gebrachten Novitäten: „Noble Bekanntschaften" (le Phoque) Schwank von Hennequin und Delacour, „Jean Baudry" Schauspiel von Vaquerie und „Ein Löwenritt" von Bohrmann mußten allerdings dieser Anerkennung und daher auch einer längeren Lebensdauer entbehren. Am 29. März verabschiedete sich Sigwart Friedmann als Chevalier in „Eine Partie Piquet" und als Bonjour in Holtei's „Wiener in Paris" vom Publikum des Stadttheaters. Einen durchschlagenden Erfolg erzielte die Direktion mit dem vom Burgtheater übernommenen Moser'schen Lustspiele „Der Hypochonder" (Birkenstock — Hr. Bukovics, Emma — Fr. Versing-Hauptmann, Asta — Frl. Bukovics, Sauerbrei — Hr. Tyrolt, Rosalia — Fr. Wagner, Klara — Frl. Marberg, Reimann — Hr. Stahl, Berger — Hr. Witte, Pieper — Hr. Heinrich, Hampel – Hr. Deutsch), welches binnen Monatsfrist achtzehn vortrefflich besuchte Wiederholungen erlebte. Vergebliche Mühe war auf Leroy's Schauspiel „Laurianne," das am 23. April entschieden abgelehnt wurde, verwendet worden. Zum Schlusse des Monates kam des Wiener Journalisten H. E. Wallsee effektreiches Sittenbild „Die Verlorenen" an die Reihe und fand nebst den Darstellern der Hauptrollen (Fr. Albrecht, Hr. Mitterwurzer und Hr. Tyrolt) vielen Beifall. Zur Feier der Vermählung Sr. kais. Hoheit des Kronprinzen Erzherzog Rudolf wurde am 7. Mai ein Festspiel „Von der Aar zur Donau" von Eduard Mautner aufgeführt; den dasselbe eröffnenden Prolog sprach Frau Albrecht als „Austria." In diese Zeit fallen die Debüts einiger neuer Mitglieder wie der Damen Bichler, Leeder und der Herren Beck, Link, Steinar und Straßmann. Als Remplaçantin für die das Stadttheater abermals verlassende Frau Schratt trat Frl. Else Hofmann vom Hoftheater in Kassel ein und begann ihr Wiener Engagement als Lorle in „Dorf und Stadt" mit vielem Glück. Zwei Schlesinger'sche Lustspiele, „Mein Sohn" und „Der Haussspion", bildeten eine angenehme Bereicherung des Repertoires.

Dem Rathe ihres Dramaturgen folgend und mit Rücksichtnahme auf ein vierzehntägiges Ensemblegastspiel in Graz, welches die größere Hälfte des Personals in Anspruch nahm, begann die Direktion mit den am Wiener Stadttheater zurückgebliebenen Darstellern einen kleinen Kotzebue-Cyclus, welcher den Schauspielern große unnütze Arbeit, der Direktion geringen praktischen Erfolg brachte. So wurden in rascher Aufeinanderfolge „Die deutschen Kleinstädter," „Der arme Poet,"

„Die beiden Klingsberg," „Die Verwandtschaften" und „Die Zerstreuten" zu kurzem Scheinleben wieder=erweckt. Auch die Lustspiele: „Eine Heirath unter Lud=wig XV." von Dumas, „Durch Champagner" und „Das Landhaus des Präfekten" fanden nur spärlichen Beifall. Unterdessen fand, und zwar in der Zeit vom 17. bis incl. 30. Juni, in Graz das oberwähnte Ensemblegastspiel von Mitgliedern des Stadttheaters unter der artistischen Leitung des Direktors v. Bukovics statt, wobei die beliebten Repertoire=stücke der letzten Saison zur Aufführung gelangten. Inner=halb der an dieses Gastspiel sich anschließenden zweimonat=lichen Ferien starb der langjährige und verdienstvolle ehe=malige Präsident des Direktionsrathes Friedrich Freiherr von Schey. Alle Angehörigen des Wiener Stadttheaters bewahrten dem liebenswürdigen und opferwilligen Kunst=freunde ein ehrendes Andenken!

Als erste Novität der neuen Saison, die am 1. Sep=tember mit dem Birch=Pfeiffer'schen Schauspiel: „Ein Kind des Glücks" eröffnet wurde, erschien am 8. d. Mts. Ibsen's „Nora" mit Frl. Hofmann in der Titelrolle. Nachdem eine Woche hindurch der französische Schwank „Die Höhle des Löwen" gespielt worden war, feierte Dumas mit seiner neuesten Komödie „Die Prinzessin von Bagdad" nach=haltige Triumphe.

Mitte Oktober nahm Friedrich Mitterwurzer als Spiegel in Augier's „Goldprobe" vom Stadttheater Abschied. Am Schlusse der Vorstellung hielt er eine Rede, in welcher er seiner bisherigen Direktion, seinen Kollegen und überhaupt dem Stadttheater derartiges Lob spendete, daß die naive

Frage eines Zuhörers: „Ja, warum geht er dann eigentlich fort?" sehr berechtigt erschien. Der Verlust Mitterwurzers, dessen Regietalent sich besonders glänzend bewährt hatte, war für die Direktion ein um so empfindlicherer, als sein Nachfolger, Herr Strampfer, dessen Vertrag bald in gütlichem Wege gelöst wurde, ihn zu ersetzen kaum im Stande war. Dr. Tyrolt übernahm Ende Oktober die Gesammtregie. Julius Rosen hatte sich mit einem neuen Schwank: „Maschinen" eingestellt, der aber keine besonders günstige Aufnahme fand. Das frühere Glück dieses fruchtbaren Lustspieldichters wollte nicht mehr wiederkehren. Mehr Anklang fand ein lustiger französischer Schwank: „Eine Vergnügungsreise" (Un voyage d'agrément) von Gondinet, in welchem Frl. Jenny Groß, die zukünftige Naive des Stadttheaters, in der kleinen Rolle eines Kammermädchens z. 1. Male diese Bühne als neuengagirtes Mitglied betrat. Die Hauptrollen der Gondinet'schen Farce wurden von Fr. Albrecht und den Herren Bukovics, Tyrolt, Witte, Bank und Heinrich gespielt. Der geringe Erfolg, den im Laufe des November Eduard Mautner's Schauspiel „Enterbt," Moser's Lustspiel „Der Sklave" und das ältere französische Stück „Die Freude des Hauses" nebst dem Najac'schen Schwank „Zwei Schwiegerväter" errangen, blieb nicht ohne Einfluß auf den Besuch des Stadttheaters, der zu seiner Hebung einer großen durchschlagenden Novität dringend bedurfte. Eine solche stellte sich glücklicherweise mit dem am 26. November z. 1. M. aufgeführten und außerordentlich beifällig aufgenommenen Pailleron'schen Lustspiele: „Die Welt, in der man sich langweilt" (Le monde où l'on s'ennuie) ein.

12*

Dieses reizende Konversationsstück, welches seinen richtigen
Platz allerdings nur im Burgtheater gefunden haben
würde, hätte Laube, wenn auch nur für kurze Zeit, beinahe
wieder in nähere Berührung mit dem Stadttheater gebracht.
Frau Schratt, welche die Direktion einlud, die Rolle
der Frau des Unterpräfekten zu spielen, wäre geneigt gewesen,
die Hauptrolle der „Susanne" zu übernehmen, und für diesen
Fall hatte sich Laube erbötig gemacht, die interessante Novität
zu inscenieren. Beides ward jedoch nicht möglich, da die Di-
rektion die fragliche Hauptrolle bereits Frl. Hofmann zuge-
theilt hatte. Der außergewöhnliche Erfolg dieses geistreichen
Pariser Stückes, welches in den hervorragenden Rollen
folgendermaßen besetzt war: Herzogin — Fr. Galster, Gräfin
— Fr. Tyrolt, Susanne — Frl. Hofmann, Roger — Hr.
Stahl, Bellac — Hr. Ranzenberg, Raymond — Hr. Tyrolt,
Jeanne — Frl. Groß, Miß Lucy — Frl. Lenau, General
— Hr. Bukovics, St. Réault — Hr. Heinrich, Des Millets
— Hr. Epstein) ließ auf eine lange Reihe voller Häuser
schließen — da kam der Abend des 8. December und mit
ihm die furchtbare Katastrophe des Ringtheaterbrandes! Die
Nachwirkung dieses entsetzlichen Unglückes, bei welchem Hun-
derte von Menschen einen grauenvollen Tod fanden, waren
für die Theater der ganzen Welt, in erster Linie aber für
die Wiener Theater in hohem Maße fühlbar. Eine leicht-
erklärliche Angst und Aufregung hatte sich des gesammten
Publikums bemächtigt, und der Besuch fast aller Wiener
Theater war in den nächstfolgenden Wochen ein derartig
unbedeutender, daß einzelne Direktoren sich ernstlich mit dem
Gedanken trugen, bereits Ende Januar die Saison abzu-

schließen. Am 12. December, dem Begräbnißtage der Ring=
theateropfer, blieben sämmtliche Wiener Bühnen geschlossen.
Nicht nur die ferneren Wiederholungen der Pailleron'schen
Komödie*) spielten sich vor leeren Bänken ab; auch das neue
Schauspiel von Nus: „Frau von Navaret" litt unter den
die Theaterverhältnisse schwer schädigenden Folgen des unheil=
vollen Decembertages. Zu Gunsten der durch die Brand=
katastrophe brotlos gewordenen Ringtheatermitglieder fand
am 20. December im Stadttheater eine Wohlthätigkeitsvor=
stellung statt, in welcher die ehemalige k. k. Hofschauspielerin
Frl. Friederike Bognar als „Marianne" in „Ein Weib
aus dem Volke" nach zehnjähriger Pause wieder eine
Wiener Bühne betrat. Die übrigen Rollen wurden von Mit=
gliedern des Ring= und Stadttheaters dargestellt, Mitter=
wurzer sprach einen von L. Ganghofer gedichteten Prolog.
Dieser von der Wiener „Schlaraffia" veranstalteten Auffüh=
rung wohnten Se. k. u. k. Hoheit der Kronprinz sammt h. Ge=
mahlin und mehrere Erzherzoge bei. Ein weiterer Akt der
Wohlthätigkeit wurde zum Besten der Hinterbliebenen der
bei der Ringtheaterkatastrophe Verunglückten mit der am 27.
d. Mts. stattgefundenen Darstellung des „Verschwender"
geübt. Die Raimund'sche Dichtung war folgendermaßen besetzt:
Cheristane — Frl. Frank, Azur — Hr. Lobe, der eigens
zu dieser Vorstellung von Frankfurt nach Wien gekommen
war, Flottwell — Hr. Ranzenberg, Valentin — Hr. Tyrolt,

---

*) „Die Welt, in der man sich langweilt" bekam in der jüngsten
Wiener Theatergeschichte eine ominöse Bedeutung. Am Tage des Ring=
theaterbrandes wurde das Lustspiel im Stadttheater, am Tage des Stadt=
theaterbrandes im Burgtheater aufgeführt.

Rosa — Fr. Gallmeyer, altes Weib — Frl. Herzog. In einer Koncerteinlage sang Pauline Lucca zwei Lieder, Frl. Linda tanzte mit Hrn. Haßreiter ein Pas de deux. Der Ringtheaterbrand mit seinen schrecklichen Folgen brachte gar bald von Seite der maßgebenden Behörden eine neue strenge Theaterordnung und schwerwiegende Vorschriften für Theaterbau und Betrieb. Die beim Publikum beliebten Nachmittagsvorstellungen waren bis Mitte Februar 1882 verboten.

Der Theateralmanach vom 1. Januar 1882 wies folgenden artistischen Personalstand auf; die Herren: Richard Alexander, Sigmund Amanti, Karl v. Bukovics, Josef Bank, Otto Beck, Max Brandeis, Julius Epstein, Maurice Fichte, W. E. Heinrich, Rudolf Handt, Rudolf Leyrer, Friedrich Mitterwurzer, Karl Patonay, Sigmund Pinal, Hugo Ranzenberg, Alois Relly, Louis Stahl, Theodor Steinar, Heinrich Thalbot, Dr. Rudolf Tyrolt, Eugen Witte; die Damen: Hermine Albrecht, Gretchen Bichler, Betty v. Bocklet, Christine v. Bukovics, Katharina Frank, Marie Freund, Georgine Galster, Jenny Groß, Else Hofmann, Jenny Heißler, Eugenie Lenau, Fanny Schäffel, Auguste Schönfeldt, Ernestine Tyrolt, Mathilde Wagner, Anna Walter, Sofie Wallbrecht. Für Kinderrollen: kl. Wolf, kl. Suttner. Als Regisseure fungirten die Herren Mitterwurzer und Tyrolt.

Das neue Jahr begann mit einer Aufführung der „Journalisten," in welchen Friedrich Mitterwurzer nun neuerdings seine Thätigkeit am Wiener Stadttheater aufnahm.*) Einen Achtungserfolg errang am 5. Januar Moſer's Luſtſpiel „Kalte Seelen." Der Beſuch des Theaters ließ, wie ſchon erwähnt, viel zu wünſchen übrig, und erſt gelegentlich der nächſtfolgenden Novitäten trat allmählig eine Beſſerung ein. Sardou's Senſationskomödie „Odette" (Graf von Cler= mont — Hr. Mitterwurzer, Odette — Fr. Albrecht, Phi= lippe — Hr. Ranzenberg, Bechamel — Hr. Tyrolt, Béran= gère — Frl. Hofmann, Juliette — Frl. Groß) wurde zwei Wochen hindurch auf dem Repertoire belaſſen. Einen Treffer machte die Direktion mit dem harmloſen Luſtſpiele „Der Jourfix" (Buchholz — Hr. Bukovics, Hedwig — Frl. Groß, Botoſányi — Hr. Tyrolt, Dr. Müller — Hr. Mitterwurzer) von Hugo Bürger, welches ein Zug= und Kaſſenſtück aller= erſten Ranges wurde und binnen kurzer Zeit über vierzig Aufführungen erlebte. Verhandlungen mit der Direktion des Wallnertheaters in Berlin bezüglich eines Sommergaſtſpieles der Wiener Stadttheatergeſellſchaft in der deutſchen Hauptſtadt, bei welcher Gelegenheit daſelbſt z. 1. M. „Die Welt, in der man ſich langweilt" aufgeführt werden ſollte, zerſchlugen ſich. Anfangs Februar wurden die bei Beginn der Saiſon 1880 reducirten Eintrittspreiſe wieder erhöht.

Während eines kurzen Enſemblegaſtſpieles einzelner Stadttheatermitglieder in Budapeſt und Preßburg („Jourfix" „Welt, in der man ſich langweilt" — 20. bis 28. Februar) hielt ein ſogenanntes Volksſtück, der dramatiſirte Zola'ſche

---

*) Bezeichnend für die, in Folge des Ringtheaterbrandes Schauſpieler und Publikum beherrſchende Furcht iſt es, daß Mitterwurzer als Konrad Bolz es für zweckmäßig hielt, die im dritten Akte vorkommende Erzäh= lung vom Brande des Hauſes wegzulaſſen.

Roman „Der Todtschläger" (L'assommoir) mit Herrn Mitterwurzer und Frau Albrecht in den Hauptrollen seinen durch Bilderplakate vorbereiteten Einzug in das Stadt=theater. Trotz des Widerspruches, welcher sich von einzelnen Seiten gegen die Aufführung am Stadttheater erhoben hatte, ließ sich die Direktion, wahrscheinlich dem Dar=steller der Hauptrolle zu Liebe, zur Annahme der Bou=levardkomödie bewegen. In dem von Kritik und Publi=kum nicht besonders günstig aufgenommenen zweifelhaften Stücke errang allerdings Mitterwurzer als Regisseur und Darsteller des Coupeau einen doppelten Sieg, der einerseits seine schauspielerische Kühnheit bewundern, anderseits aber auch bedauern ließ, seine edle Kunst zur Darstellung der=artig häßlicher Lebenserscheinungen zu missbrauchen, welche überhaupt mehr Interesse für die Besucher einer Klinik als für die eines Schauspielhauses haben dürften. Bei einer am 25. Februar stattgefundenen Wohlthätigkeitsvorstellung wurde von Mitgliedern des Stadttheaters z. 1. M. Pailleron's reizendes Lustspiel „Der zündende Funke" mit großem Erfolge dargestellt. Die durch den früher erwähnten kleinen Gastspielzug, der künstlerisch und financiell zur vollen Zufrie=denheit der Direktion ausgefallen war, unterbrochenen „Jour=fix"=Aufführungen wurden nunmehr mit ungeschwächter Wir=kung wieder aufgenommen. Wenig Glück machten zwei neue deutsche Stücke: „Der Zugvogel" von Moser und Schön=than, sowie O. v. Redwitz's Schauspiel „Schloß Monbon=heur."

Durch Ohnet's preisgekrönten Roman aufmerksam ge=macht, sah man mit lebhaftem Interesse der für den 30. März bestimmten ersten Aufführung des Drama's: „Sergius Panin" (Fürst Sergius — Hr. Mitterwurzer, Cayrol — Hr. Tyrolt, Frau Desvarennes — Fr. Gallmeyer, Micheline — Frl. Groß, Jeanne — Fr. Albrecht, Herzog — Hr. Witte, Pierre — Hr. Stahl, Marechal — Hr. Heinrich) entgegen. Die Bedeutung dieses Theaterabends wurde überdies noch durch den Versuch der genialen Lokalkomikerin Josephine Gallmeyer, mit der Darstellung der Bäckersfrau Desvarennes in das vornehmere Schauspiel überzutreten, erhöht. Der Versuch mißlang. Frau Gallmeyer war die Erste, welche bereits auf den Proben die Ueberzeugung gewann, daß ihr der wirkliche Ernst, den die Rolle erforderte, mangle. So einfach und wahr ihre Sprache, ihr Spiel im lokalen Genre stets gewesen, so pathetisch und unnatürlich erschien plötzlich ihre Darstellung im ungewohnten Rahmen des höheren Schauspieles. Das Nichtbeherrschen der hochdeutschen Sprache wirkte lähmend auf ihre ganze Leistung, und Laube, der die Rolle mit der Künstlerin einige Male durchgenommen und auch zur Erkenntniß der Hauptursache ihrer künstlerischen Befangenheit gekommen war, hatte wohl Recht, als er sagte: „Wenn die Gallmeyer mit der Desvarennes überhaupt etwas machen soll, so ist das nur möglich, wenn man sie die Rolle lokal sprechen läßt!" Die Künstlerin, nach der dritten Probe noch zum Aufgeben des heiklen Versuches geneigt, ließ sich durch das Zureden einiger Freunde zum Gegentheil bestimmen und holte sich eine vorausgesehene Schlappe. Stück und Darstellung hatten außerdem gefallen, und zehn Abende hindurch kämpfte Frau Gallmeyer mit bewundernswerther Selbstbeherrschung auf ihrem verlorenen

Posten. Für die weiteren Aufführungen des Ohnet'schen Schau=
spiels hatte Frau Galster die Rolle der Mutter übernommen.

Der große Heiterkeitserfolg der Moser=Schönthan'schen
Kompagniearbeit „Krieg im Frieden" veranlaßte Moser, eine
Fortsetzung: „Reif=Reiflingen" zu schreiben; der seinem
Vorgänger an Lustigkeit nachstehende Schwank ging am
20. April mit Herrn Mitterwurzer in der Titelrolle in Scene.
Nachdem Anfangs Mai das ehemalige Mitglied des Stadt=
theaters Frl. Nina Weisse als „Geierwally" in dem
gleichnamigen Hillern'schen Schauspiele ein mehrabendliches
Gastspiel absolvirt hatte, wurden mit Ausnahme zweier neuer
Einakter: „Ein graues Haar" von Feuillet und „Mein
neuer Hut" von Bernstein (10. Juni) bis zum Schlusse
der Saison nur Reprisen der als zugkräftig bewährten Stücke
früherer Jahre gegeben. Der Plan eines zu unternehmenden
Sommergastspieles in Breslau mußte aufgegeben werden.

Nach zweimonatlicher Ruhepause wurde das Stadttheater
am 1. September mit Hugo Bürger's „Jourfix" wieder
eröffnet und bis 26. d. Mts. das Repertoire wie zu Ende
der vorigen Saison aus älteren Stücken zusammengesetzt. An
diesem Tage kam als erste Novität des neuen Theaterjahres
„Der Schwabenstreich," Lustspiel in 4 Akten von Franz
v. Schönthan heraus, das mit Frl. Groß und den Herren
Mitterwurzer, Bukovics, Tyrolt und Witte in den hervor=
ragenden Rollen einen so nachhaltigen Erfolg errang, daß es
bei vollen Häusern ununterbrochen bis zum 14. Oktober
wiederholt werden konnte, an welchem Tage das lustige Stück
von dem Erckmann=Chatrian'schen Schauspiele: „Die Rantzau"

(Johann Rantzau — Hr. Mitterwurzer, Jakob Rantzau — Hr. Epstein, Louise — Fr. Albrecht, Georg — Hr. Ranzenberg, Florentius — Hr. Tyrolt, Lebel — Hr. Witte) abgelöst wurde. Das sinnige Werk der beiden Elsässer Poeten und dessen Darstellung fanden auch in Wien allgemeine und lebhafte Anerkennung. Ein gepfefferter französischer Schwank: „Der kleine Confusionsrath" (Une tête de Linotte) bildete die dritte Neuigkeit der Saison.

Mit dem Schauspieldichter L'Arronge schloß die Direktion einen Vertrag, nach welchem ein neues und mehrere bisher an anderen Wiener Bühnen dargestellten Stücke dieses Autors dem Stadttheater zur alleinigen Aufführung überlassen wurden. Den Reigen der letzteren eröffnete am 21. November „Der Compagnon." Wenige Tage darauf begann Frau Hedwig Niemann-Raabe als „Dora" ein erfolgreiches Gastspiel, welches die gefeierte Künstlerin in den französischen Lustspielen „Eine Perle" und „Cyprienne" fortsetzte. Moser's Lustspiel „Glück bei Frauen" und Delacour's „Das unbekannte X" fanden getheilte Aufnahme. Zur Vorfeier des 600jährigen Bestandes der Habsburg'schen Hausmacht in Oesterreich fand am 26. December eine Festvorstellung statt, welche mit einem scenischen Prolog „Die schönste That" von Julius Rosen und drei lebenden Bildern begann. Am vorletzten Tage des Jahres ging zum Besten der „Concordia" L'Arronge's neuestes Lustspiel: „Die Sorglosen" mit den Damen: Erard, Groß, Albrecht, Tyrolt und den Herren: Bukovics, Mitterwurzer, Tyrolt, Alexander in den Hauptrollen in Scene und erlebte zahlreiche Wiederholungen.

Der Theateralmanach vom 1. Januar 1883 wies folgenden artistischen Personalstand auf: die Herren: Richard Alexander, Paul Arendt, Karl v. Bukovics, Josef Bank, Leo Bauer, Viktor Bausewein, Heinrich Berg= mann, Julius Epstein, Julius Freund, W. E. Heinrich, Albert Hellwig, Friedrich Mitterwurzer, Sigmund Pi= nal, Hugo Ranzenberg, Alois Relly, Louis Stahl, Heinrich Thalbot, Dr. Rudolf Tyrolt, Eugen Witte; die Damen: Hermine Albrecht, Leopoldine Berg, Gretchen Bichler, Christine v. Bukovics, Louise Erard, Jenny Groß, Margarethe Herrlinger, Elsa Hofmann, Jenny Heißler, Eugenie Lenau, Paula Meißl, Marie Rahl, Fanny Schäffel, Marie Seewald, Elsa Sternau, Erne= stine Tyrolt, Mathilde Wagner, Anna Weber. Regie und Inspektionsdienst waren in den alten Händen verblieben. Gleich in den ersten Tagen des Jahres verabschiedete sich Hr. Mitterwurzer, der einen längeren Urlaub antrat, als „Kean" für einige Zeit vom Stadttheaterpublikum. Am 13. Januar begrüßte man die Wiederkehr eines ehemaligen beliebten Mitgliedes dieses Hauses, Franz Tewele's, der, aller Direktionssorgen ledig und von einem Gastspiele in Amerika zurückkommend, in dem Soloscherz „Im schwarzen Frack," sowie in einer neuen Posse „Rue Pigalle 115" sein abermaliges Engagement am Wiener Stadttheater begann. Geringen Erfolg hatte das am 25. d. Mts. zur ersten Auf= führung gebrachte Possenspiel „Ein Kniff" (Le Truc d'Arthur) von Duru und Chivot. Zum Besten der Polyklinik fand am letzten Januar unter gefälliger Mitwirkung Frl. Cereale's und der Herren Knaack, Ondricek und Haßreiter eine Vor=

stellung mit gemischtem Programm statt. Zwei für den Februar vorbereitete Novitäten, eine Rosen'sche Posse „Gespenster" und ein zweifelhafter Schwank aus dem Palais royal: „Das verirrte Schäfchen" (La brebis égarée) konnten sich nur kurze Zeit auf dem Repertoire erhalten, und die Direktion sah sich veranlaßt, an das Einstudiren des älteren Volksstückes von L'Arronge: „Mein Leopold" (Weigel — Hr. Tyrolt, Klara — Frl. Detschy, Leopold — Hr. Stahl, Emma — Frl. Groß, Mehlmeier — Hr. Tewele, Minna — Frl. Bichler) zu gehen, welches auch auf den Brettern des Stadttheaters seine volle Schuldigkeit that. Nach der Rückkunft Mitternwurzer's kam am 3. März das Effektstück „Ein Pariser Roman," am 16. d. Mts. ein von Schönthan bearbeitetes französisches Lustspiel „Kleine Hände" nebst dem Einakter „Mein Töchterchen" zur Darstellung. Am Schlusse dieses Monates zog noch einmal, für kurze Zeit, die Tragödie als Gast in das Stadttheater ein. Direktor Bukovics hatte mit dem amerikanischen Tragöden Mr. Edwin Booth einen Vertrag abgeschlossen, in welchem sich der berühmte Schauspieler verpflichtete, am Wiener Stadttheater als Hamlet, Othello und Lear aufzutreten. Das Einstudiren der genannten Tragödien mit dem vorwiegend aus Lustspielkräften bestehenden Personal sowie das Zusammenspiel in zwei Sprachen — der Gast recitirte englisch — machte große Mühe und Anstrengung. Booth begann sein Gastspiel als „Hamlet," ohne besonderen Eindruck auf Kritik und Publikum zu machen; nach seinem „Othello" schien dasselbe ohne nachhaltigere Wirkung im Sande verlaufen zu wollen, bis Booth endlich mit seiner großartigen Leistung als „Lear" mit Einem Schlage die vollste Anerkennung fand. Die weiteren Vorstellungen des amerikanischen Künstlers erfreuten sich eines außerordentlich zahlreichen Besuches; „Lear" konnte fünfmal bei ausverkauften Häusern gespielt werden. Am 17. April trat Booth zum Besten der „Concordia" als „Jago" auf. Anläßlich seines letzten Erscheinens bereitete ihm das Publikum nicht endenwollende Ovationen. Die Mitglieder des Wiener Stadttheaters überreichten dem gefeierten Kollegen, der sich die Sympathien des Personals im Fluge gewonnen, als Zeichen ihrer Verehrung einen silbernen Lorbeerkranz.

Nachdem der Schwank „Unsere Samstage" von Labiche und Duru sich als nicht sonderlich zugkräftig erwiesen hatte, griff die Direktion abermals zu einem älteren Stücke von L'Arronge und brachte am 28. d. Mts. „Hasemann's Töchter," welches mit den Herren Bukovics, Ranzenberg, Tyrolt, Bank und den Damen Albrecht, Berg, Groß in den Hauptrollen beifällig aufgenommen, viele Reprisen erlebte. Zu Gunsten des deutschen Hülfsvereines fand am letzten April eine Vorstellung des Augier'schen Schauspieles „Haus Fourchambault" unter Mitwirkung des k. k. Hofschauspielers und Oberregisseurs Herrn Sonnenthal und der k. k. Hofschauspielerinnen Frau Gabillon, Frau Schönfeld und Frl. Wessely statt. Die Novitäten des Mai bestanden zumeist aus Ein= und Zweiaktern; so kamen am 3. „Ein delikater Auftrag", am 12. „Ein Zündhölzchen zwischen zwei Feuern," am 19. „Der erste Brief" und „Der neue Paganini", am 26. das Sololustspiel „Ein schöner Traum" zur erstmaligen

Aufführung.*) Im theaterfeindlichen Monate Juni absol=
virte der bekannte Reuterdarsteller Hr. Junkermann vom
Hoftheater in Stuttgart ein künstlerischen Erfolg aufwei=
sendes Gastspiel, welches mit Schluß der Saison (17. Juni) sein
Ende nahm. Eine ungewöhnlich früh eintretende Hitze ließ es
der Direktion vortheilhaft erscheinen, die zweimonatlichen Ferien
ausnahmsweise in die Zeit vom 18. Juni bis 18. August
zu verlegen, an, welch' letzterem Tage die Vorstellungen mit
Laube's „Cato von Eisen" wieder aufgenommen wurden.

Zu Beginn dieses letzten Jahres der Direktion Bukovics=
Theimer wurde das Wiener Stadttheater vom Direktionsrathe
Herrn Karl v. Bukovics allein auf weitere sechs Jahre in
Pacht gegeben. Herr Eduard Theimer, den diese Pachtverleihung
einigermaßen überrascht zu haben schien, blieb zwar für die
laufende Saison der Kompagnon seines Schwagers, zog sich
jedoch schon im Oktober von den Administrationsgeschäften
gänzlich zurück, dieselben anderen Persönlichkeiten überlassend,
welche vielleicht berufen waren, in der zweiten Pachtperiode
eine führende Rolle zu spielen. Mit Herrn Theimer schied
ein ausgezeichneter Rechenmeister, eine tüchtige administrative

*) Am 18. Mai gab es während der Vorstellung des Schwankes
„Rezept gegen Hausfreunde" blinden Feuerlärm. Im dritten Stockwerke
links war durch die fehlerhafte Manipulation mit einer Nothlaterne
Rauch enstanden und man verspürte Brandgeruch. Das Spiel mußte
unterbrochen werden, und es dauerte geraume Zeit, bis das aufgeregte
Publikum sich durch die Versicherungen des diensthabenden Feuer=Inspek=
tors und der Schauspieler beruhigen ließ. Späterhin wurde dieses Vor=
kommniß vielfach als warnendes Vorzeichen angesehen, da nach einem
Jahre, fast auf den Tag zutreffend jenes unheilvolle Feuer, durch welches
das Stadttheater zu Grunde ging, ebenfalls im dritten Stockwerke links
seinen Ausgang nahm.

Kraft aus dem Hause, wie sie Laube seinerzeit zu finden leider nicht das Glück hatte. Da die Herren Mitterwurzer und Tyrolt erst mit 1. Oktober ihre Thätigkeit aufnahmen, wurden unter Leitung des neuernannten Regisseurs Herrn Heinrich am letzten August „Die beiden Damen" Schauspiel n. d. Zt. von Paolo Ferrari und im Laufe des September Kneisel's „Haus der Wahrheit", sowie das ältere Lustspiel „Dr. Klaus" von L'Arronge dem Repertoire eingefügt. Claretie's und Dumas' politisch angehauchte Komödie „Der Herr Minister" (13. Oktober) erfreute sich keiner nachhaltigeren Wirkung; zwei weitere Novitäten: „Die Reise nach Sumatra", Schwank in 4 Akten von F. Mamroth und O. S. Weiß, sowie Hugo Lubliner's (Bürger) Schauspiel „Aus der Großstadt" waren rasch aufeinander gefolgt. Da es für die laufende Saison an zugkräftigen Novitäten mangelte, entschloß sich die Direktion, eine Reihe von Anzengruber'schen Bauernkomödien einzustudiren; der lebhafte Besuch, der den Aufführungen dieser trefflichen Volksstücke zu Theil wurde, bewies die Zweckmäßigkeit dieser Idee. Den Anzengruber-Cyklus eröffnete am 6. November „Der Pfarrer von Kirchfeld" (Pfarrer Hell — Hr. Mitterwurzer, Anna — Fr. Albrecht, Pfarrer von St. Jakob in der Einöd — Hr. Heinrich, Michel — Berndorfer — Hr. Ranzenberg, Wurzelsepp — Hr. Tyrolt). Nach acht Wiederholungen dieses populärsten Tendenzstückes stellte sich am 14. d. Mts. mit „Roderich Heller" von Franz v. Schönthan ein langanhaltender Lustspielerfolg ein. Der Autor, welcher von der Direktion für die künftige Pachtperiode als Oberregisseur in Aussicht genommen war, hatte sein wirkjames heiteres Stück, dessen Hauptrollen in den Händen der Damen Berg, Hofmann, Bukovics und der Herren Bukovics, Tewele, Witte, Heinrich, Bank lagen, selbst in Scene gesetzt. Da mit Ablauf der Saison die Herren Mitterwurzer und Throlt das Wiener Stadttheater in Folge anderweitig eingegangener Engagements verlassen sollten, war Direktor Bukovics mit Hrn. Wilhelm Knaack und mit dem Prager Schauspieler Hrn. Martinelli in Engagementsunterhandlungen getreten. Außerdem begab sich Hr. v. Schönthan auf Reisen, um neue Schauspielkräfte für das Institut zu gewinnen. Mächtige Wirkung erzielte das Stadttheater mit dem am 6. December z. 1. M. aufgeführten Volksstücke Anzengruber's „Der Meineidbauer" (Mathias Ferner — Hr. Tyrolt, Franz — Hr. Mitterwurzer, Toni — Hr. Stahl, Vroni — Fr. Albrecht, Burgerlies — Fr. Berg, Jakob — Hr. Ranzenberg, Großknecht — Hr. Kober, Lewy — Hr. Heinrich, Höllerer — Hr. Thalbot, Baumahm — Frl. Stengel). Bei einer wenige Tage später zum Besten der Genossenschaft deutscher Bühnenangehöriger am Stadttheater abgehaltenen Matinée betheiligten sich Mitglieder dieser Bühne mit der Darstellung des französischen Einakters „Horace und Liline". Bald darauf erschienen z. 1. M. „Das neue System" und „Neujahrsgeschenke", welche Novitäten im Vereine mit vorerwähntem kleinen Lustspiele das Programm eines neuen Einakterabends bildeten.

Im Laufe dieses Monats traten Frl. Jertha v. Pistor vom Hamburger Thaliatheater und Hr. Albin Swoboda vom kgl. Hoftheater in Dresden als Gäste auf; beide Gastspiele wurden mit Rücksicht auf ein eventuelles Engagement der beiden Künstler am Stadttheater absolvirt. Für die Ueberlassung von Pailleron's „Die Welt, in der man sich langweilt" an die Hofbühne gestattete die Direktion der letzteren die Aufnahme zweier älterer Lustspiele in das Repertoire des Stadttheaters, von welchen Schönthan's „Unsere Frauen" (Dorn — Hr. Bukovics, Grete — Frl. Groß, Hedwig — Frl. Detschy, Stein — Hr. Tewele, Fanny — Frl. Marberg, Grosser — Hr. Ranzenberg, Pfeffermann — Hr. Tyrolt) als Schluß= novität des Jahres binnen Monatsfrist fünfzehn Wieder= holungen erlebte.

Der Theateralmanach vom 1. Januar 1884 wies fol= genden artistischen Personalstand auf; die Herren: Karl v. Bukovics, Josef Bank, Viktor Bausewein, Heinrich Bergmann, Julius Epstein, Rudolf Exel, W. E. Heinrich, Leo Hellwig, Julius Herzka, Gustav Kober, Friedrich Mitterwurzer, Max Otto, Sigmund Pinal, Hugo Ranzenberg, Alois Relly, Louis Stahl, Sigmund Spatzer, Heinrich Thalbot, Franz Tewele, Dr. Rudolf Tyrolt, Eugen Witte; die Damen: Hermine Albrecht, Leopoldine Berg, Gretchen Bichler, Christine v. Bukovics, Seraphine v. Detschy, Jenny Groß, Anna Göbl, Elsa Hofmann, Kamilla Hock, Jenny Heißler, Laura Jona, Karoline Köck, Eugenie Lenau, Marie Marberg, Paula Meißl, Fanny Schäffel, Lina Stengel, Ernestine Tyrolt, Mathilde Wagner, Sophie Wallbrecht, Adele Werra, Anna Weber. Für Kinderrollen: kl. Karajek, kl. Suttner, I u. II, kl. Witsch. In die Regie theilten sich die Herren Mitterwurzer, Tyrolt und Heinrich.

Nachdem die Direktion mit der ersten Novität des Jahres, dem Gondinet'schen Lustspiele „Franco-Serben," nur wenig Glück gehabt, erfreute sich Anzengruber's sinnige und in Vorführung charakteristischer Figuren des Bauernstandes unerreichte Komödie „Der G'wissenswurm" (Grillhofer — Hr. Tyrolt, Dusterer — Hr. Bank, Wastl — Hr. Stahl, Horlacherlies — Frl. Marberg, Leonhardt — Hr. Heinrich, Poltner — Hr. Thalbot, sein Weib — Fr. Berg) einer überaus freundlichen Aufnahme. In den letzten Tagen des Monates sprach eine neue Posse „Mein Kamerad" (Ma Camarade) von Meilhac nur wenig an.

Am 31. Januar feierte Direktor Bukovics sein fünfundzwanzigjähriges Schauspieler-Jubiläum. Zur Gründung eines Fonds für hülfsbedürftige und erkrankte Mitglieder des Wiener Stadttheaters ging an diesem Ehrenabende des beliebten Jubilars, der von seinem Personale sowie von zahlreichen Freunden und Gönnern durch mannigfache Ovationen gefeiert wurde, Schönthan's „Schwabenstreich" in Scene. Eine neue Posse „Mit Vergnügen" von Moser und Girndt erlebte, Dank der trefflichen Darstellung der komischen Hauptrollen durch die Herren Tewele und Bukovics, zahlreiche Aufführungen. Der 15. Februar brachte abermals ein Jubiläum. Das langjährige und verdiente Mitglied des Stadttheaters, Frau Mathilde Wagner, feierte an diesem Tage den fünfzigsten Jahrestag ihrer künstlerischen Thätigkeit. Von Direktion und Kollegen beglückwünscht, erhielt die Jubilarin von denselben ein Ehrengeschenk; leider war ihr von Seite der Direktion nicht Gelegenheit geboten, an diesem Erinnerungstage in einer größeren Rolle vor dem Publikum zu erscheinen. Anzengruber's „Kreu-

zeischreiber" (Anton Huber — Hr. Stahl, Josefa —
Frl. Marberg, Steinklopferhans — Hr. Tyrolt, Altlechner —
Hr. Bank, Brenninger — Hr. Kober) gelangten am 22., Ne=
stroy's Posse „Der Zerissene" (Lips — Hr. Tyrolt,
Madame Schleier — Fr. Berg, Gluthammer — Hr. Bukovics,
Krautkopf — Hr. Heinrich, Kathi — Frl. Groß) zum Besten
der Polyklinik am 29. Februar zur erstmaligen Darstellung
am Stadttheater. Nachdem Hr. Mitterwurzer in aller Stille
von dem Institute geschieden und ein längerer Urlaub des
Hrn. Tyrolt bevorstehend war, schloß Direktor Bukovics, der
in Italien Heilung eines katarrhalischen Halsleidens suchte,
mit Hrn. Wilhelm K n a a c k für den Monat März ein Gastspiel
ab, welches am 8. d. Mts. mit dem Schwank: „Die Pa=
riser in der Provinz" von Raymond und Ordonneau
seinen Anfang nahm. Vom 10. März ab wurde diese Vor=
stellung mit einem sehr beifällig aufgenommenen Einakter „E i n
A p r i l s c h e r z" von Karl Albert (Graf Bombelles) bereichert.
Mit ziemlichem Glück erhielt sich 14 Tage lang J. Rosen's
neuer Schwank „O diese Mädchen" mit Hrn. Knaack in
der Hauptrolle auf dem Repertoire. Der geschätzte Gast trat
weiters noch in dem Heiden'schen Lustspiele „J u g e n d=
f r e u n d e" und in dem Görlitz'schen Schwank „Eine voll=
kommene Frau" vor das Publikum des Wiener Stadt=
theaters.

Nach der Rückkunft der Herren Bukovics und Tyrolt
setzte man das Einstudiren älterer Stücke von L'Arronge und
Anzengruber fort, und mehrere auf Engagement abzielende
Gastspiele fremder Bühnenkünstler wurden erledigt. So erschien
am 7. April das Lustspiel: „Wohlthätige Frauen" von

L'Arronge, in welchem Frl. Sandrock als Martha Stein
debütirte. Bei der am 13. d. Mts. zu Gunsten der Eisen=
bahnbediensteten veranstalteten Wohlthätigkeitsvorstellung kam
u. A. auch Nestroy's „Umsonst" unter Mitwirkung Hrn.
Knaack's als „Pitzl" zur Aufführung.

An das Gastspiel des Hrn. Heinrich Kadelburg vom
deutschen Hoftheater in Petersburg, der als Petruchio („Wider=
spenstige") und als Dr. Hagedorn („Roderich Heller") auf=
trat, reihte sich unmittelbar ein dreimaliges Debüt des
Leipziger Bonvivants Herrn Emil Schönfeld — bereits
unter Laube Mitglied des Wiener Stadttheaters — als
Bolz („Journalisten"), Armand („Cameliendame") und
Schwoyburg („Schwabenstreiche") an. Mit lebhaftem Beifall
wurde am 26. April Anzengruber's wenig bekannte Bauern=
posse „Der Doppelselbstmord" (Sentner — Hr. Kober,
Poldl — Hr. Stahl, Zangl — Hr. Epstein, Melchthild
— Fr. Berg, Blasi — Hr. Bank, Hauderer — Hr. Tyrolt,
Agerl — Frl. Groß, Wirth — Hr. Heinrich) aufgenommen.

Für die erste Hälfte des Juni plante die Direktion ein
Gesammtgastspiel in Graz, für die zweite Hälfte des Monats
die ununterbrochene Wiederholung aller bisher am Wiener
Stadttheater aufgeführten Stücke von Anzengruber und L'Ar=
ronge. Zu Anbetracht der vorgerückten Jahreszeit und des
Mangels an interessanten Novitäten hatte sich der Besuch
des Theaters erheblich vermindert. Hr. Mitterwurzer, der
für die kommende Saison die artistische Leitung des k. k. pr.
Carltheaters übernommen hatte, gewann die bisherigen Mit=
glieder des Stadttheaters Fr. Albrecht und Hrn. Tewele für
sein Unternehmen.

Anfangs Mai gastirte Frl. Helene Schüle vom Hoftheater in Oldenburg als Hedwig in „Durch die Intendanz"
und als Louis im „Pariser Taugenichts." Das am
12. Mai aufgeführte von Schönthan bearbeitete französische
Lustspiel „Villa Blanemignon" war — die letzte Novität
des Wiener Stadttheaters!

Freitag den 16. Mai — der Theaterzettel kündigte
für den Abend Anzengruber's „Meineidbauer" an — brach
in vorgerückter Nachmittagsstunde im dritten Stockwerke des
Zuschauerraumes ein Feuer aus, dem das Gebäude zum
Opfer fiel. Um 6 Uhr Abends galt das Schauspielhaus als
rettungslos verloren. Zu dieser Stunde barst der eiserne
Vorhang, der lange Zeit dem Eindringen des feindlichen
Elementes in die Bühnenräume Widerstand geleistet, und
gleichzeitig stürzte der Kronleuchter mit einem Theile der
Decke unter fürchterlichem Getöse ein. Bis 3 Uhr Morgens
wüthete das verheerende Feuer, das trotz aller menschen-
möglichen Anstrengung nicht zu bewältigen war. Die auf-
gehende Sonne des nächsten Tages beleuchtete die rauchenden
Ruinen des einstigen Wiener Stadttheaters. Wien war
abermals um eines seiner schönsten Schauspielhäuser ärmer
geworden! Da durch den Brand die überwiegende Mehr-
zahl des artistischen und technischen Personals — viele
Schauspieler büßten überdies noch ihre gesammte, im Theatergebäude aufbewahrte Theatergarderobe ein — brodlos wurde,
lud Regisseur Tyrolt das gesammte Personal für den folgenden Tag zu einer Besprechung ein, welche um 8 Uhr Abends
im Saale des Hôtels zur „ungarischen Krone" stattfand. Nach
lebhaften Debatten und Vorschlägen über die Mittel und

Maßnahmen, welche zur Versorgung des hilflosen Personales über die Sommermonate zu ergreifen wären, wurde ein Hilfskomité gewählt, welches sich am folgenden Tage zu Direktor Bukovics begab und denselben zum Beitritt auffor= derte. Von mehreren großen Theatern kamen Gastspielanträge, welche jedoch leider nicht in Betracht gezogen werden konnten, weil weder die Direktion noch einzelne Mitglieder die financiellen Garantien solcher Sommergastspielfahrten übernehmen wollten. Da sich nun kein anderer hilfebringender Weg zeigte, beschloß man nothgedrungen, die öffentliche Wohlthätigkeit anzurufen, und zu diesem Behufe begab sich das Komité zu Dr. Heinrich Laube, um ihn zu bitten, den diesbezüglichen Aufruf an die mildthätige Bevölkerung Wien's zu verfassen. Der einstige Direktor, der, wenn auch seit geraumer Zeit das Stadttheater nicht mehr besuchend, doch noch immer lebhaftes Interesse für alle Vorgänge in diesem Hause empfand, erklärte sich sofort hiezu bereit, setzte sich an den Tisch und entwarf die gewünschte Bittschrift, sich selbst als ersten Bittenden unter= zeichnend. So ging ein einst im Scherz gefallenes Wort des Baron Schey: „Laube geht für das Stadttheater, wenn's sein muß, betteln!" in traurige Erfüllung.

Am 26. Mai fand die Schlußsitzung des Hilfskomités, welches tagesvorher über 20.000 Gulden an das nothleidende Personal des Wiener Stadttheaters zur Vertheilung gebracht, statt. Mehrere Schauspieler und Schauspielerinnen verzichteten zu Gunsten der Übrigen auf die ihnen zufallenden Beträge.

Der bekannte mildherzige Sinn der kunstsinnigen Wiener hatte sich neuerdings glänzend bewährt und mit

reichen Spenden zahllose Thränen getrocknet, hunderte Men=
schen vor plötzlicher und unverschuldeter Sorge bewahrt.

———

Ob und wie weit das Wiener Stadttheater im Ver=
laufe seines zwölfjährigen Bestandes allen Anforderungen, die
an ein erstes dramatisches Kunstinstitut gemacht werden
können, gerecht wurde — darüber werden dereinst Beru=
fenere als der Verfasser dieses Buches sprechen. Unter
allen Umständen jedoch — mag man nun strenge oder milde
urtheilen — wird Eines mit vollem Lobe anerkannt werden
müssen: die von so manchem schönen Erfolge begleitete, un=
verdrossene, rastlose Thätigkeit der führenden und aus=
übenden Kräfte dieser Bühne.

Wenn man erwägt, daß das Schauspielhaus auf der
Seilerstätte dem Wiener Publikum einerseits die Bekannt=
schaft mit vielen in Deutschland bereits angesehenen nam=
haften Künstlern vermittelte, andererseits eine stattliche Zahl
junger aufstrebender Kräfte heranzog und ausbildete, welche
heute fast durchwegs an ersten deutschen Bühnen mit
Erfolg wirken; wenn man erwägt, daß diese Bühne zahl=
reichen deutschen und fremdländischen, bekannten und unbe=
kannten dramatischen Schriftstellern zur Förderung ihrer
Talente und Werke sich in gastlichster Weise zur Verfügung
stellte; wenn man schließlich erwägt, daß zahlreiche deutsche
und fast sämmtliche österreichische Stadt= und Provinztheater
durch zwölf Jahre vorwiegend das reichhaltige Repertoire
dieser einen Wienerbühne pflegten, so wird man wohl zu dem
Ausspruche gelangen dürfen: Das Wiener Stadttheater

hat nicht umsonst gelebt und gewirkt, es hat seine Existenzberechtigung vollauf erwiesen, und man muß auf das Lebhafteste bedauern, daß dieses schöne und behagliche Schauspielhaus, das sich überdies noch durch verschiedene Einführungen, wie die billigen Nachmittagsvorstellungen usw. usw., allgemeiner Beliebtheit erfreute — nicht mehr besteht!

Laube, den die Nachricht: „Das Stadttheater steht in Flammen", schwer getroffen hatte, war, obgleich durch seine fortschreitende tückische Krankheit an's Zimmer gefesselt, dennoch zu der für den 20. Mai einberufenen Generalversammlung der Gründer gekommen und mit schwacher Stimme, aber warmen, beredten Worten für den Wiederaufbau des Wiener Stadttheaters eingetreten. Nachdem von Seite der maßgebenden Behörden die Bewilligung zum Wiederaufbaue des Theaters verweigert worden, berieth Laube mit Baurath Fellner und anderen Direktionsräthen, was in dieser Angelegenheit nun zu thun wäre. Verschiedene Projekte tauchten auf, neue Baustellen wurden in Augenmerk genommen. Laube, der zuversichtlich hoffte, daß nicht nur die Gründer, sondern ganz besonders die Vertreter der Gemeinde Wien alles aufbieten würden, um das Stadttheater zu neuem Leben zu erwecken, erkannte die schädigende Wirkung eines langen Stillstandes der Sache und rieth energisch zum Neubaue des Theaters. So war der alte, sieche ehemalige Direktor der eifrigste Verfechter der Idee vom neuen Wiener Stadttheater. Laube überlebte sein Schmerzenskind nicht lange — am 3. August 1884 trug man ihn zu Grabe.

Der Sterbetag Heinrich Laube's war vielleicht der eigentliche Todestag des Wiener Stadttheaters!

Anhang.

I.

Beschreibung des Theatergebäudes.

Der Bau des „Wiener Stadttheaters", auf der Seiler=
stätte Nr. 9, wurde nach dem Plane der Herren Architekten
Fellner sen. und jun. von der Wiener Baugesellschaft am
1. Mai 1871 in Angriff genommen, und am 14. September
1872 wurde das fertige Haus dem Direktionsrathe übergeben.
Der Flächeninhalt des Baugrundes betrug 620 Quadratklafter
3 Quadratschuh; die Länge des Gebäudes 37 Klafter 4 Schuh;
die Breite 18 Klafter 1 Schuh 6 Zoll; die Höhe vom Trottoir
bis zum Hauptgesimse 13 Klafter 4 Schuh 8 Zoll; von da
bis zum First 2 Klafter 3 Schuh.

Im äußeren Parterre befanden sich zehn Gewölbe, die
Tages= und Hauptkassen sowie die Wohnung eines Portiers.
Im Mezzanin befand sich der untere Bühnenraum mit seinen
Maschinerien und sonstigen Einrichtungen nebst der Tischlerei.

Im ersten Stocke befanden sich die Bühne, welche
einen Flächeninhalt von 3744 Quadratschuh und eine Höhe
von 62 Schuh hatte, die Garderoben und die Requisitenkam=
mern; im zweiten Stock die Kanzleien, die Bibliothek, die Chor=
und Statisten=Garderoben; im dritten Stock die verschiedenen
Magazine, die Schneiderei, die Malersäle usw. usw.

Der Zuschauerraum, welchen man durch ein elegant ausgestattetes Vestibule betrat, bestand aus einem Parquetraume mit 328 Sitzen, drei Ranglogen-Gallerien und dem Amphitheater im 4. Stock. Die Hinterwände waren hochroth tapeziert, die Brüstungen weiß mit Gold verziert.

Im ersten Rang lag auch die Hofloge nebst Salon, zu welchem eine besondere Stiege führte. Das Theater faßte 1700 Personen und enthielt nur Sitzplätze.

Die Malerei und Vergoldung des Inneren stammte vom Maler Aichmüller und den Vergoldern Kölbl und Fremm. Die Stuccatur-Arbeiten lieferten St. Fritz, Franz Trautenfeld, Jakob Probst und F. Mostler. Die Bildhauerarbeiten besorgten F. Meixner, K. Umbreit, A. Schönthaler. Die Heizungsanlagen wurden von Holdorf und Brückner eingerichtet.

Die Zeichnung des 800 Flammen zählenden Gaslusters war von Ingenieur Henrici in Wien; angefertigt wurde der Luster in der Fabrik Schäffer und Hauschner in Berlin.

Der erste Vorhang, entworfen von Makart und ausgeführt von Winter, stellte eine der sinnigsten Scenen aus Shakespeare's „Sommernachtstraum" vor. Der zweite Vorhang war ein Werk des am Stadttheater engagirten Malers Haiß. Sämmtliche Decorationen waren theils von dem k. k. Hofburgtheatermaler Kautzky und von Haiß, theils von dem herzoglich koburgischen Hoftheatermaler Lütkemeyer angefertigt.

Maschinenwesen und Bühneneinrichtung waren entworfen und ausgeführt von dem Maschinisten und Theatermeister Barrot.

II.
Die Gründer des Stadttheaters im Jahre 1872.

Anton Alter.

Amélie von Biedermann-Tu-
rony, Frau.

Bernhard Bächer.

Wilhelm Bächer.

Josef Bächle.

Theodor Bauer.

Ludwig Becker.

Dr. Josef Bezecny.

Heinrich Bohrmann.

Jakob Brandeis.

Josef Brandeis.

Salomon Brandeis-Weikers-
heim.

Dr. Karl Bunzl.

Litta Ceschi di Santa-Croce,
Freifrau.

August Dehne.

Dr. Franz Deperis.

Rudolf Dittmar.

Bruno Dietrich.

Heinrich Drasche Ritter von
Wartinberg.

Dr. J. H. Dumreicher Freiherr von Oesterreicher.

Theodor Ehrenberg.

Wilhelm Eichler Ritter von
Eichtron.

Hermine Elßler, Fräulein.

Wilhelm Ritter von Engerth.

Emerich Engländer.

Gustav Ritter von Epstein.

Dr. Franz Ritter von Erb.

Moriz von Eschenbach Freiherr von Ebner.

Moriz Faber.

Tassilo Graf Festetics.

Ferdinand Fellner sen.

Ferdinand Fellner jun.

Adolf Fleischl.

Alois Flesch.

Dr. Max Friedländer.

O. Bernhard Friedmann.

Rudolf Freiherr von Gey=
müller.

Josef Grabl.

Gebrüder Gutmann.

Gebrüder Gauß.

Philipp Haas' Söhne.

Louis Freiherr von Laber=
Linsberg.

Josef Ferdinand Hänisch.

Emil von Heim.

Albertine Heinrich, Frau.

Dr. Josef Herzog.

Bernhard Herzmansky.

Karl Hochstaller.

Franz Ritter von Hopfen.

Josef Hummel.

Heinrich Jäger.

Dr. Heinrich Jacques.

Fr. Rud. Isbary.

Theodor Junkermann.

Adele Keil, Frau.

Christian Graf Kinsky.

Gebrüder von Klein.

Wilhelm Klein.

Josef Klemm jun.

Alexander von Kmosko.

Karl Koldiß.

Isidor Kolisch.

Dr. Leopold Kompert.

Hermann Krupp.

Ludwig von Ladenburg.

Albert Landau.'

Emil Landau.

Dr. Heinrich Laube.

Franz Ritter von Leitenberger.

Gustav Löbenstein.

Max Freiherr von Löwenthal.

Henry Lustig.

Josef Ritter von Mallmann.

Johann Freiherr von Mayr.

Leon Mandel.

Adolf J. Ritter von Mautner.

Franz Mayr Edler von Meln=
hof.

Dr. Alois Mikischka.

August von Miller zu Aich=
holz.

Dr. Josef Mitscha.

Dr. Guido Mosing.

Betty Natterer, Fräulein.

Dr. Ferdinand Naumann.

Ignaz Naumann.

Karl Oberleitner.

Viktor Ofenheim Ritter von
Pont=Euxin.

Heinrich Ottermann.
Dr. Fauſt Pachler.
Dr. Arnold Pann.
Paul Pauls.
Friedrich von Perko.
Heinrich Peham.
Dr. Theophil Pisking.
J. M. Pfeiffer.
Moriz Pollak.
Chriſtof Preu.
Julius Prohaska.
Leopoldine von Puthon, Frei=
Frau.
Georg Rach.
Cornelius Reiſchl.
Max Röhrig.
B. Roſenthal.
Anna Sachs.
Karl Sarg.
Johann N. Stanavi.
Dr. Ludwig Schiffner.
Franz Freiherr von Schloiß=
nigg.
Alexander Ritter von Schöller.
Paul Ritter von Schöller.
Berthold Schüler.
Karl Schumann.

Gottlieb Schwab.
Karl Schwabe.
Karl Baron von Schwarz.
Dominik Seydel.
Otto Sichrowsky.
Simon Freiherr von Sina zu
Hodos u. Kizdia.
Richard Freiherr von Sterneck.
Hermann Freih. von Sterneck.
Friedrich Freiherr von Schey.
Dr. Erwin Suchanek.
Karl Freiherr von Tinti.
Dr. J. Taubes Ritter von
Lebenswarth.
Hermann Todesko's Söhne.
R. von Waldheim.
Eduard Ritter von Warrens.
Moriz Weinrich.
Franz Freiherr von Wertheim.
Julius Ritter von Waiſenfeld.
Karl Weiß.
Eduard Wiener Ritter von
Welten.
Johann Wiesner.
Fanny Wittgenstein, Fräulein.
Hermann Ritter von Wolff.

Alphabetisches Namensverzeichniß aller am Wiener Stadttheater in der Zeit vom September 1872 bis Mai 1884 engagirten Schauspieler und Schauspielerinnen.

Albrecht Charlotte, Frl.

Albrecht Hermine, Frl., später Gräfin Nyáry=Albrecht.

Alexander Richard.

Amanti Sigmund.

Arendt Paul.

Arnau Karl.

Bank Josef.

Bäumen G. Fr.

Bassermann August, Dr.

Bauer J., Frl.

Bauer Leo.

Bauer Leopold.

Bausewein Viktor.

Beck Otto.

Bellefort Olga, Frl.

Benary Adolf.

Berg Leopoldine, Fr.

Bergmann Heinrich.

Berkowitz Rosa, Frl.

Bichler Gretchen, Frl.

Bland Hermine, Frl.

Bock Theodor.

v. Bocklet Betty, Fr.

Boissier Marie (Fr. Senger.)

Bollmann Theodor.

Borst Leopoldine, Frl.

Brandeis Max.

Brandt Theodor.

Brandtmann Marie, Frl.

Bredow A., Frl.

Breier Hermine, Frl.

Brock Paul.

v. Bukovics Christine, Frl.

v. Bukovics Karl.
Charles Amelie.
Darmer Josef.
Détschy Seraphine, Frl.
Deutsch Leopold.
Dietz Ludmilla, Fr.
Dora M., Frl.
Drach Emil.
Duënsing Bertha, Frl.
Eckstein Sophie, Frl.
Edgar Jan.
Eggeling Adolf.
Eichert H., Frl.
Ellinger Marie, Frl.
Eppner-Erard Louise, Frl.
Epstein Julius.
Erl Max.
Ernst Karl.
Exel Rudolf.
Fahnert Else, Frl.
Feld Sigmund.
Fiala Julius.
Fichte Moritz.
Findeisen Julius.
Fleming A., Frl.
Forst Franz.
Framot Emilie, Frl.
Frank Katharina, Frl.
Frauenthal Jenny, Frl.

Frauenthal Rosa, Frl.
Freund Julius.
Freund Marie, Frl.
Fried Gisela, Frl.
Friedmann Helene, Fr.
Friedmann Siegwart.
Galster Georgine, Fr.
Geiger Ludwig.
Gerlach Josef.
Gilbert Klara, Frl.
Glitz Adolf.
Göbl Anna, Frl.
Grève Leopold.
Gröhe Oskar.
Grönland Josef.
Groß Jenny, Frl.
Grube August.
Grün Clemens.
Gschmeidler Louis.
Guth Karl.
Handt Rudolf.
Hartmann Hanna, Frl.
Hasemann Wilhelm.
Hasemann-Kläger Marie, Fr.
Hauser Karl.
Haverland Anna, Frl.
Heinemann Heinrich.
Heinrich W. E.
Heißler Jenny, Frl.

Hellbronn Adeline, Frl.
Hellwig Albert.
Hellwig Leo.
Herbert Karl.
Herrlinger Margarethe, Fr.
Herzfeld Albrecht, Dr.
Herzka Julius.
Heufeld Bertha, Frl.
Hiller Toni, Frl.
Hock Kamilla, Frl.
Hofmann Elsa, Frl.
Horvath Karl.
v. Hoxar Wilhelm.
Imro Therese, Frl.
Indra Theodor.
Jona Laura, Frl.
Kadelburg Gustav.
Kauder Wilhelm.
Kindler Bertha, Frl.
Klang Dominik.
Klein Anton.
Kober Gustav.
Köck Karoline, Frl.
Korb Adam.
Kormann August.
Kühle Albert.
Kühle Mathilde, Frl.
Kühns Volkmar.
Kurz Christine, Fr.

Lautenburg Sigmund.
Leeder Tessi, Frl.
Lenau Eugenie, Frl.
v. Lenor Robert.
Leyrer Rudolf.
Liebhardt Ignatz.
Lindner Bertha, Frl.
Link Adolf.
Link Fanny, Frl.
Litassy Eduard.
Lobe Theodor.
Lorm Jenny, Frl.
Lung Heinrich.
Malten Alexandrine, Frl.
Marberg Marie, Frl.
Margot Fleury, Frl.
Mariot Ella, Frl.
Mauthner Emma, Frl.
Meißl Paula, Frl.
Meixner Julius.
Mellner Risa, Frl.
Mery Marie, Frl.
Mitterwurzer Friedrich.
Morway Jaques.
Mylius Adolf.
Necker Bertha, Frl.
Neustätter Johann.
Otter Eduard.
Otto Max.

Patonay Karl.
Pettera Günther.
Pinal Sigmund.
v. Pistor Jertha, Frl.
Prechtler Heinrich.
Purkholzer Roja, Fr.
Rahl Marie, Frl.
Rainer Elise, Frl.
Ranzenberg Hugo.
Reicher Eduard.
Reinau Franz.
Relly Alois.
Reusche Theodor.
Richter Hermine, Frl.
Robert Emerich.
Roll Anna, Frl.
Rosen Alexander.
Saar Karl.
Saldern Marie, Frl.
Salomon Karl.
Schäffel Fanny, Frl.
Schaller Wilhemine, Frl.
Schauer Karl.
Schendler Anna, Frl.
Schmieder Agnes, Frl.
Schnürmann Johann.
Schönfeld Emil.
Schönfeld Karl.
Schönfeld Louise, Fr.

Schönfeldt Auguste, Fr.
Scholz Anna, Frl., später
  Fr. Saar.
Schratt Katharina, Frl.
Schubert Laura, Frl.
Schulz Bertha, Frl.
Seewald Marie, Frl.
Senger Alexander.
Sigur Bertha, Frl.
Spatzer Sigmund.
Stahl Louis.
Staub Anna, Frl.
Steiner Theodor.
Stengel Lina, Frl.
Sternau Elsa, Frl.
Stöckel Wilhelm.
Straßmann Josef.
Streitmann Karl.
Sußke Ferdinand.
Swoboda Albin.
Tewele Franz.
Thalbot Heinrich.
Tyrolt Rudolf, Dr.
Übermasser Hedwig, Frl.
Unger Friedrich.
Urban Karl.
Vaillant August.
Valberg Louise, Frl.
Van Hell Ludwig.

Verfing = Hauptmann, Anna,
    Fr.
Vogel Anna, Frl.
Wachtel Viktor.
Wagner Mathilde, Fr.
Walbrecht Sofie, Frl.
Waldemar Alfons.
Wallberg Eugenie, Frl.
Walter Anna, Frl.
Weber Anna, Frl.
Weiſſe Nina, Frl.

Werra Adele, Frl.
Wewerka Helene, Frl.
Wiehler Erneſtine, Frl., ſpäter
    Fr. Throlt.
Winand Hanns.
Wininger Friedrich.
Wirth Max.
Witte Eugen.
Wolff Eugen.
Woller Theodor.
Zocher Eugen.

III. b.

Als Gäste betraten die Bühne des Wiener Stadttheaters:

Stanislaus Lesser.

Hanns Winand.

Fr. Friederike Goßmann.

Frl. Amélie Brand.

Emerich Robert.

Dr. Emil Kraus.

Fr. Marie Geistinger.

Friedrich Dettmer.

Frl. Kathi Frank.

Fr. Hedwig Niemann-Raabe.

Otto Borcherdt.

Frl. Marie Meineber.

Frl. A. Bredow.

Karl Weiser.

Frl. Antonie Link.

Karl Holthaus.

Fr. Auguste Wilbrandt-Baudius.

Fr. Auguste Baison.

Frl. Marie Schröder.

Frl. Bertha Linda.

Fr. Josephine Gallmeyer.

Frl. Nina Weiffe.

Edwin Booth.

August Junkermann.

Frl. Jertha v. Pistor.

Albin Swoboda.

Wilhelm Knaack.

Heinrich Nadelburg.

Emil Schönfeld.

Frl. Helene Schüle.

IV.

Alphabetisches Register aller aufgeführten Stücke nebst Angabe des Dichters, des ersten Aufführungstages und der Gesammtzahl der Aufführungen jedes Stückes.

In der Zeit vom 15. September 1872 bis 15. Mai 1884 fanden am Wiener Stadttheater 3788 Vorstellungen statt; hievon waren 3421 Abend- und 367 Nachmittags-Vorstellungen. Zur Darstellung gelangten 479 Stücke und zwar 253 abendfüllende, 226 nicht abendfüllende.

Bei diesen Aufführungen waren vertreten: 147 deutsche Dichter:

Albert, Anzengruber, L'Arronge, Arter, Ascher, Auerbach, Ayrer, Bahn, Bauernfeld, Baumann, Berg, Berger, Berla, Bernstein, Bettelheim, Blum, Blumenreich, Blumenthal, Bree, Bukovics, Bürger (Lubliner), Busch, Castelli, Dohm, Dreyfuß, Elsner, Epstein, Ernest, Eschenbach, Fitger, Förster, Fresenius, Frey, Freytag, Friedrich, Gerstel, Girndt, Görlitz, Görner, Goethe, Graf, Grandjean, Greif, Grillparzer, Groß Ferdinand und Karl, Grosse, Günther, Gutzkow, Haffner, Hackländer, Haller, Heiden, Heidrich, Held, Henle, Hermann, Hersch, Heyse, Hillern, Holtei, Homberg, Horner, Iffland, Junkermann, Reese, Keim, Kettel, Kleist, Kneisel,

Königswinter, Kotzebue, Krüger, Landsberg, Lange, Laube, Lehner, Lessing, Lindau, Lindner, Mamroth, Marr, Martin, Manthner, Mejo, Mels, Meyer, Molbech, Moser, Moy, Müller, Müller von Guttenbrunn, Murad Effendi, Nestroy, Nissel, Noak, Pachler, Poll, Prehauser, Prölß, Putlitz, Raimund, Raupach, Redwitz, Reuter, Riegen (Bohrmann), Ritter, Rosen, Rossi, Saar, Sachs, Samstag, Schiller, Schirmer, Schlegel, Schlesinger, Schneider, Schönthan, Schreyer, Schütz, Schweitzer, Serlitz, Spielhagen, Strakosch, Strodtmann, Tattenbach, Tilling, Töpfer, Treumann, Triesch, Waldemar, Waldstein, Wallice, Wartenburg, Weilen, Weiß, Welten, Werner, West, Wichert, Wilbrandt, Wilken, Wolf, Wollomitzer, Wolzogen, Young, Zell.

91 fremdländische Dichter:

Augier, Balucky, Barrière, Bayard, Beauplan, Belleville, Belot, Bernard, Björnson, Celières, Chatrian, Chivot, Cicconi, Claretie, Collins, Cossa, Cornuch, Cormond, Crisafulli, Daudet, Davyl, Decourcelle, Delacour, Delavigne, Delpit, Dennery, Dimiter, Dumanoir, Dumas père, Dumas fils, Duru, Erckmann, Erny, Fedor, Ferrari, Ferrier, Feuillet, Fornier, Fredro, Gastineau, Girardin, Gondinet, Grange, Halévy, Hennequin, Houvé, Hugo, Jaime fils, Ibien, Labiche, Lafargue, Legouvé, Leroy, Lorin, Mallachon, Marcel, Mariage, Meilhac, Mélesville, Michel, Moineaux, Moreau, Moreto, Najac, Narrly, Normand, Nus, Ohnet, Ongera, Ordonneau, Pailleron, Plouvier, Ponsard, Preboir, Prével, Prix, Quatrelles, Racine, Raymond, Roger, Sand, Sandeau, Sardou, Scribe, Shakspeare, Sophokles, Theuriet, Thiboust, Vaquerie, Verne, Wailly, Zola.

220

226

246

V.

Auszug aus Laube's „Disciplinargesetz und Regulativ für das Personal des Wiener Stadttheaters".

Jeder Angehörige des Wiener Stadttheaters hat sich mit diesem Disciplinargesetze bekannt zu machen, da Unwissenheit oder Unbekanntschaft mit demselben im Falle der Nichtbeachtung der darin enthaltenen Bestimmungen niemals Abwendung der darin angesetzten Strafen zur Folge haben kann.

Das Wiener Stadttheater, das ist: das gesammte dazugehörige Kunst-, Orchester-, Dienst- und Administrationspersonale ist dem Direktor oder dessen Stellvertretern, den Regisseuren, untergeben. Den Letzteren obliegt die Pflicht, über strenge Befolgung des gegenwärtigen Disciplinargesetzes zu wachen und bei dessen Übertretung die Anwendung der darin festgesetzten Strafen, welche a. in mündlichen und schriftlichen Verweisen, b. in Geldstrafen und c. in Entlassung bestehen, zu veranlassen. Fehlen die Regisseure selbst gegen das Disciplinargesetz, so zahlen sie das Doppelte der festgesetzten Strafen.

Allgemeine Bestimmungen, die Theaterdisciplin betreffend:

Jeder beim Wiener Stadttheater Angestellte hat die allgemeine Verpflichtung, den Nutzen der Anstalt nach seinen

Kräften zu fördern und alle Nachtheile von derselben abzu=
wenden. Daraus folgt, daß derjenige, welcher gegen die
Sittlichkeit und Achtung fehlt, die er dem Publikum, den
Vorständen der Anstalt und dem Künstlerpersonale schuldig
ist, in eine von der Direktion festzusetzende Strafe verfällt,
die in erschwerenden Fällen augenblickliche Entlassung herbei=
führen kann. Ohne vorher nachgesuchte und dafür erhaltene
Erlaubniß darf kein Mitglied des Wiener Stadttheaters über
dasselbe und dessen Leistungen in öffentlichen Blättern schreiben
oder dergleichen Aufsätze an dieselben einsenden oder befördern.

R e p e r t o i r e :

Die Direktion setzt jeden Freitag das Repertoire für
die nächste Woche fest, worin zugleich die nächstfolgenden
neuen und neu einzustudirenden Stücke mit oder ohne Probe
bekannt gemacht werden. Dies Repertoire wird noch am
selben Abende im Versammlungszimmer angeschlagen. Es ist
die Pflicht aller Angehörigen des Wiener Stadttheaters, sich
durch eigene Ansicht des Repertoire's die erforderliche Kenntniß zu verschaffen, weil, wenn gegründete Einwendungen
dagegen vorhanden, diese binnen 24 Stunden nach Ausgabe
des Repertoire's an die Direktion angezeigt werden müssen.
Die im Laufe des Tages schnell eintretenden Abänderungen
werden den betreffenden Mitgliedern angezeigt. Abänderungen
für mehrere Tage hintereinander werden durch ein neues,
auf rothem Papier gedrucktes Repertoire bekannt gemacht.

P r o b e n :

Es steht in allen Proben dem Regisseur zu, und ist
sogar seine Pflicht, Scenen, die noch nicht abgerundet gegeben
worden sind, wiederholen zu lassen; deshalb soll sich Niemand

von den Proben entfernen, ohne vorher nachzufragen, ob
nicht vielleicht noch einige Wiederholungen nöthig sind.
Wer eine Probe ganz versäumt, bezahlt eine Tagesgage, wer
sich eine Viertelstunde verspätet, einen Gulden. Muß der
Fehlende außerhalb des Theatergebäudes aufgesucht werden, so
zahlt er außerdem zwei Gulden. Ebenso viel derjenige, welcher vor Beendigung seiner Rolle, oder ohne Nachfrage, ob
repetirt wird, sich entfernt. Die Generalprobe soll der Darstellung selbst in allem Wesentlichen gleichen. Es müssen
also zu derselben alle Dekorationen, Versatzstücke, Verzierungen
u. s. w., in völliger Ordnung sein. Sollte der Drang der
Proben und Vorstellungen das Vorhandensein sämmtlicher
Dekorationen unmöglich machen, so müssen wenigstens alle
zur Handlung gehörigen nöthigen Vorhänge oder Versatzstücke vorhanden sein.

Was die Darsteller betrifft, so haben sie ebenfalls die
Generalprobe völlig gleich der ersten Vorstellung selbst zu
behandeln und das Spiel in seinen genauesten Nüancen aus-
zuführen; ja sie sind ausnahmsweise gehalten, um dies völlig erreichen zu können, da wo ungewohnte Kostüme vorkommen, auf Verlangen der Direktion in vollem Anzuge zu
probiren. Wer durch Versäumniß der Generalprobe oder
sonst auf böswillige oder leichtsinnige Weise die Vorstellung
eines Stückes verhindert, ist zum Schadenersatz verpflichtet.
Ein Schiedsgericht entscheidet, wie hoch der Schadenersatz zu
bestimmen sei. Die Strafen bei Repetitions- und Scenen-
proben sind dieselben wie bei Proben neuer Stücke. Bei den
Theaterproben und Vorstellungen zeigt der Regisseur direkt
der Direktion, der Inspizient dem Regisseur die Straffälle an.

Diejenigen Schauspieler, deren Rolle es mit sich bringt, daß sie mit Statisten probiren müssen, haben nach Anordnung der Regie diese Proben mitzumachen, bei Verfall in die Strafe, welche für Fehlen bei anderen Proben festgesetzt ist.

Vorstellung:

Wer den Anfang einer Vorstellung oder eines Aufzuges auch nur um fünf Minuten aufhält, zahlt eine Tagesgage Strafe; wer bis zu zehn Minuten auf sich warten läßt, drei Tagesgagen Strafe. Etwaige Entschuldigungen wegen des Garderobiers oder Friseurs müssen durch Zeugen nachgewiesen werden, und ist darüber das Erforderliche am nächsten Morgen bei der Direktion einzubringen. Wer aber, was kaum denkbar, aus bösem Willen, Vergessenheit oder Nachlässigkeit eine Vorstellung verzögern oder versäumen oder gar aufzutreten sich weigern sollte, zahlt den verursachten Schaden, welchen das Schiedsgericht bestimmt. Nach Umständen kann sogar Entlassung erfolgen. Extra-Chorpersonale, Extra-Schneider, Extra-Theaterleute und Statisten werden, wenn sie bei Vorstellungen ausbleiben, wie sich von selbst versteht, nicht bezahlt, und sind nach Wiederholung eines solchen Fehlers nicht wieder aufzunehmen.

Wer nach vorhergegangener Mahnung des Regisseurs und Inspicienten, sich beim Aufsteigen des Vorhanges noch auf der Bühne befinden sollte, zahlt einen Kreuzer vom Gulden seiner Monatsgage, wer bei offener Scene über die Bühne gehen sollte, zahlt zwei Kreuzer vom Gulden. Läßt sich ein Individuum des Unterpersonals oder ein Statist dies zu Schulden kommen, so zahlt er, und zwar ersterer einen Tages-, letzterer einen Vorstellungslohn. Wer zu früh oder zu spät oder von der unrechten Seite auftritt oder abgeht, zahlt einen Kreuzer von jedem Gulden seiner Monatsgage. Wer einen Auftritt ganz versäumt oder durch zu frühes oder zu spätes Auftreten Störungen veranlaßt, erlegt nach Er= messen der Direction bis zu einer Monatsgage Strafe.

Wer einem Anderen seine Rolle auf die eine oder andere Weise vorsätzlich verdirbt, unnützen Scherz treibt, während das Interesse der Zuschauer auf eine wichtige Stelle gerichtet ist, oder etwas eigenmächtig ausläßt, die ihm über= tragene Rolle vorsätzlich vernachlässigt, das Publikum auf vorgefallene Fehler durch Worte, Bewegungen oder Mienen aufmerksam macht, durch Zeichen oder Worte eine Empfind= lichkeit äußert, und überhaupt durch üblen Willen oder aus Übermuth etwas thut, wodurch der Vorstellung geschadet wird, bezahlt je nach Ermessen der Direktion bis zu einer Monatsgage Strafe.

Das Extemporiren ist verboten, und zwar in der Art, daß nicht nur wörtliche Einschaltungen, sondern auch nicht vorgeschriebene Aktionen und Handlungen nicht gestattet sind, bei Strafe von fünf Gulden bis zu einer halben Monats= gage. Wer in Beziehung auf Zusätze einen Wunsch vorzu= bringen hat, wird solches dem Regisseur spätestens bei der Generalprobe eröffnen und muß dessen aus eigener Zustän= digkeit oder auf Entscheidung der Direktion ihm zugehender Weisung bei obiger Strafe Folge leisten. Das genaue Kopiren der äußeren Erscheinung bekannter Personen ohne jedesmalige besondere Genehmigung der Direktion oder der Regie ist verboten. Die Zwischenakte sollen in der Regel, falls die Dekorationsstellung und Veränderung es zuläßt, nicht über fünf Minuten dauern. Nur bei kürzeren Vorstellungen kann die Zwischenzeit entsprechend verlängert werden. Wer sich im Zwischenakte umzukleiden hat, ist verpflichtet, dies dem Inspicienten anzuzeigen; hiezu wird jene Zeit von fünf Minuten zugestanden und dabei vorausgesetzt, daß dieses Geschäft, dessen Verzögerung den Eindruck der Stücke beschädigt und die Zuschauer unwillig macht, um so mehr mit möglichster Eile und Geschicklichkeit betrieben werde, als es zu den mechanischen Kunstfertigkeiten gehört, welche der Schauspieler bei so manchen Umkleidungsrollen oft mit unglaublicher Schnelligkeit auszuüben im Stande sein muß. Unnöthige Umkleidungen in den Zwischenakten sind nicht erlaubt.

Wenn es nöthig wäre, das versammelte Publikum zu irgend einem Zwecke anzureden und der Regisseur verhindert sein sollte, diese ihm aufliegende Pflicht zu erfüllen, wird sich Niemand weigern dürfen, dies zu thun.

Kein Mitglied darf dem Herausrufen von Seite des Publikums Folge leisten. Niemand, der in einer Vorstellung aufzutreten hat oder aufgetreten ist, darf vor oder nachher sich unter die Zuschauer mischen, auch nicht in den Theaterlogen erscheinen.

Allgemeine Bestimmmungen über persönliches Verhalten in Proben und Vorstellungen:

Das Versammlungszimmer ist für die Künstler bestimmt, damit diese die nöthigen und zufälligen Ruhepunkte anständig, angenehm und ohne durch irgend etwas in ihrer Unbefangenheit gestört zu werden, zubringen können. Die Künstler selbst werden es so behandeln, und sich wechselseitig jede Achtung beweisen. Es ist verboten, Gespräche zu unterhalten, welche die Anwesenden kränken könnten oder welche den Begriffen der Wohlanständigkeit widerstreben. Wer sich dies zu Schulden kommen läßt, erleidet eine Strafe von zwei Kreuzern von jedem Gulden seiner Monatsgage und wird diese Strafe verdoppelt, wenn der Vermahnte die Weisung des Vorgesetzten unbeachtet läßt.

Den bei den Vorstellungen nicht beschäftigten Mitgliedern ist der Aufenthalt auf der Bühne untersagt. Während der Probe und der Vorstellung muß auf dem Theater vollkommene Ruhe herrschen. Mithin darf weder laut gesprochen, noch gelacht, noch sonst ein störendes Geräusch gemacht werden. Wer in dieser Beziehung der ersten Mahnung nicht folgen würde, zahlt einen Kreuzer von jedem Gulden seiner Monatsgage als Strafe, die sich bei jeder fruchtlosen Mahnung verdoppelt. Bei gleicher Strafe darf auch im Konversationszimmer kein solches Geräusch gemacht werden, daß es auf der Scene gehört würde. Weder in den Ankleidezimmern, noch bei Proben und Vorstellungen, sowie überhaupt im Theatergebäude, dürfen Wortwechsel, Vorwürfe, Anspielungen oder Zänkereien vorfallen. Wer sich bei einem dennoch ausbrechenden Streite bis zu thätlichen Ausbrüchen des Zornes hinreißen ließe, der kann nach Ermessen der Direktion mit sofortiger Entlassung oder Verlust einer Monatsgage bestraft werden. Artet ein Streit in offenbare Widersetzlichkeit gegen einen Vorgesetzten aus, so tritt die gleiche Strafe ein.

Die Angehörigen der Mitglieder sind, wenn ihnen auch erlaubt ist, die Darstellenden in die Ankleidezimmer zu begleiten, durchaus nicht berechtigt, sich während der Vorstellung auf der Bühne aufzuhalten und in den Koulissen zu sitzen oder zu stehen; wie überhaupt das Sitzen in den Koulissen jedem Nichtbeschäftigten bei Strafe von einem Gulden verboten ist. Für die Angehörigen würde das Mitglied die Strafe zahlen.

Garderobe und Requisiten:

Zwei Stunden vor Anfang der Vorstellung müssen die Ankleidezimmer für das darstellende Personale geöffnet und in Ordnung, sowie der Garderobier, Friseur usw., zum Dienste anwesend und bereit sein, bei Strafe von einem Gulden. Die Garderobiers und Garderobières haben dafür zu sorgen, daß die zu jeder Vorstellung nöthige Garderobe bis auf's Kleinste zwei Stunden vor Anfang der Vorstellung in gutem Stande in den Ankleidezimmern vorhanden und an eines Jeden Platz richtig vertheilt sei, bei Strafe von zwei Kreuzern von jedem Gulden der Monatsgage. Den Angelegenheiten der Garderobe und Requisiten stehen der Inspektionsregisseur, der Obergarderobier und der Requisiteur vor. Den beiden Erstgenannten sind die Garderobiers, der Garderobeschneider, der Aufseher der Waffen, die Garderobières, die Ankleide= gehilsen, Friseurs und Stiefelputzer untergeordnet.

Die Direktion wird es sich zwar angelegen sein lassen, in Betreff der Garderobe die Wünsche der Mitglieder nach Möglichkeit und soweit es der ausgesetzte Fonds gestattet, zu berücksichtigen, allein das Ansinnen, bei jeder neuen oder beim Wiedereinstudiren einer alten Vorstellung neue Anzüge oder Perrücken zu verlangen, ist keinesfalls zu berücksichtigen.

Die Mitglieder des gesammten Kunstpersonals, welche in den ersten Akten beschäftigt sind, haben sich spätestens eine Stunde, und bei schwierigen Kostümen eine und eine halbe

Stunde vor Anfang des Stückes in den Ankleidezimmern einzufinden und eine Viertelstunde vor Anfang des Stückes angekleidet zu sein; die erst im zweiten oder einem späteren Akte Beschäftigten haben mindestens eine Viertelstunde vor Anfang der Vorstellung sich einzufinden.

Die Garderobiers und Ankleider sind bei eigener Haftung verpflichtet, die betreffenden Versäumnisse der Regie zu melden.

Wer sich zuerst im Ankleidezimmer befindet, wird zuerst in seinem Kostüme bedient, insoferne nicht die Reihenfolge in welcher die zur Vorstellung nöthigen Personen auftreten, eine Ausnahme hievon nöthig macht. Die Garderobiers und Garderobières haben darauf zu sehen, daß beim An- und Auskleiden nichts muthwillig oder durch üble Behandlung zerrissen, befleckt, oder auf eine andere Weise verdorben werde. Sie sind verbunden, wo solches sich zutragen sollte, es dem Obergarderobier sogleich allein, und ohne weiteren Wortwechsel darüber zu veranlassen, anzuzeigen, welcher dann weiter darüber berichten wird. Wer einen ihm aus der Garderobe überlieferten Gegenstand durch üble Behandlung verdirbt, ist gehalten, den Werth desselben zu ersetzen.

Die Friseure und Friseurinnen haben um 5 Uhr, d. h. zwei Stunden vor Anfang der Vorstellung im Theater zu sein, damit sie die nöthigen Herrichtungen nicht erst in der Zeit machen müssen, die ihnen zum Bedienen der Darstellenden so nöthig ist. Bei der ersten Theaterprobe eines neuen Stückes muß der Friseur gegenwärtig sein, damit die vielleicht nöthigen Anschaffungen gemacht werden können. Wird gegen diese Verordnung gefehlt, so zahlt der Fehlende jedes-

mal einen Gulden Strafe. Die Garderobiers und Garderobières, Friseurs u. f. w., haben sich nicht aus dem Bezirk
der Ankleidezimmer zu entfernen, es müßte denn ein schnelles
Anziehen auf dem Theater ihre Gegenwart daselbst nothwendig machen.

Die Garderobiers haben darauf Acht zu geben, daß
die Garderobezimmer sowohl, als die darin befindlichen
Möbel sauber und rein gehalten werden. Sie müssen ferner
für gehörige Beleuchtung und für reine, frische Luft sorgen,
sowie auch auf Feuer und Licht Acht geben und haften für
allen durch ihre Nachlässigkeit verursachten Schaden. Sie
haben auch die Garderobe nicht früher zu verlassen, als die
beschäftigt gewesenen Mitglieder sich entfernt haben. Ebenso
darf der Friseur vor Beendigung der Vorstellung das
Theater nicht verlassen.

Die Requisitenzettel sowohl alter als neuer Vorstellungen sind sorgfältig alphabetisch zu ordnen und aufzu-
bewahren, damit sie für jeden Tag leicht gefunden werden
können. Der Requisiteur erkundigt sich bei den Proben genau
nach den bei der Vorstellung erforderlichen Requisiten, d. h.,
wer dieses oder jenes braucht, wo und wann es erforderlich
ist, und wie solches beschaffen sein muß. Er hat die erforderlichen Bedürfnisse dem Inspektionsregisseur bekannt zu geben,
damit bei den Hauptproben schon alles bereit und jeder
Irrthum beseitigt sei. Bei den Hauptproben müssen sämmtliche
erforderliche Requisiten vorhanden und zum Gebrauche in
der erforderlichen Eigenschaft bereit sein. Fehlt ein Stück,
so zahlt der Requisiteur fünfzig Kreuzer Strafe.

Wenn Gewehre oder Pistolen auf dem Theater abge=
schossen werden, sind diese nur mit der Hälfte der gewöhn=
lichen Ladung zu versehen, zu den Propfen aber nur Kälber=
haare zu nehmen. Nach den Vorstellungen, in denen geschossen
wurde, müssen die Gewehre oder Pistolen revidirt werden,
um denjenigen, welche etwa nicht losgegangen sein sollten,
die Ladung zu entziehen. Auf Nichtbefolgung dieser Vor=
schriften wird in jedem Falle eine Strafe bis zu einer halben
Monatsgage bestimmt, und trifft die Verantwortung den
Rüstmeister und den Requisiteur.

Jedes Bühnenmitglied ist verbunden, an die ihm
nöthigen Requisiten und Garderobestücke rechtzeitig zu denken
und dafür zu sorgen, daß ihm dieselben zu dem bei der
Vorstellung zu machenden Gebrauch nicht fehlen. Es sind
ferner von dem Mitgliede alle Requisiten nach dem Gebrauche
wieder abzugeben. Wer dem entgegen ein Requisit hinter den
Coulissen wegwirft, oder an andere als die Bezeichneten gibt,
zahlt fünfzig Kreuzer. Desgleichen haben Zuwiderhandelnde
den Ersatz zu leisten, wenn durch Nichtbefolgung dieser Vor=
schriften ein Requisit beschädigt wird, oder in Verlust
gehen sollte.

Störungen des Repertoires, Krankheiten,
Entfernung aus der Wohnung und Stadt,
Wohnungen auf dem Lande:

In der Regel werden zum Einstudiren einer großen
Rolle zwei bis drei Wochen, einer minder bedeutenden acht
Tage zugestanden, vorausgesetzt, daß in diesen Zeitraum nicht
Aufführungen fallen, die über ein halbes Jahr lang liegen
geblieben sind und sonach bedeutende Repetitionsstudien von

Seite der betheiligten Mitglieder nöthig machen. Dagegen sind kleine Nebenrollen von ein bis drei Bogen und darunter in kürzerer Zeit als eben angegeben, nöthigenfalls in ein bis zwei Tagen einzustudiren.

Wenn ein Mitglied der Theateranstalt durch Unpäß= lichkeit oder Krankheit von der Ausübung seines Berufes abgehalten wird, so muß solches sofort, bei Strafe von drei Gulden, der Direktion schriftlich angezeigt werden. Diese Anzeige ist besonders zu beschleunigen bei Unpäßlichkeiten oder Krankheiten, welche erst am Tage der Vorstellung bei einem in derselben beschäftigten Mitgliede eintreten und diese Vor= stellung ungewiß oder unmöglich machen, damit die Direktion Vorkehrungen zu einer anderen Vorstellung treffen kann, welches, je später die Anzeige geschieht, um so schwieriger wird. Wer dies nach dem Eintritt der Krankheit oder Unpäßlichkeit zu thun unterläßt, zahlt 3 bis 5 Gulden Strafe. Unpäß= lichkeiten oder Krankheiten, welche vor einer Probe eintreten, sind auch noch vor der Probe, und zwar bei drei Gulden Strafe anzuzeigen, damit nöthigenfalls das darin anderweitig beschäftigte Personal davon noch unterrichtet werden kann. Diese Anzeigen sind unversiegelt mit der Überschrift: „Eilige Dienstsache" auf das Bureau des Stadttheaters zu befördern. Wer, auch ohne in einer Probe oder Vorstellung beschäftigt zu sein, die Anzeige von der Krankheit oder Unpäßlichkeit, welche ihn befallen, sofort zu machen versäumt, zahlt, wenn er bei einer schnell eintretenden Abänderung des Repertoire's dadurch seinen Beruf zu erfüllen abgehalten wird, eine Tagesgage Strafe, auch wenn er das vorschriftsmäßige Attest nachliefern sollte, indem durch eine solche Versäumniß im gedachten

Falle Verlegenheiten und Nachtheile herbeigeführt werden können. Die im letzterwähnten Falle häufig vorkommende Einwendung, daß die Krankheit eben erst, als die Abänderung angezeigt worden, eingetreten, kann nur dann berücksichtigt werden, wenn sie durch Aussagen von Zeugen bestätigt wird. Nachdem die Anzeige gemacht worden, ist von dem Mitgliede binnen 24 Stunden ein Attest des Theaterarztes an die Direktion einzusenden. In dem Zeugnisse, von welchem das Mitglied Einsicht zu nehmen hat, muß bescheinigt werden, daß dasselbe auf eine darin zu bestimmende Zeit seinen Beruf nicht ausüben könne, ohne seiner Gesundheit zu schaden. Nach Abschluß dieser Zeit hat es entweder seinen Dienst wieder anzutreten und sich dazu entweder in Person, münd= lich oder schriftlich bei der Direktion zu melden, oder noch vor Ablauf der besagten Zeit von dem nämlichen Theater= arzte, der das erste Attest ausgestellt, ein neues beizubringen. Es versteht sich, daß es eines ärztlichen Attestes bedarf, sowohl, wenn der Patient von Proben, als wenn er von der Vorstellung abgehalten wird. Jedes Versäumniß wird, wenn die Unpäßlichkeit nicht vorschriftsmäßig bescheinigt wird, wie eine willkürliche Vernachlässigung geahndet und nach den Bestimmungen dieses Haus= und Disciplinargesetzes bestraft. Andere Atteste als die eines Theaterarztes können von der Direktion nicht angenommen werden, umsoweniger, als die Ordnung und der nöthige schnelle Gang des Geschäftes nur bei Zuziehung von Theaterärzten aufrecht erhalten werden können. Nur in dringenden besonderen Fällen erhalten andere ärztliche Atteste als die des Theaterarztes bis auf weiteres eine Berücksichtigung. Wer krank gemeldet und auf dem

Zettel als krank angezeigt ist, darf so lange weder bei Vor=
stellungen im Schauplatze noch an öffentlichen Orten und in
Gesellschaften erscheinen. Als öffentliche Orte werden Spazier=
gänge nicht betrachtet, insoferne der Arzt dem Patienten zur
Wiederherstellung der Gesundheit das Ausgehen erlaubt und
dies der Direktion mitgetheilt hat. Um bei plötzlich eintre=
tenden Hindernissen mit der Substituirung einer anderen
Vorstellung nicht in Verlegenheit zu gerathen, muß jeder,
der sich auf länger als auf zwei Stunden von seiner Woh=
nung entfernt, seinen Hausleuten hinterlassen, wo er bestimmt
anzutreffen ist und Jemand ernennen, der in seiner Abwe=
senheit die Meldung empfängt und deren prompte Besorgung
übernimmt, wobei eine Vernachlässigung des Auftrages für
das betreffende Mitglied zu keiner Entschuldigung gereichen
kann. Ebenso soll Niemand ohne vorhergegangene Anfrage
bei der Direktion sich aus der Stadt und deren nächster
Umgebung entfernen. Sollte ein Mitglied nicht zu finden
oder bei allzuweiter Entfernung nicht zu erlangen sein und
das substituirte Schauspiel deshalb nicht stattfinden können,
so wird dem Schuldtragenden je nach Umständen bis zu
einer Monatsgage abgezogen; bei Wiederholung eines solchen
Vergehens aber würde erhöhte Strafe erfolgen. Hätte sich
Jemand 24 Stunden ohne Urlaub aus der Stadt entfernt,
so würde er zwei Tagesgagen als Strafe erlegen müssen,
selbst wenn keine Probe oder Vorstellung dadurch gestört
worden wäre; wird aber dadurch eine Vorstellung verhindert,
so zahlt der Schuldtragende bis zu einer Monatsgage Strafe.
Wer sich auf mehr als 24 Stunden ohne Erlaubniß der
Direktion aus der Stadt entfernt, zahlt außer der Strafe von

drei Tagesgagen für die ersten 24 Stunden, für jeden Tag, den er länger ausbleibt, den vierten Theil einer Monatsgage. Wer sich auf mehrere Tage eigenmächtig entfernt, kann mit Entlassung oder dem Verlust einer Monatsgage bestraft werden. Wohnungen auf dem Lande oder außerhalb Wien's dürfen ohne Erlaubniß der Direktion von den Mitgliedern nicht bezogen werden. Solche wird nur in den seltensten Fällen und besonders nur dann ertheilt werden, wenn bescheinigte Gesundheitsumstände eine Ausnahme nöthig machen. Ist eine solche ertheilt, so hat das betreffende Mitglied Jemanden in der Stadt zu benennen, durch welchen es bis 4 Uhr Nach= mittag zu einer substituirten Vorstellung berufen werden kann. In dieser Rücksicht darf der Landaufenthalt höchstens eine Stunde von der Stadt entfernt sein, und auch dort muß das Mitglied Jemanden in seiner Wohnung zurücklassen, der es, wenn es ausgegangen ist, zu finden weiß; auch hat dasselbe alle durch Boten, Telegraph oder Fuhren entstehende Kosten zu tragen. Wer ohne vorläufige Bewilligung der Direktion auf's Land gezogen, oder wer nach erhaltener Erlaubniß dort wohnt und in vorkommenden Fällen nicht zu finden wäre, hat eine Geldstrafe im Betrage von drei Tagesgagen bis zu einer Monatsgage zu gewärtigen und verliert auch sofort die ertheilte Bewilligung.

Theaterwagen:

Die Stellung eines Theaterwagens ist lediglich als eine Begünstigung, keineswegs als ein den Mitgliedern zukom= mendes Recht zu betrachten: diejenigen daher, denen dieselbe eingeräumt ist, werden umso mehr vermeiden, daß die Wagen=

ordnung verletzt werde, um nicht die Aufhebung der besagten
Begünstigung selbst herbeizuführen. Die Schauspielerinnen
und die Regisseure werden zu den Proben und Vorstellungen
im Theaterwagen abgeholt und wieder nach Hause gebracht.
Sie haben dafür zu sorgen, daß durch eine zu diesem Zwecke
angebrachte Glocke die Ankunft des Wagens zum Abholen
sogleich gemeldet werde, damit der Wagen nicht länger als
fünf Minuten zu warten braucht. Wird der Wagen länger
aufgehalten, so ist der Kutscher berechtigt, ohne die betreffende Person fortzufahren, und diese hat auf eigene Kosten
für rechtzeitige Ankunft im Theater zu sorgen.

Klagen, Anzeigen, Untersuchung:

Angehörige des Wiener Stadttheaters, welche sich zu
einer Klage berechtigt glauben, haben dieselbe schriftlich in
knapper und einfacher Form an die Direktion zu richten.
Geht diese Klage über den in den Gesetzen vorgesehenen
Kreis hinaus, dann ist nach dem Wortlaute der Einleitung
des Regulativs ein Schiedsgericht zur Entscheidung zu berufen. Bei vorkommenden Fällen darf kein Mitglied verweigern, die angerufene Zeugenschaft zu leisten, bei Strafe
von einer Viertel- bis zu einer halben Monatsgage.

Regulativ:

Anordnungen aller Art werden von der Direktion oder
in deren Auftrag von der Regie getroffen und jedes Mitglied
hat denselben, sofern sie kontraktlichen Vereinbarungen nicht
widersprechen, Folge zu leisten. In zweifelhaften Fällen, in
welchen ein Mitglied seine Rechte durch eine Anordnung

verletzt glaubt und durch persönliche oder schriftliche Vor=
stellung an maßgebender Stelle befriedigenden Ausgleich nicht
erzielt, ist dasselbe berechtigt, ein Schiedsgericht zu begehren.
Dieses wird aus drei Herren des darstellenden Personals
zusammengesetzt, und zwar wählt einen die Direktion oder
deren Bevollmächtigter, den zweiten das betreffende Mitglied,
der dritte wird von diesen Beiden bestimmt. Die Entscheidung
des Schiedsgerichtes ist endgiltig.

Rollen:

Kein Mitglied darf bei Austheilung der Rollen eine
solche dem Boten zurückgeben, sondern es ist vielmehr der
richtige Empfang mit Angabe des Datums auf dem beige=
fügten Umlaufbogen eigenhändig zu bestätigen. Glaubt ein
Mitglied gerechtfertigte Gründe für Abnahme einer Rolle zu
haben, so muß nach Empfang derselben innerhalb 24 Stunden
die mündliche oder schriftliche Vorstellung bei der Direktion
oder deren Bevollmächtigten geschehen. Bei unbefriedigendem
Ausgange dieser Verhandlungen tritt auf Verlangen des
Mitgliedes das Schiedsgericht ein, welches darauf Rücksicht
zu nehmen hat, daß zur Herstellung eines guten Ensemble's
die Mitglieder auch zur Übernahme geringerer Rollen, als
ihnen durchschnittlich zustehen, bereit sein müssen. Zur Doppel=
besetzung von Rollen ist zu bemerken, daß Nr. 1 das Mit=
glied bezeichnet, welches die Rolle zuerst spielt; Nr. 2 das=
jenige Mitglied, welches im Falle von Erkrankungen oder
Urlaub für Nr. 1 einzutreten hat. Bei beabsichtigtem Alter=
niren tragen die Rollen die Bezeichnung A und B. A spielt
zuerst.

Proben:

Die Leseproben erfordern das Vertrautsein mit der Rolle, damit bei der ersten flüssig, bei der zweiten im Charakter der Rolle gelesen werden kann. Die Theaterproben bedingen eine Spielweise, wie sie bei der Vorstellung erwartet wird; nur auf den ersten Proben, welche zum Stellen eines Stückes erforderlich sind, ist das sogenannte Markiren der Rolle zulässig.

VI.
Personen-Register.

268